全国工会干部培训基础教材

基层工会组织建设与企业民主管理工作概论

全国工会干部培训基础教材编写委员会◎编

中国工人出版社

图书在版编目（CIP）数据

基层工会组织建设与企业民主管理工作概论 / 全国工会干部培训基础教材编写委员会编．—北京：中国工人出版社，2023.3

ISBN 978-7-5008-8091-2

Ⅰ．①基… Ⅱ．①全… Ⅲ．①基层组织－工会工作－中国－干部培训－教材②企业管理－民主管理－中国－干部培训－教材 Ⅳ．① D412.6 ② F279.23

中国国家版本馆 CIP 数据核字（2023）第 025768 号

基层工会组织建设与企业民主管理工作概论

出 版 人	董　宽
责任编辑	罗荣波
责任校对	张　彦
责任印制	栾征宇
出版发行	中国工人出版社
地　　址	北京市东城区鼓楼外大街45号　邮编：100120
网　　址	http://www.wp-china.com
电　　话	（010）62005043（总编室） （010）62005039（印制管理中心） （010）62382916（工会与劳动关系分社）
发行热线	（010）82029051　62383056
经　　销	各地书店
印　　刷	北京市密东印刷有限公司
开　　本	660毫米×960毫米　1/16
印　　张	23.5
字　　数	280千字
版　　次	2023年3月第1版　2024年11月第6次印刷
定　　价	48.00元

全国工会干部培训基础教材
编写委员会

团结动员亿万职工
为全面建设社会主义现代化国家
贡献力量（代序）

王东明

党的二十大是在全党全国各族人民迈上全面建设社会主义现代化国家新征程、向第二个百年奋斗目标进军的关键时刻召开的一次十分重要的大会，是一次高举旗帜、凝聚力量、团结奋进的大会，为新时代新征程党和国家事业发展、实现第二个百年奋斗目标指明了前进方向、确立了行动指南。必须深刻领会大会精神实质、把握核心要义、明确奋斗目标，在全面学习、全面把握、全面落实上下功夫，团结动员亿万职工在新征程上踔厉奋发、勇毅前行，为实现第二个百年奋斗目标贡献智慧和力量。

深刻领悟“两个确立”的决定性意义，把“两个维护”落实到工会工作各方面全过程

党的二十大在政治上、理论上、实践上取得了一系列重大成果。习近平同志在党的二十届一中全会上继续当选中共中央总书记，充分反映了全党全军全国各族人民的共同心愿和习近平总书记的崇高威望，充分展示了全党全国上下在以习近平同志为核心的党中央团结带领下战胜前进道路上一切风险挑战、开创美好未来的坚定信心和决心，是全党上下拥护“两个确立”、做到“两个维护”的生动实践和真实体现。

党的十八大以来，党和国家面临的形势之复杂、斗争之严峻、改革发展稳定任务之艰巨世所罕见、史所罕见，习近平总书记以高超的政治智慧、强烈的历史担当、卓越的领导能力和“我将无我，不负人民”的崇高境界，带领全党全军全国各族人民攻坚克难、砥砺前行，推动党和国家事业取得历史性成就、发生历史性变革。实践充分证明，新时代十年的伟大变革，根本在于有习近平总书记作为党中央的核心、全党的核心领航掌舵，在于习近平新时代中国特色社会主义思想的科学指引。“两个确立”是党在新时代取得的重大政治成果，是推动党和国家事业取得历史性成就、发生历史性变革的决定性因素。

习近平总书记高度重视工人阶级和工会工作，对工会坚持党的领导提出明确要求，强调工会工作做得好不好、有没有取得明显成效，关键看有没有坚持正确政治方向；坚持正确政治方向，一言以蔽之，就是要坚持中国共产党领导和社会主义制度；只有坚持党的领导，工会工作才能方向明确、不走偏路，才能做得有声有色、扎实有效；在坚持党的领导这个根本问题上，工会必须旗帜鲜明、立场坚定。回顾百年来党领导的现代工人运动史，我国工会坚定不移在党的领导下开展工作，与历史同步伐、与时代共命运，为党和国家事业发展作出了重要贡献。

党的十八大以来，全总和各级工会始终把坚持党的领导作为工会工作的最高政治原则和根本保证，把深入学习贯彻习近平新时代中国特色社会主义思想作为首要政治任务，健全学习新时代党的创新理论的制度性安排，准确把握其基本观点、核心要义、科学体系、根本要求；完善党组（党委）会议“第一议题”制度，第一时间传达学习、第一时间狠抓落实习近平总书记重要指示批示、党中央重大决策部署；完善向党中央请示报告重大事项制度，探索与省级党委协调推进工会工作的机制，完善全总定期听取省级工会工作报告和意见建议制度；以党的政治建设为统领加强党的各项建设，全面推进工会系统从严治党，营造风清气正的良好政治生态。党的十八大以来工会工作取得重要进展和新成效，根本在于始终坚持党对工会的领导，在于始终坚持以习近平新时代中国特色社会主义思想为指导。

当前，世界百年未有之大变局加速演进，新一轮科技革命和产业变革深入发展，国际力量对比深刻调整，我国发展进入战略机遇和风险挑战并存、不确定难预料因素增多的时期。面对严峻复杂的形势，最重要的就是要始终坚持“两个确立”，坚决做到“两个维护”，这是党在新时代十年伟大变革中积累的宝贵经验，是党和国家的前途命运所系、全国各族人民的根本利益所在，是党团结带领全国各族人民全面建设社会主义现代化国家、夺取新的伟大胜利的根本政治保证。新征程上，各级工会组织和广大工会干部必须深刻领悟“两个确立”的决定性意义，进一步增强“四个意识”、坚定“四个自信”、做到“两个维护”，坚定不移在思想上政治上行动上同以习近平同志为核心的党中央保持高度一致。坚持不懈强化理论武装，深刻把握习近平新时代中国特色社会主义思想的世界观和方法论，坚持运用贯穿其中的立场观点方法，切实用以指导实践、推动工作、破解难题。自觉同习近平总书记重要指示批示精神、重要论述、党中央决策部署要求对标对表，真正把拥护“两个确立”、做到“两个维护”体现在行动上，落实到工作中。面向基层和一线职工，广泛开展多种形式的宣传宣讲，推动“两个确立”更加深入人心、“两个维护”成为广大工会干部和职工群众的自觉行动。

引领职工听党话、跟党走，汇聚起亿万职工团结奋斗的磅礴力量

党的二十大立足新时代新征程的历史方位，深刻分析我国发展面临的形势和挑战，对全面建成社会主义现代化强国两步走战略安排进行了宏观展望，重点部署了未来5年的战略任务和重大举措，发出了为全面建设社会主义现代化国家、全面推进中华民族伟大复兴而团结奋斗的伟大号召。

习近平总书记强调，党和人民取得的一切成就都是团结奋斗的结果，团结奋斗是中国共产党和中国人民最显著的精神标识。团结才能胜利，奋斗才会成功。新时代十年，我们以奋发有为的精神把新时代中国特色社会主义推向前进，创造了一个个令人刮目相看的人间奇迹，靠的就是全党全国各族人民万众一心、勇往直前、团结奋斗。汇聚起亿万人民团结奋斗的磅礴伟力，离不开扎实有效的思想政治引领。通过卓有成效的思想政治引领，把亿万职工思想统一起来、共识凝聚起来、力量激发出来，工会重任在肩、使命在肩。

党的十八大以来，全总和各级工会认真履行引导职工群众听党话、跟党走的政治责任，把学习贯彻习近平新时代中国特色社会主义思想作为加强思想政治引领的第一位任务，通过理论宣讲、劳模宣讲、演讲比赛、知识竞赛等方式，把“大学习”的课堂搬到工厂车间、生产一线，推动习近平新时代中国特色社会主义思想进企业、进车间、进班组。加强对习近平总书记关于工人阶级和工会工作的重要论述的学习贯彻和研究阐释，推动重要论述在工会系统和广大职工中落地生根。深入开展“永远跟党走、奋进新征程”、“喜迎二十大、建功新时代”等系列宣传教育活动，培育和践行社会主义核心价值观，“中国梦·劳动美”的价值引领深入基层、扎根职工。大力弘扬劳模精神、劳动精神、工匠精神，组织劳模、工匠人才进校园、进企业，发布全国“最美职工”、“大国工匠年度人物”，努力营造劳动光荣的社会风尚和精益求精的敬业风气。加强重点领域重点群体职工思想政治工作，创新工作方式方法，强化网上思想引领，推动思想政治工作传统优势与信息技术深度融合，加强对职工的人文关怀和心理疏导，建设健康文明、昂扬向上、全员参与的职工文化。

全面建设社会主义现代化国家，是一项伟大而艰巨的事业，前途光明，任重道远，更加需要坚定信念、鼓舞斗志，更加需要同心同德、团结奋斗。新征程上，工会必须牢记“三个务必”，牢牢把握团结奋斗的时代要求，把巩固团结奋斗的共同思想基础作为思想政治引领的重要内容，不断创新职工思想政治工作，引导广大职工坚定中国特色社会主义道路自信、理论自信、制度自信、文化自信，不断增强对中国共产党领导和中国特色社会主义制度的政治认同、思想认同、情感认同，自觉把人生理想、家庭幸福融入国家富强、民族复兴的伟业之中，更加紧密地团结在以习近平同志为核心的党中央周围，坚定不移听党话、矢志不渝跟党走，为实现党的二十大确定的目标任务团结奋斗。

贯彻党的全心全意依靠工人阶级方针，组织动员亿万职工在新征程上建功立业

党的二十大报告指出，从现在起，中国共产党的中心任务就是团结带领全国各族人民全面建成社会主义现代化强国、实现第二个百年奋斗目标，以中国式现代化全面推进中华民族伟大复兴。这是站在历史和时代的高度，全面把握党和国家事业发展新要求、人民群众新期待，向全党全国各族人民发出的动员令。

习近平总书记强调，工人阶级是我国的领导阶级，是我国先进生产力和生产关系的代表，是我们党最坚实最可靠的阶级基础。我国工会是中国共产党领导的工人阶级群众组织，团结动员广大职工群众为实现党在不同历史时期确立的纲领、目标和中心任务而努力奋斗是工会的重要使命。新民主主义革命时期，工会按照党确立的符合当时形势的工运策略和活动方式，提高工人阶级的政治觉悟，动员工人群众开展各种形式的斗争，团结动员广大职工为实现民族独立、人民解放而奋斗；社会主义革命和建设时期，工会动员带领广大工人坚决响应党的号召，焕发国家主人翁精神，为建立和巩固人民当家作主的新政权、建立独立的比较完整的工业体系和国民经济体系而奋斗；改革开放和社会主义现代化建设新时期，工会坚持围绕中心、服务大局，团结动员广大职工为坚持和发展中国特色社会主义而奋斗。

党的十八大以来，全总和各级工会围绕国家重大战略、重大工程、重大项目、重点产业，组织职工广泛深入持久开展多种形式的主题劳动和技能竞赛，开展“小发明、小创造、小革新、小设计、小建议”等群众性创新活动；加强劳模、工匠和职工学习阵地建设，示范带动创建各级各类创新工作室8万多家；成功举办首届大国工匠创新交流大会，习近平总书记向大会致贺信；推荐多名一线工人获得国家科技进步奖，职工创新创造活力显著提升。扎实推进产业工人队伍建设改革，成立推进产业工人队伍建设改革工作领导小组，产业工人思想引领、建功立业、素质提升、地位提高、队伍壮大等改革措施有效落实，改革取得重要阶段性成效，产业工人在推进高质量发展中的主力军作用更加突出。

党的二十大擘画了以中国式现代化推进中华民族伟大复兴的宏伟蓝图，把宏伟蓝图变成美好现实，根本上要靠包括工人阶级在内的全体人民的劳动、创造、奉献。新征程上，工会必须牢牢把握为实现中华民族伟大复兴的中国梦而奋斗的我国工人运动时代主题，充分发挥工人阶级主力军作用，团结动员亿万职工为推进中国式现代化建功立业。围绕建设教育强国、科技强国、人才强国，深化产业工人队伍建设改革，抓好抓实职工素质提升工作，加快构建产业工人技能形成体系，推动健全落实高技能人才培养、使用、评价、激励、保障机制，畅通技能人才流动渠道，努力建设一支宏大的知识型、技能型、创新型产业工人大军，为推进中国式现代化提供坚实人才和技能支撑。

坚持以人民为中心的发展思想，扎实做好工会维权服务工作

党的二十大报告通篇贯穿人民至上的根本立场和以人民为中心的发展思想，强调“江山就是人民，人民就是江山”，强调“为民造福是立党为公、执政为民的本质要求”，对“增进民生福祉，提高人民生活品质”作出安排部署，充分体现了以习近平同志为核心的党中央矢志不渝、坚守初心的政治本色和深厚为民情怀，体现了我国社会主义制度的本质和优越性，顺应了历史发展大势和人民群众期盼。

习近平总书记指出，我们党的根本宗旨就是为人民群众办好事，为人民群众幸福生活拼搏、奉献、服务；要想人民之所想，行人民之所嘱，不断把人民对美好生活的向往变为现实；工会要认真履行维护职工合法权益、竭诚服务职工群众的基本职责，把服务职工、维护职工合法权益的大旗牢牢掌握在手中，哪里的职工合法权益受到侵害，哪里的工会就要站出来说话。扎实做好维权服务工作，是工会落实以人民为中心的发展思想、践行全心全意为人民服务根本宗旨的必然要求。

党的十八大以来，全总和各级工会认真履行基本职责，推动修改《中华人民共和国工会法》、《中国工会章程》，将工会基本职责拓展为“维护职工合法权益、竭诚服务职工群众”。助力落实“六稳”、“六保”任务，深入细致做好职工就业创业服务，推动就业优先战略和积极就业政策落实落地。以货车司机、网约车司机、快递员、外卖配送员等为重点，出台推进新就业形态劳动者建会入会和权益保障工作的指导性文件，大力推行“重点建、行业建、兜底建”模式，推进互联网百强企业建会，2021年度全国互联网百强企业全部实现建会突破，工会组织覆盖和工作覆盖取得阶段性进展，推动解决了一批新就业形态劳动者的急难愁盼问题。做优做强送温暖、金秋助学、阳光就业、职工医疗互助、工会法律援助等工作，开展提升职工生活品质试点，将20家工会帮扶中心和50家企业（工业园区）纳入全总试点单位，各省（区、市）和新疆生产建设兵团总工会开展省级试点。加强服务职工阵地建设，建设“劳动者港湾”、“爱心驿站”等工会户外劳动者服务站点10.58万个，累计投入资金18.66亿元。将城市困难职工解困脱困作为重点工作，主动融入党政工作大盘子，通过建档立卡、精准施策、强化评估、压实责任等具体举措，推动549.87万户困难职工家庭全部如期实现解困脱困。贯彻落实党中央国务院《关于构建和谐劳动关系的意见》，推动健全党政主导的维权服务机制，努力把劳动关系矛盾化解在基层、化解在萌芽状态。贯彻总体国家安全观，坚决维护劳动领域政治安全，加强相关工作体系建设，健全劳动关系风险监测、分析、研判、预防机制和职工队伍稳定风险排查化解机制，促进职工队伍团结统一与社会和谐稳定。

党的二十大对保障和改善民生、扎实推进共同富裕作出重要部署，为工会围绕中心、服务大局，履行好维权服务基本职责提供了重要契机。新征程上，工会必须始终坚持以职工为中心的工作导向，不断深化自身改革和建设，保持和增强政治性、先进性、群众性，有效发挥党联系职工群众的桥梁纽带作用。积极参与涉及职工切身利益的法律法规政策的制定修改，推动健全劳动法律法规体系。推动落实就业优先政策，推动健全就业促进机制，加强困难群体就业兜底帮扶，推动完善工资平等协商机制、正常增长机制、支付保障机制，健全向一线职工倾斜的分配制度，推动提高劳动报酬在初次分配中的比重，在促进共同富裕中更好发挥工会作用。积极推动完善以职工代表大会为基本形式的企事业单位民主管理制度，依法保障职工知情权、参与权、表达权、监督权，在发展全过程人民民主中保障职工民主政治权利。加快构建以普惠性服务和精准帮扶为重点的工会服务职工体系，着力提升质量和实效。巩固拓展城市困难职工解困脱困成果，推动解困脱困与提升职工生活品质有效衔接，健全困难职工家庭常态化帮扶机制，不断提高职工群众的获得感、幸福感、安全感。增强忧患意识、坚持底线思维，发扬斗争精神、增强斗争本领，密切关注降薪裁员、欠薪欠保、劳资纠纷、生活困难等可能引发的突出风险，积极推进“法院+工会+人社+司法”四方联动机制建设，推动构建和谐劳动关系，在维护企业和社会大局和谐稳定中更好发挥工会组织作用。

党的二十大吹响了新时代新征程奋勇前进的号角。我们要进一步增强学习领会贯彻落实党的二十大精神的自觉性和坚定性，找准工会贯彻落实党的二十大精神的切入点、结合点、着力点，切实把党中央提出的战略部署转化为工会的实际行动，充分展示工会在推进中国特色社会主义事业中的新担当新作为。

（本文系全国人大常委会副委员长、中华全国总工会主席王东明同志在2022年12月16日《求是》杂志发表的署名文章）

目 录

CONTENTS

基层工会组织建设工作篇

企业民主管理工作篇

基层工会组织建设工作篇

第一章　工会会员队伍建设

工会会员是工会组织赖以存在的基础，是工会组织发挥作用的主体。坚持走中国特色社会主义工会发展道路，贯彻落实“组织起来、切实维权”的工会工作方针，维护中国工人阶级和工会组织的团结统一，迫切需要最大限度地把职工组织到工会中来，不断加强会员队伍建设。

第一节　工会会员的条件

《中国工会章程》第一条明确规定：“凡在中国境内的企业、事业单位、机关、社会组织中，以工资收入为主要生活来源或者与用人单位建立劳动关系的劳动者，不分民族、种族、性别、职业、宗教信仰、教育程度，承认工会章程，都可以加入工会为会员。”根据这一规定，加入工会成为会员，一般应具备三个条件：一是法律意义上的劳动者；二是以工资收入为主要生活来源或者与用人单位建立劳动关系；三是承认《中国工会章程》。

一、法律意义上的劳动者

成为工会会员应当具有劳动者身份，依照《中华人民共和国劳动法》（以下简称《劳动法》）和《中华人民共和国劳动合同法》（以下简称《劳动合同法》）等劳动法律，作为一名劳动者，应具备四个条件：

第一，具有法定的年龄。从年满16周岁（除特殊工种外）开始，到法定退休年龄截止。《劳动法》第十五条规定：“禁止用人单位招用未满十六周岁的未成年人。文艺、体育和特种工艺单位招用未满十六周岁的未成年人，必须遵守国家有关规定，并保障其接受义务教育的权利。”

第二，具备一定的劳动权利能力和劳动行为能力。比如，精神病患者或完全丧失劳动能力的人，因不具有劳动行为能力，不能成为劳动者。

第三，依照劳动法律与用人单位建立劳动关系。即依据劳动法律与用人单位设定双方的权利和义务。依照《劳动合同法》第二条的规定，用人单位包括企业、事业单位、国家机关、社会团体、个体经济组织和民办非企业单位等组织。

第四，从事的劳动必须是合法的。即劳动的内容是国家法律允许且受国家法律保护的，比如，从事贩卖毒品等活动就不是合法的劳动。

二、以工资收入为主要生活来源或者与用人单位建立劳动关系

以工资收入为主要生活来源，是指生活费用支出的大部分依赖于个人的工资、津贴、奖金或者其他工资性收入。工会是工人阶级的群众组织，代表和维护的是普通劳动者的权益。以工资收入为主要生活来源，是判断是否为劳动者的重要标准，自然也是判断能否加入工会的一个重要条件。民营企业所有者的生活来源主要是资本收益，而不是工资，这是他们不能加入工会的原因所在。随着我国市场经济的发展，就业形式和分配方式发生了深刻变化，一些劳动者的工资收入已不是主要生活来源，如果仍把“以工资收入为主要生活来源”作为唯一标准，一部分劳动者就无法加入工会组织。比如，有的农民工农

闲时外出务工挣钱，他们的主要生活来源是种粮、养殖和其他种植活动，但农民工务工时与用人单位建立了劳动关系，是可以加入工会的。实际上，“以工资收入为主要生活来源”只是一个外在的判断标准，解决了公务员（包括参照《公务员法》管理人员）等的入会资格问题。从本质上还是要看劳动者是否与用人单位建立了劳动关系。

劳动关系，是指依照国家劳动法律法规，由劳动者与用人单位建立的经济社会关系。劳动关系具有特定的含义：

第一，建立劳动关系必须有两方主体，一方是符合劳动法律法规规定的劳动者，另一方是符合劳动法律法规规定的用人单位。

第二，建立劳动关系所依据的必须是国家劳动法律法规，而不是其他法律法规（如《合同法》、《保险法》等），双方的权利和义务只能由国家劳动法律法规来规范调整。

第三，建立劳动关系必须以劳动者为用人单位提供实际劳动为前提。《劳动合同法》第十条规定：“用人单位与劳动者在用工前订立劳动合同的，劳动关系自用工之日起建立。”如果双方仅签订了劳动合同，而用人单位没有安排劳动者进行实际劳动，这时双方还没有建立劳动关系；如果用人单位已经安排劳动者进行实际劳动，即使双方还没有签订劳动合同，这时劳动关系也已经建立。

目前，多数劳动者与用人单位的劳动关系非常明确，以劳动关系的建立与否作为确定会员资格的条件具有一定权威性。但是，随着互联网技术和经济社会的发展，新经济业态不断涌现，产生了大量新就业形态劳动者。由于其用工方式的复杂性，社会对其劳动关系的性质难以形成共识。在这种情况下，以建立劳动关系作为确定会员资格的唯一条件，将把许多不具备标准劳动关系的新就业形态劳动者排斥在工会组织之外。在各级工会积极实践探索的基础上，2022 年 1 月 1 日起施行的《工会法》第三条增加新规定，“工会适应企业组织形式、职工队伍结构、劳动关系、就业形态等方面的发展变化，依法维护劳动者参加和组织工会的权利”。这一修改扩展了法律意义上的劳动者的范围，将货车司机、网约车司机、快递员、外卖配送员等新就业形态劳动者纳入工会会员发展对象中来。

三、承认《中国工会章程》

《中国工会章程》是中国工会会员的行动准则和行为规范。工会是工人阶级的群众组织，把广大职工组织在一起，必须有一个共同遵守的章程，否则就无法实现团结统一。《中国工会章程》对我国工会的性质、地位、作用、任务、领导原则、组织制度、会员的权利和义务等作出全面的规定，是工会会员遵守和执行的内部规章。

承认《中国工会章程》是对职工加入工会的一个内在要求。申请加入工会的职工，必须承认《中国工会章程》，这样才能使全体会员为着共同的目标、共同的利益，形成共同的意志，采取一致的行动。也只有这样，工会组织才能有凝聚力和战斗力。如果允许不承认《中国工会章程》的职工加入工会，势必导致工会组织内部各行其是，造成混乱乃至分裂。只有承认《中国工会章程》，服从工会组织的领导，执行工会决议，参加工会组织生活，行使会员权利，履行会员义务，按时交纳会费，才能保证工会组织的团结统一。

第二节　工会会员的发展

加入工会组织是职工政治生活的一件大事，应履行一定的程序。这不仅是工会组织性质的要求，而且有利于会员增强工会意识，有利于工会组织加强对会员的管理，有利于工会组织规范、健康地发展。

一、职工加入工会的程序

《中国工会章程》第二条规定：“职工加入工会，由本人自愿申请，经基层工会委员会批准并发给会员证。”《工会会员会籍管理办法》第五条规定：“职工加入工会，由其本人通过口头或书面形式及通过互联网等渠道提出申请，填写《中华全国总工会入会申请书》和《工会会员登记表》，经基层工会审核批准，即为中华全国总工会会员，发给《中华全国总工会会员证》（以下简称‘会员证’），享有会员权利，履行会员义务。工会会员卡（以下简称‘会员卡’）也可以作为会员身份凭证。”按照上述规定，凡是符合条件的职工，只要自愿申请，都可以吸收其为工会会员。职工加入工会的具体程序是：

（一）本人自愿申请

由要求入会的职工本人通过口头或书面形式，或者以互联网等渠道提出入会申请，填写《中华全国总工会入会申请书》和《工会会员登记表》，报基层工会委员会。

（二）基层工会委员会批准并发给会员证

基层工会委员会接到职工入会申请书后，应及时召开会议，研究审查接纳职工入会事项。审查的主要内容有：（1）申请人是否符合入会条件；（2）是否自愿；（3）是否符合入会手续。

凡符合条件和入会手续的应当批准。批准后发给其工会会员证，并通知申请人从何时起交纳会费。

二、职工入会方式

职工申请加入工会的方式主要有两种：

1. 口头或书面申请入会。

即由职工本人通过口头或书面形式提出入会申请，填写《中华全国总工会入会申请书》和《工会会员登记表》，报基层工会委员会批准并发给会员证。

2. 网上申请入会。

即由职工通过网站、微博、邮件、手机App、微信小程序等网络渠道，向工会组织提供相关信息，表达自己的入会愿望；工会按照线上申请、分级审核、全程跟踪等程序，及时受理职工需求，办理相关审批手续。

同时，各级工会组织要适应新的企业组织形式和不同职工群体的特点，在坚持入会基本程序的基础上，积极创新入会方式渠道，最大限度地把职工组织到工会中来。其方法主要有：

（1）“源头”发动入会。即由农民工输出地工会开展入会宣传，启发入会意识；输入地工会按属地管理原则吸收农民工入会。（2）劳动力市场入会。即由劳动力市场工会组织农民工加入工会并管理其会籍，就业时凭会员证接转会籍。（3）乡镇（街道）、村（社区）工会和区域（行业）工会联合会直接吸收所辖区域（行业）未建会企业职工为工会会员。

三、职工加入工会应注意的具体问题

（一）关于复员转业军人加入工会的问题

应征入伍前没有加入工会组织的复员、转业军人，复员、转业到有工会组织的单位，申请入会的，要按照《中国工会章程》的规定，履行入会手续，成为工会会员。应征入伍前已经加入工会组织的复员、转业军人，复员、转业到用人单位后，可以凭会员证接转组织关系，不必再履行入会手续。

（二）关于外籍职工加入工会的问题

根据全国总工会1979年1月23日下发的《中华全国总工

会关于外籍职工参加工会的意见》规定，凡在我国厂矿企业、事业单位和学校从事体力或脑力劳动的外籍职工，自愿申请参加中国工会，符合会员条件的，可按照工会章程的规定同意其加入工会，但不公开宣传动员。在外籍职工回国时，收回其会员证，不转会员组织关系，可由省、区、市总工会发给其参加过中国工会的证明信。外籍职工只要符合本章第一节所述的入会条件，均可申请加入中国工会。

（三）关于农民工加入工会的问题

农民工只要与用人单位建立劳动关系，均可申请加入工会，任何单位不得以户籍或工作时间长短限制其入会。农民工会员变更用人单位时，应及时办理会员会籍接转手续，不需要重复入会。

（四）关于劳务派遣工加入工会的问题

劳务派遣工，也称被派遣劳动者，是指与劳务派遣单位签订劳动合同，被劳务派遣单位派遣到用工单位从事劳动的劳动者。《劳动合同法》第六十四条规定：“被派遣劳动者有权在劳务派遣单位或者用工单位依法参加或者组织工会，维护自身的合法权益。”由于一些劳务派遣单位与用工单位相互推诿，不支持劳务派遣工参加或组织工会，目前还有一定数量的劳务派遣工没有加入工会。

为解决劳务派遣工入会难的问题，全国总工会于 2009 年 4 月出台的《中华全国总工会关于组织劳务派遣工加入工会的规定》明确提出：“劳务派遣单位和用工单位都应当依法建立工会组织，吸收劳务派遣工加入工会，任何组织和个人不得阻挠和限制。劳务派遣工应首先选择参加劳务派遣单位工会，劳务派遣单位工会委员会中应有相应比例的劳务派遣工会员作为委员会成员。劳务派遣单位没有建立工会组织的，劳务派遣工直接参加用工单位工会。”

《工会会员会籍管理办法》第九条规定：“劳务派遣工可以在劳务派遣单位加入工会，也可以在用工单位加入工会。劳务派遣单位没有建立工会的，劳务派遣工在用工单位加入工会。在劳务派遣工会员接受派遣期间，劳务派遣单位工会可以与用工单位工会签订委托管理协议，明确双方对会员组织活动、权益维护等方面的责任与义务。加入劳务派遣单位工会（含委托用工单位管理）的会员，其会籍由劳务派遣单位工会管理。加入用工单位工会的会员会籍由用工单位工会管理。”

（五）关于非全日制等形式灵活就业的职工加入工会的问题

《工会会员会籍管理办法》第七条规定：“非全日制等形式灵活就业的职工，可以申请加入所在单位工会，也可以申请加入所在地的乡镇（街道）、开发区（工业园区）、村（社区）工会和区域（行业）工会联合会等。会员会籍由上述工会管理。”

（六）关于私营企业主能否加入工会的问题

私营企业主作为企业资产的所有者，代表的是资方利益，而工会代表的是职工的利益。私营企业主雇佣劳动力进行生产，收入主要依靠企业利润，而不是依靠工资，加入工会不符合《工会法》和《中国工会章程》的规定。

（七）关于职工在用人单位外入会的问题

尚未建立工会组织的用人单位职工，按照属地和行业就近原则，可以向所在地的乡镇（街道）、开发区（工业园区）、村（社区）、区域（行业）工会申请加入工会。当用人单位工会组织建立后，应及时办理会员会籍接转手续。

第三节　工会会员的权利和义务

工会会员的权利和义务是相辅相成的。依据《中国工会章程》的规定，工会会员享有法定的权利，同时应当履行相应的义务。

一、工会会员的权利

工会会员享有以下权利：

（一）选举权、被选举权和表决权

选举权、被选举权和表决权是工会会员最基本、最重要的权利。选举权，就是工会会员有选举出席工会代表大会代表和工会组织领导人的权利。被选举权，就是工会会员有当选为职工代表、会员代表、工会委员和各级工会组织领导人的权利。表决权，就是会员有权对工会委员、工会领导人候选人和工会会议的决议、决定，表示赞成、反对或弃权的权利。

（二）对工会工作进行监督，提出意见和建议，要求撤换或者罢免不称职的工会工作人员

监督权是会员的一项重要权利，也是对选举权的补充与保障。工会代表大会代表、工会委员会委员、工会主席和副主席，是由会员选举出来作为自己的代表者为大家说话办事的，会员有权进行监督。对少数违法乱纪或有严重失职行为，已经失去会员信任和拥护的不称职的工会工作人员，每个会员都可以依据事实，提出撤换或罢免其职务的建议，要求其选举单位依据事实、按照有关程序做出决定。始终把工会工作置于广大会员的监督之下，对于工会工作人员履行职责、全心全意为会员服务具有重要作用。

（三）对国家和社会生活问题及本单位工作提出批评与建议，要求工会组织向有关方面如实反映

工会会员不仅是国家的主人，也是工会的主人。我国《宪法》规定，人民依照法律规定，通过各种途径和形式，管理国家事务，管理经济和文化事业，管理社会事务。工会是重要的社会政治团体，有参与管理国家事务和社会事务的权利。工会是职工群众自己的组织，是党联系职工群众的桥梁纽带。会员通过工会组织反映自己对国家和社会生活方面的意见，是参与管理国家事务、社会事务的途径和形式。会员对国家政治、经济、文化和社会生活的某些问题提出的意见、建议，通过工会向有关部门如实反映，也是工会组织必须履行的义务。工会组织是会员和职工利益的代表，会员通过工会组织对本单位工作提出建议，进行民主参与、民主监督，以维护自身合法权益，这是会员依法享有的权利。

（四）在合法权益受到侵犯时，要求工会给予保护

维护职工合法权益、竭诚服务职工群众是工会的基本职责。职工加入工会的首要目的，是希望工会能够代表和维护自身的合法权益，特别是在他们的合法权益受到侵犯时，能够得到工会组织的有效保护，工会应当认真履行其基本职责。

（五）工会提供的文化、教育、体育、旅游、疗休养、互助保障、生活救助、法律服务、就业服务等优惠待遇；工会给予的各种奖励

会员除参加工会组织的民主生活等活动外，还有参加工会组织的如读书学习、文化体育、各种竞赛、职业技能培训、旅游、疗休养等丰富多彩的活动，接受工会举办的生活救助、法律服务和就业服务，并享受参加这些活动所规定的优惠待遇的权利。同时，对于会员参加工会组织活动所做出的优异成绩，可享受工会给予的各种奖励。会员可以享受工会为会员提供的

保险互助、法律援助、购物、生活服务、子女入托入学等优惠待遇。如果会员的这方面权利得到充分保障，会大大增强工会组织的吸引力和凝聚力。

（六）在工会会议和工会媒体上，参加关于工会工作和职工关心问题的讨论

所谓工会会议，是指工会组织的各种会议，包括工会小组会、会员（代表）大会等。会员有权在工会会议上对工会组织的决议、决定进行讨论和表决，表示自己赞成或者反对的意见，任何人不得干涉。所谓工会媒体，是指工会组织主办的报纸、刊物和各种网络媒体等。会员有权在工会媒体上参加关于工会工作的讨论，发表自己对工会工作的意见和建议。这也是依靠会员办工会的重要途径。

工会各级组织要切实保障会员各项权利的落实，维护会员的合法权益，取得广大会员的信任和支持，推动工运事业的发展。

二、工会会员的义务

工会会员应履行以下义务：

（一）认真学习贯彻习近平新时代中国特色社会主义思想，学习政治、经济、文化、法律、科学、技术和工会基本知识等

工人阶级不仅是我国社会主义现代化建设的主力军，而且是社会主义物质文明、政治文明、精神文明、社会文明、生态文明建设的主体，是先进生产力和生产关系的代表，对国家和民族的振兴肩负着重大的历史责任。提高职工队伍整体素质，是保持和发扬工人阶级先进性的关键。职工素质的高低，不仅与企业的兴衰、职工自身利益的实现息息相关，而且与经济发展、社会进步紧密相连。随着时代的不断进步和科学技术的迅

猛发展，对广大会员思想道德素质和科学文化技术素质的要求也越来越高。新时代、新征程，广大会员要认真学习马克思列宁主义、毛泽东思想、邓小平理论、“三个代表”重要思想、科学发展观、习近平新时代中国特色社会主义思想，用科学理论武装头脑、指导实践、推动工作。要树立爱国主义、社会主义、集体主义思想，树立正确的世界观、人生观和价值观，坚定中国特色社会主义理想和信念，自觉为全面建设社会主义现代化国家、全面推进中华民族伟大复兴而不懈奋斗。要紧扣推动高质量发展，大力弘扬劳模精神、劳动精神、工匠精神，广泛深入持久开展“建功‘十四五’、奋进新征程”主题劳动和技能竞赛，积极参加“创建学习型组织、争做知识型职工”活动，投身群众性经济技术创新活动。要大力弘扬社会主义道德新风尚，做有理想、有道德、有文化、有纪律的职工。要学习工会基本知识，不断增强工会意识和会员意识，正确行使工会会员的各项权利，履行会员义务，做一名合格的工会会员。在建设社会主义法治国家的过程中，每个会员要成为遵纪守法的公民，就要认真学习、模范遵守和执行国家的各项法律法规，这也是工会组织和每位会员更好地维护自身合法权益的需要。

（二）积极参加民主管理，努力完成生产和工作任务，立足本职岗位建功立业

工会会员依法参加所在单位的民主管理活动，努力完成生产和工作任务，既是劳动者最基本的职责，也是工会会员应尽的义务。在深化改革、发展社会主义市场经济的过程中，广大会员应增强责任感，积极参与企事业单位的民主管理，推进企事业单位的改革和发展，这既符合国家和工人阶级的总体利益，也符合企事业单位和职工会员的具体利益。为实现中华民族伟大复兴的中国梦而奋斗，是我国工人运动的时代主题，也是中国工人阶级肩负的神圣历史使命。社会主义市场经济体制的建

立和完善，把企业推向市场，使企业真正成为自主经营、自负盈亏、自我发展、自我约束的法人实体和市场竞争的主体。企业的兴衰与职工的利益息息相关，不断加强和完善民主管理制度，动员和组织职工积极参加民主管理活动，是企业发展的需要，也是维护职工合法权益的需要。广大会员既要在企事业单位民主管理中充分发挥作用，又要胸怀祖国、放眼世界，立足本职、勤勉敬业，发扬国家主人翁精神和改革创新精神，努力完成生产和工作任务。

（三）遵守宪法和法律，践行社会主义核心价值观，弘扬中华民族传统美德，恪守社会公德、职业道德、家庭美德、个人品德，遵守劳动纪律

公民有遵纪守法的义务。工人阶级是国家的领导阶级，其成员更应该成为遵纪守法的模范。广大会员应认真学习和遵守宪法和法律，践行社会主义核心价值观，弘扬中华民族的传统美德，遵守社会公德、职业道德和家庭美德，以良好的个人思想道德素养影响和带动全社会。应遵守劳动纪律，保证生产工作的正常进行。要自觉地以法律法规约束自己的言行，以理性合法的形式表达自己的利益诉求，维护所在单位稳定，为构建社会主义和谐社会作出贡献。

（四）正确处理国家、集体、个人三者利益关系，向危害国家、社会利益的行为作斗争

在我国，国家利益、集体利益和个人利益从根本上来说是一致的，但在各自的具体利益上又有差别和矛盾。每一个会员都应识大体、顾大局，把国家和集体利益放在首位，自觉勇敢地同一切危害国家、社会利益的行为作斗争，在实现国家、集体利益的过程中，更好地实现个人的利益。当前，工会会员要支持改革、参与改革、投身改革，努力做到局部利益服从全局利益、个人利益服从集体利益、眼前利益服从长远利益，与所

在单位同舟共济，推进所在单位的改革与发展。

（五）维护中国工人阶级和工会组织的团结统一，发扬阶级友爱，搞好互助互济

工人阶级队伍的团结和工会组织的统一，是工人阶级和工会组织的优良传统和力量所在，也是工会组织发挥作用、职工权益得到有效维护的保障。工人阶级内部的利益是一致的，其力量来源于团结和统一。作为中国工会会员，都有义务维护工人阶级队伍的团结和工会组织的统一，自觉接受党对工会工作的领导，坚定正确的政治方向，时刻警惕和抵制国内外敌对势力企图在工人阶级内部制造分裂、破坏工人阶级队伍团结和工会组织统一的一切图谋，维护党执政的阶级基础，巩固人民民主专政的国家政权。每个会员都有义务在生产和工作上携手并肩、互相协作、共同进步，在生活上团结友爱、互助互济，同甘苦、共患难。

（六）遵守工会章程，执行工会决议，参加工会活动，按月交纳会费

这是每一个工会会员应该恪守的基本要求。遵守工会章程，是对合格会员最基本的要求。执行工会决议，是会员必须遵守的组织原则。按月交纳会费，是会员应尽的义务和对工会组织经济上的支持，更是增强会员组织观念、密切与工会组织联系的一种体现。参加工会活动，是会员行使权利、履行义务、发挥作用、接受组织约束的基本途径。所有会员都要增强工会意识和会员责任感，自觉遵守工会章程，严格执行工会决议，积极参加工会活动，用自己的行为影响和带动周围的职工群众，增强工会组织的吸引力、凝聚力和战斗力。

工会会员既要充分行使自己的法定权利，又要认真履行自己的法定义务。只有这样才是一名合格的工会会员。各级工会组织要加强对会员的权利与义务教育，使每位会员在充分享有

自己权利的同时，时刻牢记自己的义务，按照《中国工会章程》规定的义务来规范和约束自己的行为。

第四节　工会会员的教育和会籍管理

加强对工会会员的教育和会员会籍管理，是工会组织的一项重要工作。只有加强对工会会员的教育，才能使会员不断增强使命感、责任感，充分发挥自己的作用；只有进一步加强和改进会员会籍管理工作，才能适应新形势新要求，进一步巩固和壮大会员队伍。

一、工会会员的教育

工会是职工学习的大学校。加强会员教育是提高会员素质的根本途径。随着改革开放的不断深入，社会利益关系更趋复杂，劳动者就业结构和方式不断变化，各种思想文化相互激荡，职工思想活动的独立性、选择性、多变性、差异性明显增强，企业工会的组织形式、工作任务、工作机制和活动方式也随之发生了深刻的变化，迫切需要加强工会会员有关工会意识、会员意识、参与意识的教育与培养。各级工会应采取多种形式，广泛开展会员群众喜闻乐见、丰富多彩、寓教于乐、寓教于学的活动，对会员群众进行政治理论、经济知识、科学文化、业务技术、法律知识和道德修养等方面的全面教育。同时，还应突出以下教育内容。

（一）工会意识教育

工会会员是工会组织的成员，首先应树立工会意识。各级工会特别是基层工会要组织广大职工和会员学习《工会法》和《中国工会章程》，学习中国工人运动的光荣历史，学习宣传实践中国特色社会主义工会发展道路，进行工会基本知识的教育，使他们了解工会的性质、作用和任务，充分认识工会是广大职工利益的代表者和维护者，只有参加工会、依靠组织，才能有效地维护自身的合法权益；只有参加工会、接受教育，才能成为一名合格的工人阶级成员；只有参加工会，融入组织，才能维护工人阶级队伍的团结和工会组织的统一。通过教育，启迪和引导职工提高加入工会的自觉性和主动性，增强参加工会组织的光荣感和自豪感，增强维护工会组织团结统一、维护工会组织形象的意识。

（二）会员意识教育

工会会员是工会组织发挥作用的主体。工会组织要有凝聚力，首先要增强会员群众的会员意识。只有广大会员群众知道为什么参加工会、怎样做一名合格的工会会员，才能在工会组织这个集体中发挥自己的作用。因此，工会要加强对会员权利和义务的宣传教育，使会员自觉遵守《中国工会章程》，正确行使权利，切实履行义务。要让会员充分享受工会各项优惠待遇和奖励，增强工会组织的吸引力和凝聚力。

（三）参与意识教育

工会工作的开展，是通过工会会员参与工会内部事务管理，参与工会重大决策，充分行使自己的民主权利，积极参加工会活动来实现的。组织会员开展工会活动是工会履行职能、实现目标的手段和载体，活动的效果既取决于工会干部的动员、组织和精心筹划，更取决于会员群众的主动参与和大力支持。工会要保持生机和活力，必须依靠会员群众开展工作，必须依靠会员群众民主决策工会的重要事项，必须实行“开门办会”，必须把工会工作始终置于会员群众的监督之下，与会员群众保持密切的联系。因此，工会组织开展活动必须以尊重会员、为了会员、依靠会员为出发点，以会员的意愿和主动参与为前提，充分依靠会员来开展工会工作。要教育和引导广大会员增强参与意识，积极参与工会重要事项的决策，参与工会的各项活动，在参与工会活动中体现自己的意愿，在参与活动中实现自己的意愿。

二、工会会员的会籍管理

工会会员会籍即工会会员资格，是职工履行入会手续后工会组织确认其为工会会员的依据。工会会员的会籍管理包括工会组织办理职工入会手续、管理会员档案、接转会籍、办理会员保留会籍和取消会员会籍等工作。加强工会会员的会籍管理是工会组织建设的一项基础性工作。会员的会籍应按照《中国工会章程》和《工会会员会籍管理办法》等有关规定进行管理。主要内容包括：

（一）档案管理及会员统计

基层工会应建立会员档案，实行会员实名制，动态管理会员信息，保障会员信息安全。《中华全国总工会入会申请书》和《工会会员登记表》作为会员档案材料，由会员所在基层工会负责保存管理。各级工会分级负责本单位、本地区的会员统计工作。农民工会员由输入地工会统计。劳务派遣工会员由劳务派遣单位统计，加入用工单位工会的由用工单位统计。保留会籍的离退休人员不列入会员统计范围。

各级工会应加强信息化建设，逐步推进会员实名信息入库、会员会籍信息化接转，实现工会会员实名制、动态化、规范化管理。

（二）会籍接转

坚持会员劳动关系（工作关系）在哪里，会籍就在哪里，实行一次入会、动态接转。会员劳动关系（工作关系）发生变化后，由调出单位工会在会员证“工会组织关系接转”栏目中填写有关内容。会员的《工会会员登记表》随个人档案一并移交。会员以会员证或会员卡等证明其工会会员身份，新的用人单位工会应予以接转登记。已经与用人单位解除劳动关系（工作关系）并实现再就业的会员，其会员会籍应转入新的用人单位工会。如新的用人单位尚未建立工会，其会员会籍原则上应暂时保留在会员居住地工会组织，待所在单位建立工会后，再办理会员会籍接转手续。会籍由凭介绍信接转改为凭会员证或会员卡接转，不仅简化了会籍接转手续，更有利于保持工会与会员的联系，加强会员会籍管理，有效防止会员流失。

接转会籍，一般可由基层工会直接办理。职工人数比较少的小型企事业单位组成的联合基层工会，其发展会员、接转会籍等工作，由联合基层工会负责。会员所在企业破产后，会员已经安置就业的，其会籍转入新的用人单位工会组织，如新的就业单位尚未建立工会组织，其会籍转入其居住地工会组织；尚未安置就业的，其会籍移交其居住地工会组织管理。劳务派遣工在劳务派遣公司参加工会组织的，由劳务派遣公司工会管理其会籍，也可以委托用工单位工会代管，劳务派遣工会员参加用工单位工会活动；委托用工单位代管的，当劳务派遣工离开用工单位时，用工单位工会将劳务派遣工的会籍转回劳务派遣公司工会。劳务派遣公司没有建立工会的，用工单位工会接到劳务派遣工入会申请，应当吸收其入会，并管理其会员关系。

（三）保留、恢复和开除会员会籍

1. 保留会员会籍。

保留会员会籍一般有以下几种情况：（1）会员已办理退休手续（含提前退休）；（2）会员失业，尚未安置就业或实现再就业；（3）离开工作岗位，长期不能参加工会组织生活，如参军、离职上学、长期病休、出国等；（4）加入工会组织的轮换工、季节工因季节性原因离开工作单位，以及临时工、合同工等因劳动合同期满解除合同尚未就业的。

办理保留会员会籍，由会员所在基层工会委员会核准，由基层工会在其《工会会员登记表》和会员证备注栏内注明该会员办理保留会籍的时间，并通知其本人从何时起停止交纳会费。会员办理保留会籍手续后，退休人员的会员证可由本人保存；其他保留会籍职工的会员证由个人保管，待其再就业时再办理工会会籍接转手续。会员在保留会籍期间免交会费，保留会籍的人员不再享有工会的选举权、被选举权和表决权。

2. 恢复会员会籍。

当保留会籍的会员情况发生变化需要恢复会籍时，工会组织应当根据会员的不同情况，采取不同形式，及时办理会员恢复会籍手续。对于仍回原单位工作的会员职工，由基层工会在该职工的《工会会员登记表》和会员证上注明恢复会籍日期，通知其从何时起继续参加工会活动并交纳会费；对在原单位保留会籍而后到外单位工作的会员，持会员证或会员卡证明其工会会员身份，新的用人单位工会组织应当予以登记接纳，承认其会员资格，并通知其恢复会籍，开始交纳会费。

3. 开除会员会籍。

对严重违法犯罪并受到刑事处罚的会员，应开除其会籍。开除会员会籍应经会员所在工会小组讨论提出意见，由工会基层委员会决定，并报上一级工会备案，同时收回其会员证或会员卡。

4. 会员会籍管理应注意的几个具体问题。

（1）离退休人员的会籍管理。会员离退休后保留会籍。职工办理离退休手续（含提前退休）后，在原单位办理保留会籍手续。退休后再返聘参加工作的人员，保留会籍不作变动。

（2）下岗失业职工的会籍管理。会员如在本单位下岗待岗，其会籍不作变动。已经与用人单位解除劳动关系并已实现再就业的会员，其会籍应转入新的用人单位工会组织；如其再就业的单位尚未建立工会组织，其会籍原则上应暂时保留在会员居住地工会组织，待其再就业的单位建立工会组织后，再办理会籍接转手续。会员失业后，由原用人单位工会办理会员保留会籍手续；原用人单位关闭或破产的，可将其会籍转至其居住地的乡镇（街道）或村（社区）工会管理。待其重新就业后，由本人及时与新用人单位工会接转会籍。

（3）职工服兵役期间的会籍管理。已经加入工会的职工，在其服兵役期间保留会籍。服兵役期满，复员或转业到用人单位并建立劳动关系的，应及时办理会员会籍接转手续。

（4）借调到外单位工作的职工的会籍管理。临时借调到外单位工作的会员，其会籍一般不作变动。如借调时间在六个月以上，借调单位已建立工会的，可以将会员关系转到借调单位工会管理。借调期满后，会员关系转回所在单位。会员离开工作岗位进行脱产学习的，如与单位仍有劳动关系（工作关系），其会员会籍不作变动。

（5）被辞退或被除名的职工的会籍管理。凡被企业辞退或除名的职工，是工会会员的，可在居住地工会组织办理保留会籍手续。待该职工到有工会组织的单位重新工作后，应及时办理接转会籍手续。

（6）返乡农民工的会员会籍管理。对因失去工作岗位返乡的农民工会员，应将其会籍接转至本人所在村（社区）、乡镇（街道）工会管理。有关村（社区）、乡镇（街道）工会要对返乡农民工逐一了解情况，主动做好返乡农民工会员的会籍接转工作，组织其参加工会活动，在其重新就业后，将其会籍接转到新的用人单位工会。

（四）办理会员退会手续

根据《中国工会章程》第六条的规定，会员有退会自由。会员退会由本人向工会小组提出。对于要求退会的会员，工会组织应对本人做耐心细致的思想工作，对经过做工作仍坚持要求退会的，由该会员所在的工会基层委员会讨论后，宣布其退会并收回会员证或会员卡。会员没有正当理由连续六个月不交纳会费、不参加工会组织生活，经教育拒不改正，应当视为自动退会。

思考题：

1. 职工加入工会应具备哪些条件？履行哪些程序？
2. 工会会员享有哪些权利？应履行哪些义务？
3. 如何办理会籍接转手续？

第二章　基层工会范围与组织制度

基层工会直接联系和服务职工群众，是工会全部工作和凝聚力、创造力的基础，是落实工会各项工作的组织者、推动者和实践者，是组织会员开展活动的基本单位。基层工会组织建设的强弱，直接关系到工会工作的成效。因此，必须高度重视基层工会组织建设，夯实工会组织基础。

第一节　基层工会的范围、任务、建设目标及组织体制

加强基层工会组织建设，首先要明确基层工会的范围，掌握建立基层工会组织的基本要求；明确基层工会的基本任务，掌握其重点工作；明确基层工会组织建设的目标，掌握工作的努力方向；明确基层工会的结构和体系，建立健全完善的工会组织。

一、基层工会的范围

《工会法》第十一条规定："用人单位有会员二十五人以上的，应当建立基层工会委员会；不足二十五人的，可以单独建立基层工会委员会，也可以由两个以上单位的会员联合建立基层工会委员会，也可以选举组织员一人，组织会员开展活动。""企业职工较多的乡镇、城市街道，可以建立基层工会的联合会。"基层工会范围包括：

第一，企业、事业单位、机关、社会组织（以下统称用人单位）单独或联合建立的工会委员会。

第二，乡镇（街道）工会、开发区（工业园区）工会、村（社区）工会。

第三，市级、县级及县级以下建立的其他区域（行业）工会组织。

基层工会组织具备法人条件的，依法取得社团法人资格，工会主席为法定代表人。依法成立的基层工会组织受法律保护，任何组织和个人不得随意撤销工会组织，也不得把工会组织的机构撤销、合并或者归属到其他工作部门。企业改革改制过程中应及时建立健全工会组织。另外，根据《中国工会章程》和全国总工会有关文件精神，在一些经济发达地区，职工人数众多的乡镇（街道）、开发区（工业园区）可以成立总工会，承担地方工会和基层工会的双重职责，发挥承上启下、指导基层和促进区域劳动关系和谐的作用。

二、基层工会的任务及建设目标

（一）基层工会的基本任务

按照《中国工会章程》第二十八条的规定，基层工会委员会的基本任务是：

（1）执行会员大会或者会员代表大会的决议和上级工会的决定，主持基层工会的日常工作。

（2）代表和组织职工依照法律规定，通过职工代表大会、厂务公开和其他形式，参与本单位民主选举、民主协商、民主决策、民主管理和民主监督，保障职工知情权、参与权、表达权和监督权，在公司制企业落实职工董事、职工监事制度。企业、事业单位工会委员会是职工代表大会工作机构，负责职工代表大会的日常工作，检查、督促职工代表大会决议的执行。

（3）参与协调劳动关系和调解劳动争议，与企业、事业单位、社会组织行政方面建立协商制度，协商解决涉及职工切身利益问题。帮助和指导职工与企业、事业单位、社会组织行政方面签订和履行劳动合同，代表职工与企业、事业单位、社会组织行政方面签订集体合同或者其他专项协议，并监督执行。

（4）组织职工开展劳动和技能竞赛、合理化建议、技能培训、技术革新和技术协作等活动，培育工匠、高技能人才，总结推广先进经验。做好劳动模范和先进生产（工作）者的评选、表彰、培养和管理服务工作。

（5）加强对职工的政治引领和思想教育，开展法治宣传教育，重视人文关怀和心理疏导，鼓励支持职工学习文化科学技术和管理知识，开展健康的文化体育活动。推进企业文化职工文化建设，办好工会文化、教育、体育事业。

（6）监督有关法律、法规的贯彻执行。协助和督促行政方面做好工资、安全生产、职业病防治和社会保险等方面的工作，推动落实职工福利待遇。办好职工集体福利事业，改善职工生活，对困难职工开展帮扶。依法参与生产安全事故和职业病危害事故的调查处理。

（7）维护女职工的特殊权益，同歧视、虐待、摧残、迫害女职工的现象作斗争。

（8）搞好工会组织建设，健全民主制度和民主生活。建立和发展工会积极分子队伍。做好会员的发展、接收、教育和会籍管理工作。加强职工之家建设。

（9）收好、管好、用好工会经费，管理好工会资产和工会的企业、事业。

（二）基层工会的建设目标

基层工会的建设目标，是建设学习型、服务型、创新型工会组织，不断提高科学化水平，更好地维护职工合法权益、竭诚服务职工群众，不断增强工会组织的吸引力、凝聚力、战斗力，成为深受职工群众信赖的职工之家。

1. 建设学习型工会。

以“创建学习型工会、争做知识型工会干部”活动为载体，努力建设学习型工会。深入贯彻落实习近平新时代中国特色社会主义思想，坚持用中国特色社会主义理论体系武装头脑，增强工会工作的原则性、系统性、预见性和创造性，指导和推动工会工作，提高运用理论解决实际问题的能力。建立健全促进学习、保障学习的激励机制和考核机制，加强对基层工会干部的定期培训，引导基层工会干部牢固确立终身学习理念，不断提高基层工会干部的工会理论、业务和政策水平。

2. 建设服务型工会。

坚持服务大局，围绕基层单位中心工作，团结动员广大职工充分发挥工人阶级的主力军作用，推动经济高质量发展。坚持服务职工群众的工作生命线，围绕劳动就业、收入分配和社会保障等涉及职工切身利益的问题，主动依法科学维权，加大协调劳动关系力度，真诚倾听群众呼声，真实反映群众愿望，真情关心群众疾苦，多为职工群众办实事、做好事、解难事，做关心服务职工的模范。

3. 建设创新型工会。

以解放思想为先导，适应形势发展要求，积极探索开展工作的有效途径，做到有特色、有亮点。创新工作思路，以职工需要为导向，针对存在的问题和短板进行深入研究，运用全局观念、辩证思维，找准基层工会工作的切入点。创新工作方法，善于利用现代信息技术和手段开展工作，不断增强基层工会活力。要创新工作理论，加强调查研究，认真总结经验，摸索工作规律，以理论创新推动实践发展。

三、基层工会的建立及组织体制、机构设置

（一）基层工会组织的建立和撤销、合并

1. 基层工会组织的建立。

建立基层工会组织一般要经过以下步骤：

（1）成立工会筹备组，宣传动员职工申请入会，提出建会申请。筹备组成员由同级党组织代表和职工代表组成。凡是已建立党组织的单位，由党组织提出工会筹备组的组成人选；没有党组织的单位，由职工选出自己的代表，向上一级工会提出建会申请，或由上一级工会与相关单位和职工共同协商，成立工会筹备组，由工会筹备组提出建会申请。上一级工会接到基层单位申请组建工会的请示后，应及时作出同意或不同意筹备组建工会的批复。

工会筹备组经上一级工会审查批准后，即可开展工会组织的筹建工作。一是做好宣传发动工作。筹备组应广泛深入地向职工宣传工会的性质、地位、任务、作用以及入会的条件和会员的权利义务，使职工了解工会是职工利益的代表者和维护者，组建工会是职工的法定权利。二是组织职工申请加入工会。在发展工会会员时，对从未加入过工会组织的职工，要宣传动员他们加入工会，填写《中华全国总工会入会申请书》和《工会会员登记表》，经工会筹备组审查、批准，符合工会会员资格者加入工会，统一发给《中华全国总工会会员证》。对原已加入工会的职工、下岗再就业的会员，无须重新登记入会，当用人单位工会成立后，办理会员关系接转手续。三是建立工会小组。按生产工作的行政建制如班组设立工会小组。人数多的同一行政建制内可以分设小组，人数少的可以将几个相近的行政建制单位合并设立一个工会小组。在小组内由会员民主选举工会小组长。四是建立分工会。行政建制职工人数多的单位如车间

(科室)，可在工会小组之上设立分工会，分工会一般要召开全体会员大会，选举产生分工会委员会和分工会主席。

（2）召开会员大会或者会员代表大会，民主选举工会委员会、经费审查委员会，在充分协商的基础上组成或者选举产生女职工委员会。根据《基层工会会员代表大会条例》，会员不足 100 人的基层工会组织，应召开会员大会；会员 100 人以上的基层工会组织，应召开会员大会或会员代表大会。

会员代表的组成应以一线职工为主，体现广泛性和代表性。中层正职以上管理人员和领导人员一般不超过会员代表总数的 20%。女职工、青年职工、劳动模范（先进工作者）等会员代表应占一定比例。会员代表应由会员民主选举产生，不得指定会员代表。劳务派遣工会员民主权利的行使，如用人单位工会与用工单位工会有约定的，依照约定执行；如没有约定或约定不明确的，在劳务派遣工会员会籍所在工会行使。

会员代表大会代表一律采取无记名投票方式差额选举产生，召开有三分之二以上会员或会员代表参加的大会，差额率不低于 15%。会员代表候选人必须获得选举单位全体会员过半数赞成票，才能当选为正式代表；大型企事业单位工会代表大会的代表，由所属单位工会代表大会选举时，其代表候选人获得应到会代表人数过半数赞成票才能当选为正式代表。

基层工会委员会委员名额，按会员人数确定：不足 25 人，设委员 3 人至 5 人，也可以设主席或组织员 1 人；25 人至 200 人，设委员 3 人至 7 人；201 人至 1000 人，设委员 7 人至 15 人；1001 人至 5000 人，设委员 15 人至 21 人；5001 人至 10000 人，设委员 21 人至 29 人；10001 人至 50000 人，设委员 29 人至 37 人；50001 人以上，设委员 37 人至 45 人。大型企事业单位基层工会委员会，经上一级工会批准，可以设常务委员会，常务委员会由 9 人至 11 人组成。经费审查委员会委员名额一般为3人至11人。有女会员10人以上的建立女职工委员会，不足10人的设女职工委员。

基层工会委员会的委员候选人，应经会员充分酝酿讨论，一般以工会分会或工会小组为单位推荐。由上届工会委员会或工会筹备组根据多数工会分会或工会小组的意见，提出候选人建议名单，报经同级党组织和上一级工会审查同意后，提交会员大会或者会员代表大会表决通过。

工会委员会委员经无记名投票方式差额选举产生，差额比例不低于5%，经费审查委员会委员可以实行等额选举。女职工委员会委员由同级工会委员会提名，在充分协商的基础上产生，也可召开女职工大会或女职工代表大会选举产生。

（3）选举常务委员会委员，工会主席、副主席，经费审查委员会主任、副主任，协商或选举产生女职工委员会主任。基层工会委员会的常务委员会委员，工会主席、副主席候选人，可以由上届工会委员会或工会筹备组根据多数工会分会或工会小组的意见提出建议名单，报经同级党组织和上一级工会审查同意后提出；也可以由同级党组织与上一级工会协商提出建议名单，经工会分会或工会小组酝酿讨论后，由上届工会委员会或工会筹备组根据多数工会分会或工会小组的意见，报经同级党组织和上一级工会审查同意后提出。根据工作需要，经上一级工会与基层工会和同级党组织协商同意，上一级工会可以向基层工会推荐本单位以外的人员作为工会主席、副主席候选人。女职工委员会主任应提名为同级工会委员会或常务委员会委员候选人。

常务委员会委员由基层工会委员会第一次全体会议无记名投票差额选举产生，差额率不低于10%。基层工会主席、副主席可以由会员大会或者会员代表大会直接选举产生，也可以由工会委员会选举产生；可以等额选举产生，也可以差额选举产生。主席、副主席应从新当选的工会委员会委员中产生，设立常务委员会的应从新当选的常务委员会委员中产生。工会经费审查委员会主任、副主任由经费审查委员会选举产生。基层工会女职工委员会主任由同级工会女主席或女副主席担任，也可经民主协商，按照相应条件配备女职工委员会主任。

（4）向上一级工会报告选举结果。基层工会委员会、常务委员会和主席、副主席的选举结果，报上一级工会批准。上一级工会自接到报告起 15 日内应予批复。违反规定程序选举的，上一级工会不得批准，应重新选举。基层工会委员会的任期自选举之日起计算。基层工会经费审查委员会和女职工委员会主任、副主任名单，与基层工会委员会的选举结果同时报上一级工会批准。基层工会经费审查委员会、女职工委员会的任期与基层工会委员会相同。

基层工会组织的建立必须坚持两条原则：一是必须报上一级工会批准；二是基层工会委员会委员、经费审查委员会委员及主席、副主席和主任、副主任必须经民主程序产生，候选人及选举结果必须报上一级工会批复。只有坚持上述原则，基层工会组织才具有合法性，才能维护工会组织的团结统一。

2. 基层工会组织的撤销、合并。

任何组织和个人不得随意撤销、合并工会组织，也不得随意把工会组织的机构撤销、合并或者归属到其他工作部门。基层工会所在的企业终止或者所在的事业单位、机关被撤销，该工会组织相应撤销，经会员大会或者会员代表大会通过，并报告上一级工会。基层工会组织撤销后，会员会籍可转至本人居住地的乡镇（街道）或村（社区）工会，作保留会籍处理。基层工会组织合并，其经费财产归合并后的工会所有；工会组织撤销或解散，其经费财产由上一级工会处置。

（二）基层工会的组织体制及机构设置

基层工会的组织体制及机构设置，在纵向上，一般根据基层单位行政管理层次和组织结构的情况确定；在横向上，一般根据工会的社会职能和工会的业务工作来确定。通常，基层工会应设立以下组织及机构：

1. 会员大会或者会员代表大会。

基层工会会员大会或者会员代表大会是基层工会的最高领导机构，每年至少召开一次。会员大会或会员代表大会的主要职责是选举基层工会委员会、经费审查委员会等基层工会领导机构，讨论决定基层工会重大事项。经基层工会委员会或者三分之一以上的工会会员提议，可以临时召开会员大会或者会员代表大会。工会会员不足100人的基层工会应当召开会员大会。会员代表大会的代表实行常任制，任期与本单位工会委员会相同。

2. 基层工会委员会。

基层工会委员会由会员大会或者会员代表大会选举产生，对会员大会或者会员代表大会负责，每届任期三年或五年。大型企事业单位基层工会委员会，经上一级工会批准，可以设立常务委员会，在基层工会委员会闭会期间，履行工会委员会职责，主持工会日常工作，研究决定工会工作中的重大问题。基层工会委员会在基层工会会员大会或者会员代表大会闭会期间，行使以下职权：①负责执行会员大会或者会员代表大会的决议和上级工会的决定，主持基层工会的日常工作，承担所在单位职工代表大会工作机构的职责，代表本单位职工同行政签订集体合同或单项协议；②主持会员代表大会代表的选举工作；③负责筹备工会会员大会或者会员代表大会；④讨论决定基层工会的重要工作安排和有关重大问题；⑤在工会会员大会或者会员代表大会闭会期间，对基层工会领导人选的变动提出意见和建议；⑥审查和批准下级工会会员大会或者会员代表大会的召开和选举结果；⑦讨论任免基层工会的工作人员；⑧讨论决定工会的财务预决算；⑨根据工作需要提出基层工会的工作机构设置方案。

基层工会委员会实行民主集中制，重要问题须经集体讨论作出决定。基层工会委员会会议由工会主席召集，一般每季度召开一次会议，讨论或决定以下问题：①贯彻执行会员大会或者会员代表大会决议和党组织、上级工会有关决定、工作部署的措施；②提交会员大会或者会员代表大会的工作报告和向党组织、上级工会的重要请示、报告；③工会工作计划和总结；④向本单位提出涉及改革发展和职工权益重大问题的建议；⑤工会经费预算执行情况及重大财务支出；⑥由工会委员会讨论和决定的其他问题。

基层工会委员会讨论决定的重要事项，可事先召开代表团（组）长会议，征求意见。召开基层工会委员会会议时，根据工作需要，也可以吸收代表团（组）长列席。基层工会委员会的决议，由委员会全体委员过半数通过有效。

基层工会委员会可根据工作需要设立相关工作机构或专门工作委员会。工作机构或工会专门工作委员会的主要任务是：研究和落实本级工会委员会工作，组织开展工会专项业务活动，处理有关建议、提案，检查、督促和协调行政有关方面贯彻工会委员会的有关决议，完成工会委员会交办的其他事项。各工作委员会的组成人选，由工会委员会推选或选聘工会积极分子组成，设主任 1 名，必要时可设副主任 1 名。专门工作委员会主任，通常由分管此工作的工会委员兼任。工会专门工作委员会的具体设置由基层工会根据工作任务的实际情况自行确定。

3. 经费审查委员会。

凡建立一级工会财务管理的基层工会组织，应在选举基层工会委员会的同时，选举产生经费审查委员会。经费审查委员会是基层工会委员会领导下负责工会经费审计的组织。经费审查委员会设主任1名，可根据工作需要设副主任1名。经费审查委员会代表会员群众对基层工会经费收支和财产管理进行审查监督，向基层工会会员大会或者会员代表大会负责并报告工作，在基层工会会员大会或者会员代表大会闭会期间，向基层工会委员会负责并报告工作。基层工会的主席、分管财务和资产的副主席、财务和资产管理部门的人员，不得担任同级工会经费审查委员会委员。

4. 女职工委员会。

《工会法》第十一条规定：女职工人数较多的，可以建立工会女职工委员会，在同级工会领导下开展工作；女职工人数较少的，可以在工会委员会中设女职工委员。女职工委员会既是基层工会委员会领导下的依法维护女职工合法权益的组织，又是县级以上妇联组织的团体会员，接受妇联的业务指导。

5. 工会分会。

《中国工会章程》第三十条第一款规定：基层工会委员会根据工作需要，可以在分厂、车间（科室）建立分厂、车间（科室）工会委员会。分厂、车间（科室）工会委员会由分厂、车间（科室）会员大会或者会员代表大会选举产生，任期和基层工会委员会相同。由此可见，基层工会可以根据工作需要，按企事业单位、经营管理机构的设置，职工人数的多少和分布情况，建立分厂、车间（科室）工会委员会，即分厂、车间（科室）工会分会。基层工会组织中的工会分会是处于基层工会委员会与工会小组之间的一级工会组织。

分厂、车间（科室）工会是加强基层工会与职工群众联系的重要环节，担负着贯彻执行基层工会委员会决议，了解职工群众的愿望和要求，依靠和组织广大工会会员和积极分子实现和保证完成分厂、车间（科室）各项任务的重要责任。因此，必须加强工会分会组织建设，明确工作职责，充分发挥其作用。

分厂和车间（科室）工会的成立，要通过召开会员大会或者会员代表大会民主选举产生工会委员会委员，工会主席、副主席，具体名额和选举程序可以参照《工会基层组织选举工作条例》的相关规定。

工会分会的主要任务是：（1）组织职工参加民主管理和民主监督；（2）代表和维护职工合法权益；（3）发挥工会联系职工群众的桥梁纽带作用；（4）组织职工开展群众性经济技术创新活动；（5）努力促进职工思想政治和文化技术水平的提高；（6）组织职工广泛开展互助互济活动。

根据《中国工会章程》和《全民所有制工业企业职工代表大会条例》等规定，工会分会有五项职权：（1）依法保证分厂、车间（科室）工会会员的民主权利，维护工会会员的合法权益，代表工会会员向上级工会反映情况；（2）负责分厂、车间（科室）民主管理的日常工作，组织职工实施民主管理，其中，车间工会是车间职工代表大会的工作机构；（3）对本分厂、车间（科室）职工的奖惩，奖金分配，聘用、解聘、辞退、处分职工等涉及职工切身利益的重要问题提出建议；（4）组织职工开展有利于保证分厂、车间（科室）生产工作任务完成的群众性经济技术活动和提高职工素质活动；（5）按照上级工会要求开展工会活动，完成上级工会布置的各项工作任务。

6. 工会小组。

工会小组是按照生产（行政）班组（科室）建立的工会组织中最小的单位，它依托行政班组（科室）而存在，是工会会员学习、工作、活动的场所，是工会会员直接行使会员权利和履行会员义务的最直接单位，是基层工会组织的细胞，在工会工作中有着十分重要的地位和作用。工会小组直接联系组织会员、服务会员。不断加强工会小组建设，使其真正发挥作用，是增强基层工会活力的重要基础。加强工会小组建设，应把握四个关键环节：

（1）充分发扬民主，选好工会小组长。按照《中国工会章程》第三十条第三款关于“按照生产（行政）班组建立工会小组，民主选举工会小组长，积极开展工会小组活动”的规定，建立健全工会小组，首先要通过全体会员民主选举政治素质比较好、对班组生产（工作）比较熟悉、有一定组织领导能力、受到职工群众拥护和信赖的会员担任工会小组长。

（2）从实际出发，制定工会小组工作制度。例如，学习制度、家访制度、民主生活会制度、民主管理制度等，开展适合小组全体成员并有小组特点的工会活动，确保各项制度的落实，提高活动的质量，促进活动的经常化。

（3）明确工会小组职责任务，突出工作重点。工会小组任务不宜太多，主要应抓好四件事：围绕生产（工作）任务，开展劳动竞赛、合理化建议和技术革新等活动，加强安全生产检查，保证生产（工作）任务的完成；加强班组民主管理，做到生产工作任务、分配、奖罚等民主公开；组织政治理论和科学文化技术学习，提高职工素质，创建文明班组；开展生活互助，做到职工有事必访、有难互帮，建立和谐友好的小组氛围。

（4）开展建设职工小家活动，增强工会活力。建设职工小家，是加强和活跃工会小组的重要举措，目的是通过强化工会小组建设，活跃工会小组工作，密切工会同职工群众的联系，把工会工作与行政班组的工作结合起来，促进班组建设，引导职工努力完成生产和工作任务。建设职工小家要根据新形势下建设职工之家的要求，结合实际制定规划，并不断赋予职工小家新的内容，建立一支热心为职工群众服务的积极分子队伍，加强职工小家阵地建设。

（三）企业集团工会

根据《中华全国总工会关于企业集团建立工会组织的办法》第二条的规定：企业集团是指以资本为主要联结纽带的母子公司为主体，以集团章程为共同行为规范的母公司、子公司、参股公司及其他成员企业或机构共同组成的具有一定规模的企业法人联合体。凡符合前款规范要求、行政管理机构健全并依法设立登记的企业集团，经上级工会批准，可在企业集团范围内建立集团工会组织。建立企业集团工会应明确以下问题。

1. 企业集团工会的设置。

根据《中华全国总工会关于企业集团建立工会组织的办法》第五条规定：企业集团根据法人治理结构、经营模式、企业规模、职工队伍状况等实际，适应贯彻新发展理念、建设现代化经济体系、加快完善社会主义市场经济体制的需要，统筹考虑振兴实体经济、深化国有企业改革、发展混合所有制经济、民营企业发展等形势任务，立足实际建立健全工会组织。集团工会是工会的基层组织。集团工会选举，依照《工会基层组织选举工作条例》进行。集团工会的组织形式，根据集团实际确定。企业集团工会委员会由企业集团母公司与子公司（全资子公司、控股子公司）民主选举的工会领导人，按照联合制、代表制原则组成。集团公司工会委员会全体会议可民主选举工会主席、副主席和常务委员会委员组成常务委员会。成员单位和职工人数较少单位的工会委员会，也可不设常务委员会。

2. 企业集团工会的组织领导体制。

《中国工会章程》第十一条规定：中国工会实行产业和地方相结合的组织领导原则。鉴于企业集团各成员单位情况的千差万别，涉及经济发展和职工切身利益重大问题的决策，以及劳动关系协调、职工社会保障、职工队伍稳定等许多问题都主要依靠企业集团成员单位所在地的地方政府来协调处理，因此，

《中华全国总工会关于企业集团建立工会组织的办法》第十六条规定：集团工会对集团母公司所在地的子（分）公司工会实行直接领导。不在母公司所在地的子（分）公司工会，在同级党组织领导下，以所在地工会领导为主，其工会组织关系、经费关系等明确在所在地工会，在所在地工会的领导下建立健全工会组织并按期换届，参加所在地工会组织开展的工作；同时接受集团工会的领导，参加集团工会统一组织开展的具有集团特点的工作和活动等。铁路、民航、金融等行政管理体制实行垂直管理的产业所属企业集团子（分）公司除外。集团工会以同级党组织领导为主，同时接受所在地方工会的领导和上级有关产业工会的指导。

3. 企业集团工会和地方工会领导跨地区分公司、子公司工会的职责。

为了发挥企业集团工会和地方工会两方面的积极性，搞好企业集团工会的建设，应根据工作需要对企业集团工会与跨地区分公司、子公司所在地方工会的职责进行合理划分。

（1）企业集团工会的主要职责：①指导所属工会组织建立平等协商和签订集体合同制度，协调企业劳动关系，依法维护职工合法权益；②开展具有集团特点的群众性经济技术创新活动，促进集团公司的发展；③组织各成员单位工会开展扩大企业集团影响的重大社会活动和增进企业集团凝聚力的文化体育活动，树立企业集团形象；④交流工会工作经验，指导成员单位工会工作；⑤指导成员单位建立职工代表大会制度，组织职工代表参与企业集团重大经营决策，反映成员单位职工的意愿和要求；⑥企业集团建立党组织的企业集团工会，协助企业集团党委管理成员单位工会主席，组织工会干部培训，提高工会干部素质。

（2）地方工会的主要职责：①传达全国总工会关于工会工

作的方针政策和重要会议精神，组织企业工会参加地区性统一活动；②负责企业工会组织状况有关数据的统计和重要信息的收集；③负责全国劳动模范和全国五一劳动奖章、奖状及全国模范职工之家的推荐与管理；④指导企业工会做好劳动关系的协调、仲裁，做好职工社会保障和下岗职工再就业等工作，维护企业和职工队伍的稳定；⑤负责企业工会换届选举工作的审批。

第二节　基层工会的组织制度

基层工会的组织制度是整个工会组织制度的有机组成部分。基层工会在坚持会员大会和会员代表大会制度、会员代表常任制度、民主选举制度的同时，还要注意坚持民主决策制度、分工负责制度、民主评议监督制度、会务公开制度等。这些制度既是基层工会的组织制度，也是基层工会的民主制度。

一、会员代表大会制度

（一）建立健全会员代表大会制度的重要意义

基层工会会员代表大会制度是基层工会的一项根本性制度。基层工会会员大会或者会员代表大会，是同级工会的最高领导机构，是工会讨论、决定工会重大事项和选举工会领导机构的权力机关。坚持和健全工会会员大会或者会员代表大会制度，对于加强工会组织建设，实现工会组织的民主集中制，推进工会组织的群众化、民主化、法治化具有十分重要的意义。

（二）会员大会或者会员代表大会的职权

工会会员大会或者会员代表大会的职权是：

（1）审议和批准基层工会委员会的工作报告；（2）审议和批准基层工会委员会经费收支预算决算情况报告、经费审查委员会工作报告；（3）开展会员评家，评议基层工会开展工作、建设职工之家情况，评议基层工会主席、副主席履行职责情况；（4）选举和补选基层工会委员会和经费审查委员会组成人员；（5）选举和补选出席上一级工会代表大会的代表；（6）罢免其所选举的代表、基层工会委员会组成人员；（7）讨论决定基层工会其他重大事项。

（三）会员大会或者会员代表大会的任期及组成

1. 会员大会或者会员代表大会的任期。

基层工会会员大会或者会员代表大会每届任期三年或五年，每年至少召开一次。经基层工会委员会或者三分之一以上的工会会员提议，可以临时召开会员大会或者会员代表大会。

2. 代表的名额和组成。

基层工会会员代表大会的代表名额按照基层单位的会员人数确定。会员 100 人至 200 人的，设代表 30 人至 40 人；会员 201 人至 1000 人的，设代表 40 人至 60 人；会员 1001 人至 5000 人的，设代表 60 人至 90 人；会员 5001 人至 10000 人的，设代表 90 人至 130 人；会员 10001 人至 50000 人的，设代表 130 人至 180 人；会员 50001 人以上的，设代表 180 人至 240 人。

（四）会员代表常任制

1. 会员代表常任制的含义。

基层工会会员代表大会代表常任制，简称会员代表常任制，是指基层工会会员代表大会的代表在规定的任期内，始终具有代表资格、履行代表权利和义务的制度。会员代表的任期与基层工会代表大会届期一致，即从每届工会会员代表大会举行第一次会议开始，到下届本级工会会员代表大会选举工作完成后为止。会员代表可以连选连任。

2. 实行会员代表常任制的重要性。

基层工会会员代表大会代表一般工作在基层，生活在职工群众之中，最熟悉职工群众。会员代表实行常任制，从制度上保证让会员代表经常地参与工会事务，使工会的工作和活动都置于会员的监督之下，对实现工会工作的群众化、民主化具有重要意义。实行会员代表常任制，基层工会会员代表大会代表的任期与会员代表大会届期一致，只有在会员代表大会换届时选举会员代表，而不是每年召开会员代表大会都重新选举会员代表，从而保证了会员代表的稳定性。会员代表不仅在会员代表大会召开时行使选举、审议、评价等权力，在会员代表大会闭会期间，也要履行联系沟通会员群众、监督工会工作、参与工会事务等职责，这样可以更好地行使会员代表的权利，履行会员代表的义务。基层工会应该在保障会员民主权利的同时，充分发挥会员代表的作用，采取多种方式为他们参与工会事务创造条件，通过会员代表的工作，最大限度地调动会员和职工群众的积极性和创造力，切实把工会的事情办好，更加密切工会组织与会员群众的联系。

3. 会员代表的基本职责。

基层工会会员代表大会代表的基本职责是：

（1）带头执行党的路线、方针、政策，自觉遵守国家法律法规和本单位的规章制度，努力完成生产、工作任务。

（2）在广泛听取会员意见和建议的基础上，向会员代表大会提出提案。

（3）参加会员代表大会，听取基层工会委员会和经费审查委员会的工作报告，讨论和审议代表大会的各项议题，提出审议意见和建议。

（4）对基层工会委员会及代表大会各专门委员会（小组）的工作进行评议，提出批评、建议；对基层工会主席、副主席进行民主评议和民主测评，提出奖惩和任免建议。

(5) 保持与选举单位会员群众的密切联系，热心为会员说话办事，积极为做好工会各项工作献计献策。

(6) 积极宣传贯彻会员代表大会的决议精神，对工会委员会落实会员代表大会决议情况进行监督检查，团结和带动会员群众完成会员代表大会提出的各项任务。

选举单位可单独或联合组成代表团（组），推选团（组）长。团（组）长根据会员代表大会议程，组织会员代表参加大会各项活动；在会员代表大会闭会期间，按照基层工会的安排，组织会员代表开展日常工作。

4. 会员代表的补选。

会员代表在任期内工作岗位跨选举单位变动的，与用人单位解除、终止劳动（工作）关系的，停薪留职、长期病事假、内退、外派超过一年，不能履行会员代表职责的，会员代表资格自然免除。原选举单位对不履行会员代表职责、违法乱纪和严重失职的会员代表，也有权按照程序进行罢免。原选举单位出现的会员代表缺额，由原选举单位全体会员另行选举，报经基层工会审批。

二、民主选举制度

（一）实行民主选举的重要意义

工会作为职工自愿结合的群众组织，其内部生活必须是充分民主的。邓小平同志在中国工会九大致辞中指出：工会要为工人的民主权利奋斗，反对形形色色的官僚主义，它本身就必须是民主的模范。工会要做民主的模范，就必须认真贯彻民主集中制原则，充分保证全体会员享有选举、监督、撤换、罢免其所选举的会员代表或者工会委员会组成人员的民主权利。

《工会法》第十条规定：各级工会委员会由会员大会或者会员代表大会民主选举产生。工会的民主选举，是工会组织性质的本质体现，是推进工会组织群众化、民主化、法治化的重要组织制度。实行这一制度，有利于把群众公认、德才兼备的优秀人才选拔到工会的领导岗位；有利于强化各级工会干部的公仆意识和群众意识，把自己置于群众的监督之下，与群众始终保持血肉联系；有利于进一步增强工会干部的责任感和使命感，振奋精神，开拓创新，努力做好工会各项工作；有利于调动会员群众的积极性，关心工会工作，参与工会活动，增强工会组织的生机和活力。

（二）民主选举的几个重要概念

（1）差额选举，指候选人数多于应选人数的选举。

（2）等额选举，指候选人数与应选人数相等的选举。

（3）直接选举，指有选举权的人直接参加投票进行选举，根据投票结果确定当选人的选举。

（4）间接选举，指有选举权的人选出代表或委员，由代表或委员进一步行使选举权的选举。

（三）民主选举的程序和基本要求

1. 民主选举的程序。

为了保证民主选举工作的顺利进行，在选举前要制定选举办法，对候选人的提出、选举的人数、选举的方式、选举的规则、计票的要求以及选举结果的认定和报批程序等作出明确规定。选举时要充分尊重选举人的意愿，任何组织和个人不得以任何方式强迫选举人选举或不选举某个人。按照《中国工会章程》的规定，工会各级代表大会的会员代表、基层工会委员会委员和常务委员会委员，必须实行差额选举。基层工会主席、副主席，可以实行差额选举，也可以实行等额选举，具体采取哪种选举方式，由会员代表大会决定。选举一律采用无记名投票方式。

基层工会选举的一般程序是：

（1）选举工作在同级党组织和上一级工会领导下进行，未建立党组织的在上一级工会领导下进行；新建工会由工会筹备组负责，换届选举由上届工会委员会负责；实施选举前应向同级党组织和上一级工会报告，制定选举工作方案和选举办法。

（2）提名工会委员会委员、常务委员会委员和工会主席、副主席候选人，单位行政主要负责人、法定代表人、合伙人以及他们的近亲属不得作为本单位工会委员会委员、常务委员会委员和工会主席、副主席候选人，候选人建议名单应公示不少于5个工作日。

（3）召开会员大会或者会员代表大会进行选举，会员不足100人的基层工会组织，应召开会员大会进行选举；会员100人以上的基层工会组织，应召开会员大会或者会员代表大会进行选举。召开会员代表大会的，以基层工会下属单位工会组织为单位酝酿提名会员代表候选人，报基层工会平衡后，由所在单位会员直接以无记名差额投票方式选举为正式代表。参加选举的人数为应到会人数的三分之二以上时，方可进行选举。基层工会委员会委员和常务委员会委员应差额选举产生，差额率分别不低于5%和10%。基层工会主席、副主席可以等额选举产生，也可以差额选举产生，可以由会员大会或者会员代表大会直接选举产生，也可以由工会委员会选举产生。被选举人获得应到会人数的过半数赞成票，方能当选。

（4）基层工会委员会、常务委员会和工会主席、副主席的选举结果，报上一级工会批准，上一级工会应自接到报告15日内予以批复；违反规定程序选举的，上一级工会不得批准，应重新选举；基层工会委员会的任期自选举之日起计算。

（5）基层工会主席空缺时，应进行补选，如候选人是委员的，可以由工会委员会选举产生，也可以由会员大会或者会员代表大会选举产生；如候选人不是委员的，可以经会员大会或者会员代表大会差额补选为委员后，由工会委员会选举产生，也可以由会员大会或者会员代表大会直接差额选举产生。

2. 民主选举的基本要求。

实行工会民主选举制度，应坚持党管干部的原则，基层工会委员会委员、主席、副主席候选人要在会员充分酝酿讨论的基础上，由上届工会委员会或工会筹备组根据多数工会分会或工会小组的意见，报经同级党组织和上一级工会审查同意后提出。要贯彻公平、公正、公开的原则，加强组织领导，规范选举程序，切实保障会员依法行使民主选举的权利。要规范候选人产生环节，对于不履行民主程序，随意指定和任命工会主席、副主席的错误做法，要依法加以纠正。

（四）基层工会主席、副主席直接选举

基层工会主席、副主席直接选举，是指工会通过召开会员大会或者会员代表大会，由会员或者会员代表直接投票选举产生工会主席、副主席的选举方式。《中国工会章程》第二十七条规定：基层工会委员会的主席、副主席，可以由会员大会或者会员代表大会直接选举产生，也可以由基层工会委员会选举产生。《企业工会工作条例》、《企业工会主席产生办法（试行）》、《工会基层组织选举工作条例》也作出了相关规定。

工会主席直接选举不同于间接选举。间接选举是指由会员大会或者会员代表大会选举产生基层工会委员会，由基层工会委员会召开委员会全体会议选举产生工会主席、副主席。而直接选举是由会员大会或者会员代表大会直接投票选举工会主席、副主席。二者的区别主要在于：一是两种选举方式的选举人范围不同，间接选举的选举人范围是基层工会委员会全体委员；直接选举的选举人范围是基层工会全体会员或者会员代表。二是两种选举方式的选举程序不同，间接选举是在基层工会委员会选举产生后，召开新一届基层工会委员会第一次全体会议，在会议上选举产生主席、副主席；直接选举是由会员大会或者会员代表大会选举出工会主席、副主席。在具体操作上，可以由会员大会或者会员代表大会在选举产生工会委员会委员的同时选举产生工会主席、副主席，也可以由会员大会或者会员代表大会选举产生工会委员会后，以工会委员会全体委员作为候选人选举产生工会主席、副主席。

直接选举也不同于“海选”。“海选”是指不提名候选人，由会员大会或者会员代表大会直接从所有会员中选举产生工会主席、副主席。而直接选举必须提名工会主席、副主席候选人。

基层工会主席、副主席直接选举应把握以下几个原则：

(1) 坚持在同级党组织和上一级工会的领导下进行。《工会基层组织选举工作条例》第六条明确规定：选举工作在同级党组织和上一级工会领导下进行。未建立党组织的在上一级工会领导下进行。直接选举应遵循这一选举工作的基本原则，在同级党组织和上级工会领导下有组织地进行。

(2) 认真做好候选人的推荐工作。要走出直接选举就是不提候选人的“海选”的误区。要在候选人提名前宣讲候选人的条件，可以采取组织推荐、会员联合推荐、会员自荐等方式，并经会员反复酝酿后，提出候选人建议名单，并进行不少于5个工作日的公示。候选人名单报同级党组织和上级工会审查同意后，提交会员大会或者会员代表大会通过。要在坚持党管干部原则的前提下，坚持公开、公平、公正竞争，尊重并体现会员意愿。

(3) 切实做好宣传发动工作。企业党组织和上级工会要加强指导，认真做好直选前的各项筹备工作。要通过宣传激发会员参与选举的积极性，明确选举的目的和意义，熟悉选举的办法和程序，为成功选举奠定基础。选举前，要就工会委员会组成结构、候选人条件等组织会员群众深入讨论，广泛征求会员群众意见，对可能出现的突发问题或干扰因素要提前做好准备。选举过程中，要随时掌握真实的选情民意，把握好直接选举工作的主动权。

（4）严格按照规定程序进行。工会主席直接选举工作要严格履行民主程序，自觉遵守选举纪律，主动接受会员群众监督。选举办法应在会员大会或者会员代表大会上讨论通过。要创造有利于选举人充分表达意愿的条件，充实候选人介绍内容，增进会员群众对候选人的了解。要教育候选人及相关人员采取合法、正当的方式参与直接选举工作，严防一切非组织行为发生。对以违法违规手段干扰推荐和选举，妨碍会员群众行使民主权利的人和事，要追究相应的责任。

三、民主决策制度

工会民主决策制度是指在企业、事业单位和机关工会内，从基层工会委员会到下属各工会分会和工会小组，凡涉及工会工作的有关重大问题，都应在民主讨论的基础上，由集体做出决定的一项重要的组织制度。

工会是按照民主集中制组织起来的群众组织。坚持群众路线，依靠集体决定重大问题，是工会组织原则在工会工作中的具体体现，是提高领导决策水平的一个重要方面，也是实施正确领导、实现决策科学化的关键一环。基层工会对重大问题决策的正确性、可行性，在很大程度上取决于决策的民主化程度。工会工作的各项决策只有建立在民主和倾听会员群众意见的基础上，工会的实际工作才能取得成效并得到会员群众的支持。

各级工会委员会在按照工会章程规定的职权决定重大问题时，均应通过领导机构集体讨论并遵循少数服从多数的原则，不得由个人或少数人专断。为了保证基层工会民主决策制度的实行，基层工会委员会议事决策机构的组成人员，除工会主席、副主席和有关专门工作委员会负责人外，应尽可能多地吸收基层工会分会负责人参加。同样，基层工会分会委员会讨论决策问题，也应尽可能吸收下属各工会小组负责人参加。议事决策前，应尽量将讨论议题和决策方案提前通知各与会人员，广泛听取会员意见，做好相关准备；在讨论问题时，要充分发扬民主，畅所欲言，各抒己见，特别要注意听取不同意见，基本统一认识后再做出决策。如有重大分歧要慎重决策或暂缓做出决策。委员如有不同意见可以保留或向同级党组织和上级工会反映，但要执行集体决议，不能随意改变或否定集体的决定。

四、分工负责制度

实行集体领导和分工负责是贯彻民主集中制的一项重要原则，是保证集体决策有效实施和充分发挥领导成员个人的积极性、创造性，提高工作效率的重要措施。《中国工会章程》第九条第五款规定：工会各级委员会，实行集体领导和分工负责相结合的制度。凡属重大问题由委员会民主讨论，作出决定，委员会成员根据集体的决定和分工，履行自己的职责。

工会工作的各项决策和工作部署经民主程序确定之后，为了保证集体决策的正确实施，必须建立科学细密的分工负责制度，明确集体领导和个人分工的权限和责任。实行分工负责制，就是按照决策意图和工作部署的统一要求，将具体工作加以分解，使工会委员会委员（常委）、各专门工作委员会和工会分会明确分工，各司其职，各负其责，完成各自工作范围内的任务。对集体做出的各项决策决议，基层工会各级组织和成员都应努力贯彻实施。基层工会委员会在坚持集体领导下的分工负责制度的同时，还应建立相应的制度和严格的考核指标，确保工作任务的落实。

五、会务公开制度

基层工会会务公开是指工会内部事务的内容、程序、结果等向广大会员群众公布。建立健全基层工会会务公开制度，定期向会员公开基层工会工作情况和工会内部事务，是实行工会民主，保证会员知情、参与、监督权利的重要内容。

会务公开的主要内容应包括基层工会开展工作情况，工会财务和资产管理情况以及其他涉及会员群众切身利益的事项。基层工会要建立定期报告工作制度，基层工会委员会、经费审查委员会以及基层工会组织领导人，要定期在会员大会或者会员代表大会上报告本级领导机构及领导成员贯彻会员大会或者会员代表大会决议的执行情况、工会重点工作任务的完成情况、会员及会员代表提出的意见与建议办理情况、竭诚服务职工群众和维护职工合法权益情况等，增加工会工作的透明度，做到工作计划、重大活动、经费收支等事项公开，使广大会员和职工群众了解工会领导机构和领导成员履行职责的情况，为会员群众进行民主评议监督创造条件。会员大会或者会员代表大会闭会期间，基层工会组织可通过工会主席报告会、工会工作情况（专项事务）报告会、会务公开栏、网站、刊物等形式，畅通工会信息上下互通渠道。同时，开展工会内部事务问询和会员意见征集等活动，实现工会与广大会员群众的沟通互动。

六、民主评议监督制度

工会各级委员会向同级会员大会或者会员代表大会负责并报告工作，接受会员监督。会员大会和会员代表大会有权撤换或罢免其所选举的代表和工会委员会组成人员。基层各级工会委员会是由会员大会或者会员代表大会民主选举产生的，理应向选举它的会员大会或者会员代表大会负责，接受广大会员的监督。工会内部建立民主评议监督制度，是加强工会民主建设，密切工会与会员群众的联系，充分保障会员的民主权利，推进工会组织民主化进程的一个非常重要的措施。加强会员的民主监督，自觉接受民主评议，也是工会有效实行民主集中制的重要环节。

（一）民主评议制度

民主评议，是指工会会员和会员代表对本单位工会工作和工会领导人进行的公开评议。基层工会的民主评议一般在会员大会或者会员代表大会期间进行，每次会员大会或者会员代表大会都应对工会工作进行民主评议，按职工之家标准检查是否合格，并将评议结果报上级工会。同时，对工会领导人进行民主评议和民主测评。对工会工作的评议，主要是检查工作的落实情况，发扬成绩，总结经验，克服不足。对个人的评议，主要是检查个人对待工作的态度和本职工作的完成情况，表彰先进，督促后进，共同提高。

（二）民主质询监督制度

撤换或罢免权是工会会员、会员代表对基层工会领导成员实行监督的有效形式之一。工会会员认为工会委员会委员有违法、违反章程或其他失职和违背会员意志的行为，可以要求撤换或罢免其选举的委员。无论要求撤换还是要求罢免工会委员，都要严格按照法定的民主程序和民主集中制原则进行。一方面，在会员大会或者会员代表大会上，会员或者会员代表可以向工会领导机构和领导成员就某方面工作问题质询；工会领导成员经民主测评，凡获得信任票不足半数者，应报请上级工会和干部主管部门共同进行考察。如确认其不能再担任现任职务时，应由会员大会或者会员代表大会做出决定，予以撤换或罢免。另一方面，会员或者会员代表在日常工作中也可以就某方面工会工作等向工会领导机构、领导成员质询，使工会工作始终处于会员群众监督之中。

第三节 工会积极分子

建立工会积极分子队伍，依靠积极分子开展工作是由工会的性质决定的，工会是职工自愿结合的群众组织，会员是工会的主体，工会应当积极发动职工共同谋划工会工作、参与工会活动、监督工会运行、评价工会成果。另外，在发展社会主义市场经济的过程中，一些地方由于工会专职干部配备不到位，而协调劳动关系的任务日益繁重，工会工作力量与工作任务的矛盾十分突出，更加迫切需要努力培养和建设一支宏大的工会积极分子队伍，依靠职工群众的力量推动工会工作。

一、工会积极分子的概念及特点

工会积极分子，是指不脱离生产（工作）岗位，兼职从事工会工作的人员。主要包括以下两部分人员：一部分是指不脱离生产（工作）岗位的基层工会委员会、经费审查委员会、车间（科室）工会委员会和各专门工作委员会的主席（正副）、主任（正副）、委员、干事；工会小组长（正副）、小组干事；职代会各专门工作委员会（小组）成员、车间（科室）职工代表团（组）长、主持班组民主管理工作的职工代表。另一部分是指利用业余时间，在各项工会工作和活动中，由工会聘请经常担负某项具体工作（活动），热情为职工群众服务的会员，如俱乐部工作人员、图书馆管理人员、广播员、电影录像放映员、劳动保护监督检查员、技协会员、各种业余文化体育活动队的领队和教练员，参与平等协商谈判的职工代表、企业劳动争议调解委员会委员等。工会积极分子具有以下特点：

（一）业余性

业余性，即不脱离生产（工作）岗位，不占用生产（工作）时间或主要靠业余时间做工会工作。业余性也体现了义务性，尽管一些单位给积极分子一定数量的津贴，但这些津贴与他们付出的劳动相比，是微不足道的。

（二）自愿性

自愿性，即在其主观自愿的前提下从事工会工作，热心开展工会活动，热忱服务职工群众。

（三）信赖性

信赖性，即受会员群众拥护，指工会积极分子是受会员群众拥护、被会员群众信赖的会员。工会组织的活力源泉来自会员群众，工会组织的各项工作，只有通过广大会员群众和积极分子的支持、参与，才能落到实处。因此，依靠会员群众办工会，建立一支密切联系群众的工会积极分子队伍，既壮大了工会工作的力量，又体现了工会组织群众化的特点。

二、工会积极分子的选拔、培养和管理

（一）工会积极分子的选拔

工会积极分子的选拔即工会积极分子的产生方式。选拔工会积极分子必须坚持发扬民主、注重质量、本人自愿的原则。一般可通过群众推荐、会员自荐、组织聘请或邀请等方式，选拔适宜人员。工会积极分子应具备以下条件：（1）热爱工会工作；（2）密切联系群众，热心为群众办事，在群众中有一定威信；（3）甘于奉献，有某方面的特长和爱好；（4）具有一定的组织能力、社交能力和活动能力。

工会积极分子的选拔是一项经常性的工作，要根据工作需要及时调整和充实。一方面，通过经常性的选拔，使更多的职

工群众能够承担工会某个方面的工作，形成“会员办会”的良好氛围；另一方面，使更多的会员通过担任积极分子工作，亲身体验工会工作的重要性，增强会员的责任感，在工作中更好地发挥作用。

（二）工会积极分子的培养

工会积极分子的培养是指加强对工会积极分子的培训指导和任用，提高其素质，发挥其作用。通过培训指导，使工会积极分子熟悉工会工作基本知识、政策法规和业务技能，提高他们联系、服务职工的能力。对符合条件的工会积极分子可以培养成为专职工会干部，对工会积极分子中的优秀人员可以向党组织推优入党。

（三）工会积极分子的管理

工会积极分子的管理是指对工会积极分子选拔、培养、任用、待遇、考核、奖励等项工作的统称。这是基层工会组织的一项重要工作，基层工会应有专人负责和分管这项工作，并不断建立健全各项制度和措施，以更好地发挥积极分子的作用。

三、工会积极分子队伍建设

工会组织历来十分重视工会积极分子队伍建设，早在1957年，全国总工会就专门召开过全国工会积极分子代表会议，对在工作中做出成绩的优秀工会积极分子进行了表彰。中国工会九大以后，历次集中开展的全国模范职工之家评选表彰活动都对工会积极分子给予了表彰。工会积极分子扎根于会员群众之中，对活跃基层工会工作起到了重要作用。各级工会组织应当高度重视工会积极分子队伍建设，关心、爱护、支持、帮助工会积极分子，充分发挥他们在活跃基层、推进工会工作发展中的重要作用。《企业工会工作条例》强调要建立工会积极分子队伍，发挥工会积极分子作用，以适应形势发展和基层工会工作需要。2016年印发的《中华全国总工会关于增强基层工会活力发挥基层工会作用的实施意见》也强调，要加强工会积极分子和志愿者队伍建设，使其成为基层工会开展工作的积极力量。加强工会积极分子队伍建设应着重抓好以下几项工作：

（一）政治上帮助提高

要教育工会积极分子认真学习马克思列宁主义、毛泽东思想、邓小平理论、“三个代表”重要思想、科学发展观、习近平新时代中国特色社会主义思想，用党的基本理论、基本路线、基本方针武装头脑，牢固树立正确的世界观、人生观、价值观，树立远大的理想和无私奉献的精神，努力做好各项工作。

（二）业务上加强培训

要通过多种渠道、多种形式，对工会积极分子进行培训。根据工会积极分子所承担的不同任务，区别不同情况，采取脱产轮训、业余培训、结合工作一事一训、以会代训等灵活多样的方式，组织他们学习工会知识、工会业务，进行工作交流，不断提高他们的业务素质和工作能力。

（三）工作上重视支持

工会组织要重视和帮助他们妥善处理本职工作与工会工作的矛盾。在安排积极分子工作时，可本着“一人一事，一事多人”的原则，不要使他们兼职过多、负担过重。特别是当积极分子兼做工会工作与本职工作发生矛盾时，工会组织要出面与行政领导协商解决。当工会积极分子遇到不公正待遇或遭到打击报复时，工会组织要及时给予保护。

（四）生活上关心爱护

工会组织要经常了解工会积极分子在工作、生活方面的困难和问题，从本单位实际出发，积极与党政协调，帮助他们解决实际困难，为工会积极分子开展工作创造良好的外部环境，使他们能够充分展示自己的才能，更好地发挥作用。同时，按照《企业工会工作条例》、《中华全国总工会关于新形势下加强基层工会建设的意见》等的规定，对基层兼职工会工作者可以给予适当的经济补贴。

思考题：

1. 基层工会的范围是什么？基层工会应重点做好哪些工作？

2. 基层工会组织制度包括哪些方面？怎样加强基层工会民主建设？

3. 如何加强工会分会、小组和积极分子队伍建设？

第三章 新经济组织、社会组织工会组建工作

近年来，各级工会坚持把工会组建和会员发展作为全会的一项基础性重点工作来抓。在全面部署推进工作的同时，突出新经济组织、社会组织这一建会重点领域，以党建带工建为引领，推行“双措并举、二次覆盖”，开展新就业形态劳动者建会入会集中行动，创新工会组建形式和职工入会方式，推进“互联网+”工会普惠性服务等，不断扩大工会组织的有效覆盖，取得了积极进展。但从总体上看，工会组建工作仍存在不少短板和薄弱环节，特别是新经济组织、社会组织建会率偏低，有不少建会的“盲点”和难点，大量的农民工、劳务派遣工仍游离于工会组织之外。

第一节 新经济组织、社会组织建会的重要性和工作重点

一、加强新经济组织、社会组织建立工会组织的重要性和紧迫性

（一）增强党的阶级基础，扩大党的群众基础

中国共产党是中国工人阶级的先锋队，是中国特色社会主义事业的领导核心。工会是党密切联系职工群众的桥梁纽带，工会全面履行各项职能，有利于组织动员和团结广大职工群众，

投身和服务于经济建设，实现党的奋斗目标。保持党同广大职工群众的血肉联系，维护职工队伍的团结和工会组织的统一，符合工人阶级的根本利益和工会工作的发展规律。大力推动包括新经济组织、社会组织在内的用人单位工会组建工作，把包括农民工、劳务派遣工在内的广大职工最广泛地组织到工会组织中来，扩大工会工作覆盖面，增强工会组织凝聚力，是团结动员广大职工听党话、跟党走，组织引导职工群众推动改革、促进发展、维护稳定，始终做党最坚实、最可靠的阶级基础的必然要求。

（二）夯实工会组织基础，扩大工会组织覆盖

近年来，随着社会经济结构的深刻变化，各类新经济组织、社会组织蓬勃发展、大量涌现，成为社会主义现代化建设的重要力量、党的工作和群众工作的重要阵地和工会工作的重点领域。新经济组织、社会组织工会组建工作开展得如何、工会组建率和职工入会率高不高、作用发挥得好不好，是检验中国特色社会主义工会组织基础是否扎实的重要依据。扩大工会组织覆盖面、夯实工会基层基础，必然要求将新经济组织、社会组织中的广大职工组织到工会中来，充分发挥新经济组织、社会组织工会作用。近年来，各地工会组建和会员发展工作呈现良好的发展态势，但工作中还存在一些突出矛盾和问题。比如，目前工会组建工作仍有不少空白点，还有大量的中小微企业没有建会；有的企业虽然建立了工会，但加入工会的职工不多，工会组织作用发挥不够。因此，迫切需要把工会组建工作放在更加突出的位置，坚持依法建会、依法管会、依法履职、依法维权，努力把工会工作做到职工中去，进一步夯实中国特色社会主义工会组织基础。

（三）促进企业发展、维护职工权益

一直以来，工会基层工作主要聚焦在非公有制企业。非公

有制企业是新经济组织、社会组织的主体，随着改革开放的不断深化和社会主义市场经济体制的不断完善，非公有制企业蓬勃发展，在增加就业、促进经济社会发展方面的作用日益明显。促进企业发展，符合职工长远利益。但非公有制企业工会组织不健全、履行职责不到位、职工合法权益得不到保障的现象也较为突出。维护职工合法权益、竭诚服务职工群众是工会的基本职责，是工会工作服从服务于党和国家工作大局的主要手段。只有切实加强非公有制企业工会工作，大力推动非公有制企业普遍建立工会组织，把职工最广泛地组织到工会中来，切实维护职工合法权益，才能团结动员广大职工立足本职建功立业、促进企业和谐与经济发展，才能既维护好职工的眼前利益，又维护好职工的长远利益。

二、当前工会组建工作的重点领域和重点对象

（一）外商、港澳台商投资企业和私营企业建会

1. 推进外商、港澳台商投资企业和私营企业工会组建工作的重要性。

目前，外商、港澳台商投资企业规模庞大且日益增多，据国家统计局发布的数据，2020 年外商、港澳台商投资企业达到 271104 家，比 2019 年增加了 19959 家，增长 7.9%。这些企业一般规模较大、职工人数较多，其劳动关系问题在国内外被广泛关注，而且一些外商、港澳台商投资企业组建工会不积极，产生了一定的负面影响。同时，近年来私营经济迅速发展，私营企业数量迅速增加，特别是中小微企业如雨后春笋般大量涌现，在这些企业协调劳动关系、维护职工合法权益，客观要求代表职工一方的工会组织不能缺位。因此，推进外商、港澳台商投资企业和私营企业的工会组建工作对构建和谐劳动关系，推动企业持续健康发展有着重要意义。

2. 推动外商、港澳台商投资企业和私营企业工会组建的主要措施。

根据近年的实践，主要措施有：

（1）争取各方资源，借势借力推动建会。近年来，各地党委对非公有制企业工会组建工作给予高度重视。各级工会抓住机遇，借势借力，建立健全各级党建带动工建、工建服务党建的工作领导机构，把工会组建纳入党建工作规划和考核体系，做到党建与工建同步研究部署、同步检查考评、同步表彰奖励，不断推动企业同步建立党工组织。对具备一定规模的私营企业，各地工会积极争取党政支持，把是否建立工会作为私营企业主各种政治安排和评先评优的必备条件。积极争取人大、政协和工商联的支持，推动各级人大代表、政协委员和工商联执委、常委所在单位建会。争取党委组织部门的支持，大力推动已建立党组织的私营企业和企业主是党员的私营企业建会，或与私营企业协会联手推动其会员单位建会。

（2）发挥工会组织体制优势，实行全国联动。工会和职工的力量在于最广泛的联合。中国工会组织领导体制的鲜明特点和优势是团结统一。根据跨国公司普遍实行“总部经济”管理模式，其组织架构跨地区设立的特点，各级工会加强协同配合，积极推动跨国公司建会。全国总工会统一部署，各地工会统一联动，形成强大合力。2008 年，全国总工会部署开展了推动世界 500 强在华企业建会集中行动，全会上下联动、左右互动，形成强大的工作合力，推动世界 500 强在华企业大多数建立工会组织。2018 年至 2020 年，全国总工会连续三年组织开展百人以上企业建会专项行动，实现较大企业基本普遍建会。

（3）转变建会思路和方式，以职工为建会主体。既注重与雇主协商沟通，争取他们支持职工组建工会，更重视做好宣传、组织职工的工作。全国总工会先后总结推广了厦门太古公司、晋江沃尔玛店等发动和依靠职工组建工会的做法和经验，极大地推动了全国工会建会思路和方式的转变。各地工会干部深入企业职工，宣传工会的性质和作用，注意做好有建会意愿职工的工作，发现和培养积极分子。近年来，各地工会大力推进“互联网+”工会普惠性服务，以全天候、全方位的服务增强职工群众获得感，极大地激发了他们加入工会的内在动力。

（4）充分运用法律规章，依法依规建会。《工会法》规定，工会是职工自愿结合的群众组织。只要职工有建会愿望，任何组织和个人都无权阻挠建会。在沃尔玛建会就充分运用了《工会法》的规定，体现了“建立工会由职工说了算”的建会规律。因此，依法建会的关键是要着力启发职工的建会入会愿望，帮助指导职工提出建会申请。对企业行政阻挠建会的行为，可以按照《劳动监察条例》的相关规定提请有关部门予以处罚。上海市总工会在宝山区顾村镇进行非公有制企业工会改革试点，推行职工企业外单体入会，即对所在企业暂未建会的职工，依托村居、园区、街面、楼宇等联合工会吸收其为会员，待同一企业的工会会员到一定人数后，依法推动职工所在企业建会。此举落实了《工会法》第三条、第十一条和《中国工会章程》第二条等的有关规定，取得了明显成效。全国总工会适时总结推广上海市宝山区顾村镇等地经验，依法建会的理念和实践在全会蔚然成风。

（5）拓宽建会工作领域，完善组织网络。各地工会积极探索将组织领导体制向乡镇（街道）一级延伸，发挥乡镇（街道）工会作用，完善基层工会组织网络体系。在一些经济较发达地区普遍形成了乡镇（街道）—村（社区）—企业“小三级”工会组织网络。在三级网络中间，各地工会按照地域相邻或行业相近的要求，遵循联合制、代表制原则，不断健全楼宇、一条街、市场、产业链等区域（行业）基层工会联合会。

（6）运用信息化管理手段，做实组织基础。2006 年，全国总工会将第一次经济普查外商投资企业数据下发各省（区、市）总工会；2008 年，建立了世界 500 强在华投资企业法人数据库；2010 年，根据第二次全国经济普查数据，建立了全国网络管理数据库，将 10 人以上外商、港澳台商投资企业、私营企业名录下发各地工会；2011 年，完善了非公有制企业法人数据库，将 10 人以下外商、港澳台商投资企业和私营企业名录纳入数据库，并新建了全国小型非公有制企业工会联合会数据库。此后，前述三个数据库被进行整合，进一步实现扩容和优化升级。实践证明，数据库为企业工会组建提供了重要信息，使建会目标更加明确，大大提高了建会工作效率。同时，数据库为及时掌握各地推进建会的进展情况，实施统一指挥，实现上下协同、全国联动提供了重要条件，成为各地工会推动工会组建的重要支撑。

3. 近年来推动外商、港澳台商投资企业和私营企业工会组建取得的主要成效。

近年来，各级工会坚持党建带工建、工建服务党建，以外商、港澳台商投资企业和私营企业为重点领域，以农民工、劳务派遣工为重点对象，开展系列集中建会行动，工会组建和会员发展工作成效显著。2009 年，全国总工会推广了“双措并举、二次覆盖”经验，大力推动建立基层工会联合会和聘用社会化工会工作者，破解小企业工会组建难和维权难的问题。2010 年 7 月，全国总工会提出推动“两个普遍”的重要部署，要求加快依法推动企业普遍建立工会组织的步伐。全国总工会组织开展了“广普查、深组建、全覆盖”建会集中行动，着力推动非公有制企业建会。2011 年，全国总工会组织开展了劳务派遣企业建会、劳务派遣工入会集中行动。2013 年，全国总工会部署开展推动“投产 5 年以上、职工 50 人以上未建会企业”

集中建会行动。2015—2016 年，全国总工会连续两年开展农民工入会集中行动。2017 年，全国总工会集中开展“强基层、补短板、增活力”行动。2018 年，全国总工会连续三年部署开展百人以上企业建会集中行动，到 2020 年底，全国已有 22.6 万家百人以上企业建立了工会组织。2022 年，全国总工会组织相关地方工会、产业工会合力攻坚，推动互联网百强企业实现普遍建会。

（二）改制企业工会组织重建和规范

近年来，随着国有企业改革改制工作步伐的不断加快，一些国有企业在改革改制过程中，出现了工会组织被撤销、工会工作机构被合并到其他部门、工会专职工作人员被大量裁减等现象。这些做法严重削弱了企业工会组织，影响了企业工会工作，成为导致群体性事件发生的重要原因之一，严重影响了企业和社会的和谐稳定。

《工会法》第十三条、第五十四条明确规定，任何组织和个人不得随意撤销、合并工会组织，对于“非法撤销、合并工会组织的”，由“县级以上人民政府责令改正，依法处理”。改制企业工会组织要同步改建，遏制企业改制中撤销工会组织的错误做法，把工会组织建设纳入改制方案，同步研究，同步实施，做到企业改制到哪里，工会组织就重建、调整和巩固到哪里，确保工作不断线、经费不断流、会员不流失。要因地制宜、分类推进，对整体改制企业，工会组织应平稳过渡，其名称随企业变化而变化；对联合、兼并企业，按领导体制的变化，重在理顺工会隶属关系和机构设置；对重组企业，按民主程序重新选举工会主席；对租赁、承包、转让企业或企业的某一部分，因经营性质发生变化，应按新建企业要求组建工会。任何组织和个人都不得随意把工会组织撤销或合并到其他部门，已经合并或与有关部门合署办公的要及时予以纠正。对在企业改制中随意减少工会专职工作人员的，要按照规定比例配备充实专职工会工作人员，保证工会工作人员队伍的相对稳定。要加强会员会籍管理，防止会员流失。按照《工会法》规定，做好工会经费收缴及工会财产、资产的处置工作，防止流失，任何组织和个人不得侵占、挪用或处置工会组织的办公设施、活动场所和所属财产、资产。企业重组、合并、分立的，要做好工会资产移交工作。企业终止的，其工会依法所得的全部资产上交上一级工会处理。

（三）社会组织建会

随着经济和社会的快速发展，以社会团体、基金会和社会服务机构为主体的社会组织快速发展，已成为社会主义现代化建设的重要力量、党的工作和群众工作的重要阵地。截至 2021 年，全国各级民政部门共登记社会组织超过 90 万个，吸纳社会就业人员超过 1000 万人。

党的十九届四中、五中全会对发挥工会组织、社会组织在参与社会治理、夯实基层社会治理基础中的作用提出明确要求。中央党的群团工作会议强调，联系和引导相关社会组织，是群团组织发挥桥梁纽带作用的一项重要任务。加强社会组织工会建设，对于维护社会组织职工合法权益，构建和谐劳动关系，促进和谐社会建设；对于密切党与职工群众的联系，团结带领社会组织职工听党话、跟党走，巩固和扩大党执政的阶级基础和群众基础；对于加强工会对劳动领域社会组织的政治引领、示范带动、联系服务，团结引导劳动领域社会组织人士，促进社会组织健康有序发展，推动社会组织在国家治理体系和治理能力现代化进程中更好发挥作用等，都具有重要意义。

1. 社会组织工会的主要职责。

（1）密切联系职工，强化政治引领。组织引导职工学习贯彻习近平新时代中国特色社会主义思想，学习习近平总书记关于工人阶级和工会工作的重要论述，深刻领悟“两个确立”的决定性意义，增强“四个意识”、坚定“四个自信”、做到“两个维护”，宣传贯彻执行党的路线方针政策，坚定不移听党话、跟党走，始终与以习近平同志为核心的党中央保持高度一致。及时向同级党组织和上级工会请示报告工会重大事项。在已建工会、尚未建立党组织的社会组织，工会要积极配合上级党组织在工会会员中培养发展党员，并发挥好党员模范带头作用，为在社会组织中建立党组织创造条件。

（2）团结凝聚职工，汇集发展力量。加强对职工的思想政治引领，引导职工积极践行社会主义核心价值观，激发职工主人翁意识和工作热情。大力弘扬劳模精神、劳动精神、工匠精神，围绕社会组织中心任务开展劳动和技能竞赛，加强技能培训，提升素质，推动建立健全专业人才培养、评价、使用、激励机制。支持社会组织有序参与社会治理、提供社会服务、承担社会责任。

（3）建立健全机制，维护职工权益。通过以职工代表大会为基本形式的民主管理制度或其他形式，组织职工有序参与社会组织的民主决策、民主管理和民主监督。涉及职工切身利益的重要事项，要及时向职工公开。指导帮助职工与社会组织依法订立和履行劳动合同，规范劳动用工管理。对社会组织贯彻执行有关劳动法律法规和政策实施监督。建立健全集体协商和集体合同制度，探索建立区域性、行业性协商机制，协商解决涉及职工切身利益的重大问题，维护职工合法权益，构建和谐劳动关系。

（4）创新方式方法，竭诚服务职工。坚持以职工需求为导向，利用现代信息技术，组织开展丰富多彩的文化活动，营造积极向上的文化氛围。通过购买服务、项目合作等方式，为职工提供专业化个性化服务。注重对职工的人文关怀和心理疏导，做好送温暖、金秋助学等困难职工帮扶工作，努力提升职工群众的获得感、幸福感、安全感。

2. 推进社会组织建会的主要做法。

全国总工会高度重视社会组织建会工作，在相关会议和文件中多次作出部署安排。2003 年，全国总工会《关于进一步加强基层工会工作的决定》提出，推进非公有制企业、民办非企业单位和社会中介组织依法组建工会。2010 年，全国总工会《关于加强和改进新形势下工会自身建设的决定》提出，继续推进非公有制企业、社会组织、社区（村）等基层工会组织建设。2012 年，全国总工会、财政部联合印发《关于加强注册会计师行业基层工会建设的通知》。2014 年，全国总工会《关于新形势下加强基层工会建设的意见》提出，积极推进非公有制企业、社会组织以及服务业单位建会工作。2016 年，全国总工会设立社会联络部社会组织处，指导地方工会做好劳动领域社会组织的政治引领、示范带动和联系服务工作。同年，全国总工会出台《关于增强基层工会活力发挥基层工会作用的实施意见》，对社会组织工会建设和联系引导劳动领域社会组织作出规定；出台《关于推进工会联系引导劳动关系领域社会组织工作的意见》，要求“探索在劳动关系领域社会组织中组建工会、发展会员，扩大社会组织工会覆盖面。要在工作基础好、社会影响大的社会组织中率先组建工会”。中国工会十七大提出，推进新经济组织、新社会组织、开发区（工业园区）工会建设。2021 年 8 月，全国总工会、民政部联合印发《关于加强社会组织工会建设的意见（试行）》，以在省级以上人民政府民政部门登记的社会组织和在各地民政部门登记的民办医院、学校、幼儿园等为重点，提出力争用三年左右的时间，推动符合条件的社会组织建立工会工作取得明显突破。

近年来，各级工会推进社会组织建会的主要做法包括以下几个方面：

一是坚持党建带工建，积极争取党委重视支持，推动将建会入会工作纳入党建考核内容，同时积极争取政府部门支持，形成工作合力。

二是依靠《工会法》、《中国工会章程》，发挥职工主体作用，依法组建工会、扩大覆盖。2021年，推动全国人大修改《工会法》，增加了社会组织建会和相关工作职责要求，为加强社会组织工会建设提供了有力的法律支撑。

三是针对社会组织层次多元、规模不一、运作方式灵活、用工方式多样的特点，采取用人单位建、区域行业覆盖建等灵活组建方式，扩大组织覆盖，广泛组织入会。在社会组织相对集中的街区、园区、楼宇等区域，建立区域性工会联合会。行业特征明显、管理体系健全的行业，依托相关管理部门成立社会组织综合（行业）党委组建行业性工会联合会。

四是推行“互联网+”工会普惠性服务，通过有效服务吸引凝聚社会组织职工。在民政部的支持下，全国总工会建立完善社会组织数据库，聚焦用工人数相对较多的民办医院、学校、幼儿园等，精准指导推进建会工作。同时，依托各级工会数据库和智慧工会服务平台，面向社会组织职工开展精准服务，不断增强工会组织的吸引力、凝聚力。

3. 社会组织工会的规范建设。

一是理顺工会组织领导关系。社会组织工会受同级党组织和上一级工会双重领导，以同级党组织领导为主。未建立党组织的，由上一级工会领导。按照属地管理原则，社会组织住所地与登记地不一致的，原则上在住所地成立工会，受住所地工会领导。在京全国性社会组织工会，以同级党组织领导为主，同时受业务主管单位工会领导；没有业务主管单位但由党建工作机构统一领导和管理党建工作的，同时受党建工作机构工会领导。京外全国性社会组织和省级以下社会组织工会，以同级党组织领导为主，同时受住所地地方工会或相关产业工会领导。各地已建社会组织党建工作机构的，有条件的地方可依托社会组织党建工作机构成立社会组织工会联合会，指导本地区社会组织工会工作。

二是依法选举工会主席、副主席。按照《工会基层组织选举工作条例》、《基层工会会员代表大会条例》等规定，规范选举工会委员会、经费审查委员会及女职工委员会。社会组织负责人、法定代表人及他们的近亲属不得作为工会主席、副主席和委员候选人。区域性、行业性工会联合会主席、副主席、委员的人选及产生，应按照《中华全国总工会关于加强和规范区域性、行业性工会联合会建设的意见》的规定执行。上级工会可以向社会组织工会和区域性、行业性工会联合会推荐工会主席、副主席候选人，为其配备社会化工会工作者。

三是努力建设职工之家。社会组织工会要按照“六有”标准，加强工会组织和工会工作规范化建设，努力做到建起来、转起来、活起来。加强工会会员会籍管理，推进社会组织工会和会员实名制管理工作。开展建设职工之家活动，落实会员评家、会务公开、会员代表常任制等制度，依靠会员群众将社会组织工会建成职工信赖的职工之家。依据《基层工会经费收支管理办法》的有关规定，规范社会组织工会财务预算管理，严格工会经费使用。

（四）最大限度地组织农民工加入工会

农民工作为我国工人阶级的新生力量，已成为我国产业工人的重要组成部分。农民工是职工中的弱势群体，大多集中在劳动密集型企业，从事苦脏累险的工作，迫切需要工会来代表和维护他们的合法权益。各级工会组织坚持“哪里有职工，哪里就要建立工会组织”的原则，积极组织农民工加入工会。

2015年、2016年，全国总工会连续两年开展“农民工入会集中行动”，新增农民工会员3000万人以上。目前，全国已有超过1亿名农民工加入工会组织。

1. 组织农民工加入工会的措施。

（1）加强村工会建设，组织村办企业中就业的农民工入会。随着农村经济产业化规模的不断扩大，村办企业逐步增多，在村办企业就业的农民工急剧增加。在经济发达地区，一个村往往有几十家甚至上百家企业，经济形态与城市已没有太大差别。通过加强村工会建设，在村内各企业单独建立工会组织的基础上建立村工会联合会，组织在村办企业中就业的农民工加入工会，是组织农民工入会的一个重要途径。

（2）建立劳务市场工会，在农民工进入城市的第一站组织农民工加入工会。在农民工集中求职的劳务市场组建工会，直接吸收农民工加入工会，使劳务市场成为宣传、吸引、组织农民工加入工会的窗口，拓展了建会领域和入会途径，使农民工一进入城市就被工会组织所吸纳和覆盖，从求职的源头上把“农民工进城入工会、遇到困难找工会、维护权益靠工会、提高素质到工会”的口号落到了实处。随着农民工流动就业的规模继续扩大，必然推动与之相应的零工劳务市场的存在和发展。因此，建立劳务市场工会的组建形式，具有客观必然性和可行性。

（3）创新组织形式和入会方式。注重从实际出发，探索建立村（社区）工会、区域（行业）工会联合会、楼宇工会、加大网格化工会建设等多种方式，构建纵横交织的网络化组织体系，最大限度地把农民工组织到工会中来。针对农民工流动性强的特点，采取在劳务市场、帮扶中心开设窗口，方便农民工入会，开辟网站、手机App、微信小程序、微信公众号和支付宝小程序等入会等多种途径，为农民工入会提供便捷服务。

（4）聚焦农民工集中的重点行业、企业、区域。把农民工集中就业的建筑、餐饮、矿山、物流（快递）等行业以及农业合作组织等作为组织农民工入会的重点领域，把物流货运司机、快递员、护工护理员、家政服务员、商场信息员、网约送餐员、房产中介员、保安员等作为入会的重点群体，最大限度地把农民工组织到工会中来。坚持因地制宜、分类指导推进工作。比如，在快递行业着重推进快递网（站）点建立工会；在大型在建项目中推动建立项目工地工会，吸收农民工加入工会。

（5）以服务吸引农民工加入工会。立足农民工群体的实际需求，有针对性地开展农民工“就业援助月”、“技能培训促就业行动”、法律咨询、困难帮扶、维权服务等多种形式的活动，加强对农民工入会的宣传发动工作，注重运用互联网平台加大宣传动员，使农民工在享受服务中进一步增强对工会组织的认同感和归属感，吸引农民工主动入会。

2. 组织农民工加入工会需要解决的问题。

（1）直接吸收零散就业、流动频繁的农民工入会，要解决好工会经费来源及会籍接转问题。在劳务市场建立工会以及社区工会直接吸收农民工加入工会，由于不是以用人单位为依托建立工会，因此，很难按照《工会法》的规定，由单位按全部职工工资总额的2%拨缴工会经费，而会员交纳的会费数额又很少，目前大多是由上级工会拨款。所以，建立固定的经费来源，为农民工入会后开展活动、维护其合法权益提供经费支持是这种组建方式能否存在和发展的关键问题。同时，要建立农民工会员的正常流动接转机制，劳务市场工会、社区工会可通过直接吸收农民工会员以推动其所在用人单位建会，最终使农民工可以加入本单位工会。

（2）要解决好输出地与输入地工会组织农民工入会工作的衔接问题，使其相互配合做好组织农民工加入工会工作。输出地工会作为外出务工农民工的户籍所在地，要利用对农民工的情况比较熟悉的有利条件，大力加强村工会建设，从源头上积极宣传发动，提升他们的工会意识。输入地工会要积极推动农民工集中的行业、企业建立工会组织，使农民工进入城市后方便快捷地加入工会。

（3）以输入地工会为主统计农民工会员情况，防止会员重复统计。由于农民工在外出务工找到工作前不纳入国家职工人数的统计，因此，农民工输出地工会要着重做好宣传发动工作，培养其工会意识，为农民工加入务工单位工会打好基础。工会会员统计要以输入地（务工地）工会为主，输出地工会不进行统计上报，否则就会出现重复统计，可能造成当地会员人数高于职工人数的不合理现象。

（五）积极组织劳务派遣工加入工会

1. 劳务派遣单位与用工单位组织劳务派遣工加入工会的职责。

《中华全国总工会关于组织劳务派遣工加入工会的规定》第一条规定：“劳务派遣单位和用工单位都应当依法建立工会组织，吸收劳务派遣工加入工会，任何组织和个人不得阻挠和限制。劳务派遣工应首先选择参加劳务派遣单位工会，劳务派遣单位工会委员会中应有相应比例的劳务派遣工会员作为委员会成员。劳务派遣单位没有建立工会组织的，劳务派遣工直接参加用工单位工会。”《工会会员会籍管理办法》第九条规定：“在劳务派遣工会员接受派遣期间，劳务派遣单位工会可以与用工单位工会签订委托管理协议，明确双方对会员组织活动、权益维护等方面的责任与义务。”劳务派遣工加入工会难，其根本原因是“派遣单位不用工，用工单位无合同”，劳动关系的复杂化导致派遣单位与用工单位职责不清，相互推诿。从派遣单位看，由于被派遣人员入会后工会经费来源不明确，并且其工作场所分散，即使组建工会也难以对会员进行管理，组建工会积极性不高，有的甚至认为没有必要。从用工单位看，由于劳务派遣工是与派遣单位签订劳动合同、建立劳动关系，吸收其加入用工单位工会势必涉及经费提取、会员待遇、会籍管理等多方面的问题，因此，往往以“不存在劳动关系”为由拒绝吸纳劳务派遣工加入本单位工会。全国总工会文件作出上述规定，既有法律依据，又从实际出发解决了操作层面的问题，从而综合发挥法律和制度的作用，从根本上解决吸纳劳务派遣工加入工会的问题，最大限度地把这部分职工组织到工会中来。

2. 劳务派遣工会员工会经费的提取。

《中华全国总工会关于组织劳务派遣工加入工会的规定》第三条规定：“劳务派遣工的工会经费应由用工单位按劳务派遣工工资总额的百分之二提取并拨付劳务派遣单位工会，属于应上缴上级工会的经费，由劳务派遣单位工会按规定比例上缴。用工单位工会接受委托管理劳务派遣工会员的，工会经费留用部分由用工单位工会使用或由劳务派遣单位工会和用工单位工会协商确定。”劳务派遣单位虽然是劳务派遣工的用人单位，与劳务派遣工建立劳动关系，但劳务派遣工的工资收入实际来源于用工单位，因此，如果用工单位不向劳务派遣公司拨缴劳务派遣工的工会经费，劳务派遣公司自身是无法解决的。工会经费来源不明确会严重影响劳务派遣单位建立工会和吸纳劳务派遣工加入工会的积极性。同时，有的用工单位借口劳务派遣工的工资不在本单位工资总额内，抱着侥幸心理，拒不拨缴劳务派遣工的工会经费。出于经费考虑，用工单位工会怕影响其他会员的利益，也不敢积极发展劳务派遣工加入本单位工会。全国总工会文件作出上述规定，理顺了劳务派遣工会员工会的经费来源，从源头上清除了劳务派遣工加入工会的一大障碍。

3. 劳务派遣单位工会与用工单位工会各自的维权职责。

劳务派遣单位工会与用工单位工会应当相互协作配合，各自承担职责，共同维护好劳务派遣工会员的合法权益。《中华全国总工会关于组织劳务派遣工加入工会的规定》第二条规定："在劳务派遣工会员接受派遣期间，劳务派遣单位工会可以委托用工单位工会代管。劳务派遣单位工会与用工单位工会签订委托管理协议，明确双方对会员组织活动、权益维护等的责任与义务。"从各地实践看，由于派遣单位工会难以对劳务派遣工会员实施管理，劳务派遣工会员也难以参加派遣单位的工会活动，劳务派遣工会员可以由用工单位工会代管并参加其活动。

4. 目前组织劳务派遣工入会工作中存在的问题。

目前，一些地方为了解决劳务派遣工的入会问题，实行由劳务派遣公司牵头组织工会联合会，由联合会推动、审批其劳务派遣工的用工单位组建工会作为联合会的成员单位，并进行管理指导。这种做法虽然初期会对企业建立工会组织起到一定的帮助和推动作用，但这种做法弊多利少。这是因为，第一，劳务派遣公司服务的企业不局限于一个市或县、区，由其牵头成立工会联合会管理其服务的各企业工会，势必会影响各地工会对本地使用劳务派遣工企业工会的属地管理原则，引起不必要的纠纷。第二，劳务派遣公司与其所服务的企业分别是劳务派遣中的用人单位与用工单位，双方工会应该是各负其责、相互协作的关系，而不是管理与被管理的关系。第三，劳务派遣公司和用工单位是服务与被服务的关系，用工单位是劳务派遣公司的客户，相对于劳务派遣公司处于优势地位，因此，由劳务派遣公司工会牵头成立的工会联合会难以恰当行使审批管理等上级工会的职责，反而成了用工企业成立"空壳"工会、逃避拨缴工会经费的"避风港"。因此，《中华全国总工会关于组织劳务派遣工加入工会的规定》第五条规定："劳务派遣单位工会牵头、由使用其劳务派遣工的跨区域的用工单位工会建立的基层工会联合会，不符合建立区域性、行业性基层工会联合会的规定，应予纠正。”

（六）推进新就业形态劳动者建会入会

党的二十大报告明确要求，加强灵活就业和新就业形态劳动者权益保障。全国总工会始终高度重视新就业形态劳动者建会入会工作。2017 年 9 月召开的全总十六届六次执委会议，首次提出推进货车司机、快递员、护工护理员、家政服务员、商场信息员、网约送餐员、房产中介员、保安员等八大群体建会入会要求。主要目的是适应互联网经济迅猛发展的实际，切实把平台就业、灵活就业群体组织起来，维护职工队伍稳定，服务党和国家工作大局。八大群体以新就业形态为主，普遍具有流动分散、用工复杂、数量增长快、组织化低等特点，尤其货车司机、快递员、网约送餐员等群体涉稳风险点高，社会较为关注。2018 年，习近平总书记在同全国总工会新一届领导班子成员集体谈话时指出，“工会要通过多种有效方式，把快递员、送餐员、卡车司机等灵活就业群体、各类平台就业群体吸引过来、组织起来、稳固下来，使工会成为他们愿意依靠的组织”，为推进这项工作提出了明确要求。2021 年 7 月，全国总工会在全国范围内部署开展新就业形态劳动者入会集中行动。此后，全国总工会先后印发《关于推进新就业形态劳动者入会工作的若干意见（试行）》、《关于深入推进“兜底建”工作的指导意见》等文件，着力推进以货车司机、网约车司机、快递员、外卖配送员等为代表的新就业形态劳动者建会入会工作。

各级工会将推进新就业形态劳动者建会入会作为基层工作的重中之重，边探索边总结边推进，逐步明晰思路、完善机制、创设载体，形成了一些经验，取得了积极成效。截至 2022 年底，两年全国新发展新就业形态劳动者会员超过 1037 万人。

1. 指导思想与工作原则。

（1）以习近平新时代中国特色社会主义思想为指导，全面贯彻党的十九大、二十大精神，按照全国总工会党组、书记处关于加强新就业形态劳动者工会工作的部署要求，进一步整合资源力量，创新手段载体，强化服务保障，最大限度地把新就业形态劳动者组织到工会中来，不断扩大工会组织和工会工作对新就业形态劳动者的有效覆盖。

（2）坚持党建带工建。积极推动把建会工作融入党政工作全局，在党委领导下推进新就业形态劳动者入会工作，争取党委、政府重视支持，推动将其纳入各地党建工作目标考核体系，同部署、同检查、同落实。

（3）坚持围绕中心、服务大局。着眼于服务改革发展稳定大局，服务行业企业发展，充分发挥各级工会组织作用，广泛组织新就业形态劳动者加入工会，加快提高组织化程度，夯实党执政的阶级基础和群众基础。

（4）坚持因地制宜、注重实效。注重从新就业形态劳动者的工作和生活特点出发，统筹协调、稳步推进，做到建会入会、维权服务相结合，以维权服务实效凝聚人心、增强入会吸引力。把握“怎么有利于工作、就怎么建组织”的原则，创新工作思路和手段载体，充分借助网络平台力量，打通网上入会通道。

（5）坚持依法依章程开展工作。依照《工会法》、《中国工会章程》，加大实践创新和政策创新力度，积极破解新就业形态劳动者参加和组织工会遇到的新问题，努力扩大工会组织对新业态新群体的覆盖面，维护职工队伍和工会组织团结统一。

2. 工作推进脉络。

2018 年试点探索。全国总工会年初印发《推进货车司机等群体入会工作方案》，选择 5 省 5 市开展“货车司机入会集中行动”试点。联合交通运输部开展“司机之家”建设试点。先后召开试点单位座谈会、工作研商会、分片区推进会，加强研商论证。全国总工会领导带队到基层调研督导。年底召开全国工会推进货车司机等群体入会工作现场经验交流会，交流情况、部署工作，全国总工会主要领导出席并讲话。

2019年全面推进。全国总工会领导在全国工会基层工作会议上提出全面推进八大群体入会要求，加强部署推动，开展研商调度，带头抓落实。全国总工会制定《关于当前推进货车司机等群体入会若干问题的意见》，及时回应地方关切。全国总工会设立500万元八大群体入会专项资金，加大力量投入。召开关爱货车司机、快递员两场新闻发布会，并通过报纸专栏、编发动态、微信群等宣传推广各地经验做法，加快推进节奏。

2020年持续深化。面临新冠疫情冲击，各级工会持续发力。全国总工会联合交通运输部赴3省（区）调研，全国总工会领导带队赴交通运输部会谈，共同谋划货车司机入会工作。与国家邮政局就快递员入会问题多次磋商、凝聚共识。首次推出面向八大群体的入会宣传微视频，点击播放量近200万次。举行顺丰“快递员万人网上集中入会”仪式，实现同步在线直播。全国总工会召开新闻发布会介绍入会工作。继续利用全国总工会500万元专项资金实施项目制，做实106个工会联合会项目和9个产业工会入会项目。指导推行工会联合会直接发展八大群体入会方式。

2021年扩面提质。坚持党建引领，积极争取地方党政重视支持，推动建立与同级地方政府联席会议制度，构建多部门联动的组建工作格局。推动北京、浙江、深圳等试点省、市将新就业形态劳动者建会入会纳入党建工作考核体系。全国总工会印发推进建会入会系列文件，加强顶层设计，指导推进工作。2021年，全国总工会联合交通运输部召开全国推进货车司机等新就业形态劳动者入会暨“司机之家”建设电视电话会议，

2022年，全国总工会召开全国推进新就业形态劳动者工会工作会议。各级工会将头部平台企业作为工作重点，持续发力攻坚。召开顺丰集团工会工作交流会、头部平台企业工会工作座谈会，举行头部平台企业工会联合倡议仪式，集中推动滴滴、美团等12家代表性头部平台企业全部实现建会突破。扎实开展入会集中行动，大力推行“重点建、行业建、兜底建”模式，选取江苏、安徽两省开展货车司机网上入会试点活动。做实做强区域性、行业性工会联合会，召开推进“兜底建”工作调研座谈会，推动加强“小三级”工会建设，探索网上申请入会、集体登记入会、流动窗口入会、职工沟通会现场入会等新的入会方式。积极推进“司机之家”建设、“会、站、家”一体化建设，加大户外劳动者服务站点建设力度，做实服务项目，激发劳动者入会热情。《工人日报》和“学习强会”平台开设“入会集中行动”专栏，组织开展新就业形态劳动者建会入会创新案例征集评选活动，抓住关键节点扩大宣传，新华社、中央广播电视总台等主流媒体纷纷播报建会入会工作，营造良好舆论氛围。

各地工会坚决贯彻全国总工会部署要求，普遍将新就业形态劳动者建会入会作为“一把手”工程，在统筹推动、争取资源、加大投入和创新方式载体上做了大量富有成效的工作，推动这项工作从试点探索的“星星之火”逐渐成为全面推进的“燎原之势”，从依靠工会自身“单打独斗”到协调动员各方“合力推进”，成为各地工会最为关注的工作之一。

3. 有效经验做法。

各级工会在认真总结新就业形态劳动者就业灵活等共性特点基础上，加强探索实践和分类指导，逐步形成了一些务实管用的经验做法。比如，针对新就业形态劳动者就业灵活、组织形式多样等特点，因地制宜探索建会入会模式，通过新就业形态劳动者集中的企业“单独建”、龙头企业“牵头建”、借助行业力量“推动建”等方式，多方发力建会。针对新就业形态劳动者流动分散等特点，在入会渠道上推广网上申请入会、新就业形态劳动者聚集地设立流动服务窗口等方式，在入会途径上依托“小三级”工会区域兜底、工会联合会直接发展会员等方式，在增强会员意识上举办集中入会仪式等方式，切实推动新就业形态劳动者入会工作。针对新就业形态劳动者对工会认知率偏低等问题，各级工会通过培训座谈、热线解答、发放宣传折页、播放宣传片等多种方式，综合运用工会传统媒体和工会App、微信公众号、短视频号等新媒体平台，着力在宣传引导上下功夫。针对工会对新就业形态劳动者“黏性”不够的问题，积极探索服务方式和保障举措，大力推行“互联网+”工会普惠性服务，推进“司机之家”等服务阵地建设，以贴心的服务吸引他们入会。三年来，全国总工会先后总结推广了上海、河南等省（市）网上申请入会，福建共享职工之家“125”工作机制，上海按灵活就业群体入会数量补助经费等一批模式做法，先后推动货车帮、路歌、货拉拉、饿了么等一大批平台企业建会，为下一步深化工作打下了基础。

通过近年来“摸着石头过河”的探索实践，新就业形态劳动者入会工作实现了五个转变：一是思想认识上，实现了从不理解到逐步认同进而主动思考谋划的转变。二是工作理念上，实现了从固守传统思维到破旧立新、敢于突破的转变。三是方式手段上，探索了新渠道、新手段、新举措，形成了一些符合基层实际的做法模式。四是在借力互动上，有力促进了部门与产业、产业与地方、工会与行业主管部门之间的联系。五是工作作风上，大批工会干部带着任务深入基层摸底排查、指导推动建会入会工作，“落实到基层、落实靠基层”理念得到贯彻。如山东省总工会选派1000名机关干部担任工建指导员深入基层，北京市总工会组织工会干部到八大群体集中的区域现场摆点宣传、现场组织入会。可以说，通过这项紧贴基层的探索实践，影响带动了工会改革创新，取得了工会改革“一池春水”的效果。

4. 需要注意的问题。

经过各级工会的努力，推进新就业形态劳动者建会入会工作取得了阶段性成效，创造了许多行之有效的经验做法，但在实际推进过程中也存在一些不够规范的现象。在推进工作中，应注意把握以下几个方面。

（1）坚持法治思维推进工作。货车司机、网约车司机、快递员、外卖配送员等新业态就业群体分散性大、流动性强、同一群体利益趋同度高，在用工方式、工作场所等方面与传统行业有所不同，组织他们入会建会要以《工会法》、《中国工会章程》为基本遵循，坚持依法规范、实事求是的原则，强化底线思维，积极稳妥推进。要始终在同级党组织和上级工会领导下，依法依规建立基层工会组织，规范建会程序，把好工会主席候选人产生关，确保建会主导权牢牢掌握在工会手里。

（2）坚持规范建立基层工会委员会。要坚持属地建会原则，特别是以灵活就业人员为主体建立的基层工会委员会，原则上建在县级以下。有固定用人单位的新就业形态劳动者，应加入所在单位工会，单位未建立工会的，可以按照属地相近和行业相同原则，申请加入单位所在地的乡镇（街道）、开发区（工业园区）、村（社区）工会和其他区域性、行业性工会联合会等，待所在单位建立工会后办理会员会籍接转手续。无固定用人单位的灵活就业人员，可以申请加入相对工作（居住）时间较长的乡镇（街道）、开发区（工业园区）、村（社区）工会和其他区域性、行业性工会联合会或区域内相对工作时间较长的企业工会、具有挂靠关系的企业工会等。

（3）坚持规范建立行业工会联合会。注重发挥行业工会联合会在推进货车司机等群体入会工作中的重要作用。按照地域相近、行业相同原则，规范建立行业工会联合会，健全组织体系。合理确定联合会的层级，重点推进县级及县级以下行业工会联合会建设。强化人员经费保障，有条件的地方工会可以为联合会选派、聘用工作人员。在行业协会组织健全、发育成熟的行业，已经形成以骨干企业为龙头的上下游产业链、企业联系紧密的行业，政府行政约束力强、管理规范的行业，可以探索建立市级行业工会联合会，已经建立的要按照相关规定加强规范化建设，确保建会质量。

（4）坚持规范借助社会力量。在推进新就业形态劳动者建会入会工作中，可以借助互联网平台做好入会宣传、“互联网 +”工会普惠性服务等工作，但应防止依托互联网平台建立网上“虚拟”工会。可以依托行政主管部门、龙头企业工会等组建区域性、行业性工会联合会。借助行业协会（商会）等力量组建行业工会联合会的，要严格限制工会主席候选人的条件，行业协会（商会）会长不得作为工会主席候选人，防止出现角色冲突问题。

第二节　建会工作的长效机制

一、党建带工建、工建服务党建机制

（一）党建带工建、工建服务党建的重要意义

1. 坚持党的领导是做好新时代工会工作的政治原则，“党建带工建、工建服务党建”，这是新形势下加强党的建设和工会建设的有效工作机制。

实践证明，坚持和完善党建带工建机制，对于加强党对工会组建工作的领导，对于巩固党执政的阶级基础和群众基础，

对于充分发挥工会作为群众性组织的独特优势，实现党工组织优势互补、共建互促，以及全面提高党的建设水平和工会建设水平，有着重要的意义。

2. 坚持党建带工建、工建服务党建，是加强党对工会工作的领导、使工会组织始终坚持正确发展方向的根本保证。

党的基层组织是确保党的路线方针政策和决策部署贯彻落实的基础。工会是党领导的工人阶级群众组织，是党联系职工群众的桥梁纽带。中国工会自身发展的历史充分表明，党组织与工会有着天然的密切联系，党离不开工人阶级和工会组织的支持，工人阶级和工会组织必须接受党的领导。只有坚持党的领导，工会工作才能方向明确、不走偏路，才能做得有声有色、扎实有效。坚持党建带工建、工建服务党建，进一步加强工会组织建设，最大限度地把广大职工群众组织到工会中来，是党对工会领导的一个重要方面，是新形势下搞好工会建设的关键。

3. 坚持党建带工建、工建服务党建，是充分发挥工会组织优势、维护职工合法权益的重要举措。

当前，在一些企业中，职工的经济利益没有得到有效保障，民主权利没有得到很好落实，侵犯职工合法权益的事情时有发生。这些职工对加入工会组织有着强烈愿望，对维护自身合法权益有着迫切要求。坚持以党建带工建、工建服务党建为引领，加强基层工会组织建设，有利于充分发挥工会组织优势，进一步突出和履行维权职能，切实维护职工的经济利益，努力保障职工的民主权利，不断满足职工的精神文化需求，促进职工的全面发展。

（二）党建带工建、工建服务党建的发展过程

1. 党建带工建机制的发端。

20 世纪 90 年代，随着改革开放进程加快，非公有制企业党工组织建设面临严峻挑战，特别是在沿海发达地区，非公有制

企业特别是外资企业对政党组织比较敏感，在非公有制企业建立党组织、发展党员难度较大。据统计，1999 年，全国非公有制企业中建立党组织的仅占总数的 1.5%，工会组建率和职工入会率均不到 20%。但组建工会符合国际惯例，企业主相对容易接受。因此，在非公有制企业组建工会，再物色、培养入党积极分子、发展党员，待条件成熟时成立党组织，在当时成为一些地方扩大党组织覆盖面的有效路径。1994 年 10 月，中共中央组织部、全国总工会等六部委联合下发了《关于加强外商投资企业工会工作几个问题的通知》。随后，党建工建互促共建在越来越多的地方探索实践。加强非公有制企业党工组织建设作为增强党的阶级基础、扩大党的群众基础、巩固党的执政地位的强基工程，得到各级党委的高度重视。

2. 党建带工建机制的正式提出。

2000 年 9 月，中共中央组织部出台了《关于在个体和私营等非公有制经济组织中加强党的建设工作的意见》，提出“党员人数少、暂不具备建立党组织条件的，应抓紧把工会、共青团组织先建立起来，为建立党组织创造条件”，“具备条件的中、小型企业，党组织负责人和工会主席可由一人担任”。同年 11 月，全国总工会、中共中央组织部、国家经贸委在宁波联合召开了全国新建企业工会组建工作会议（以下简称宁波会议），各省（区、市）委分管副书记参会，时任中共中央政治局常委、中华全国总工会主席尉健行到会讲话，明确提出把工会组建纳入党建工作范畴，做到以党建带工建，通过工建为党建创造条件。出席会议的中央组织部领导同志指出，新建企业工会组建工作同组织部门的关系也十分密切，要求党的组织部门支持和配合工会抓好这项工作，自觉做到以党建带工建，以工建为党建创造条件和打下坚实的群众组织基础。以宁波会议为标志，党建带工建机制正式提出。会后，各省（区、市）普遍建立由省委领导牵头的新建企业工会组建工作领导小组，除安徽、甘肃外的 29 个省（区、市）出台了党建带工建文件，其中，河北、广东等 22 个省（区、市）党委有关部门和工会联合出台党建带工建文件，内蒙古、江苏等 16 个省（区、市）党委或党委有关部门单独下发加强工会工作或党建带工建工作意见，党建带工建机制逐步向基层延伸并长期固定下来。

3. 党建带工建机制的新时代要求。

党的十八大以后，以习近平同志为核心的党中央高度重视群团组织和群团工作，多次发表重要讲话，提出明确要求。2015 年，中共中央印发《关于加强和改进党的群团工作的意见》，提出要完善党建带群建制度机制，把党建带群建作为党建工作责任制的重要内容，强调非公有制经济组织、社会组织中的党建和群建工作要整体推进、共建互促。在随后召开的中央党的群团工作会议上，习近平总书记强调，要完善党建带群建制度机制，推动各级党组织落实领导责任。各级党委按照党中央要求，普遍召开群团工作会议，出台相关文件，进一步加强党建带工建工作。据统计，党的十八大之后，北京、贵州等 15 个省（区、市）新出台加强党的群团工作意见或修订加强工会工作文件。作为党领导的最大的群团组织，为了更好地发挥党联系职工群众的桥梁纽带作用，肩负起引导职工群众听党话、跟党走的政治任务，按照党中央要求，工会自 2015 年 11 月启动改革。各级工会紧抓改革机遇，主动争取党委的重视和支持，积极融入工作大局，充分发挥职能作用，推动党建带工建工作进入了全面发展的新阶段。

（三）党建带工建、工建服务党建的主要做法与成效

近年来，各地积极适应经济社会发展新变化，不断深化“党建带工建、工建服务党建”的实现形式和有效机制，注重在力量统筹上聚合力，在优势互补上下功夫，在共建共享中促

发展，推动党建和工建取得显著成效。

1. 长效机制“带动”。

制度机制是推动党建带工建持续开展的重要保障。各地坚持把党建带工建工作摆上重要议事日程，成立工作领导机构，并通过建立健全联席会议制度、定期沟通协调、联合督查、联合考核等一系列制度机制，将党建带工建工作纳入制度化、规范化轨道。

2. 组织覆盖“联动”。

非公有制经济组织党的组织和工会组织建设是党工共建的重点。各地积极推动组织联建，以非公有制企业、新社会组织为重点，创新组织形式和宣传方式，依法推动具备条件的单位同步建立党组织和工会组织，同步开展工作。一是发挥党建引领作用扩大工建成果，为做好党建工作提供重要依托。各级工会紧紧围绕工会组建和会员发展重点工作，主动争取党委支持，依托党建带工建机制推动工作取得进展。二是发挥工会广泛联系职工的优势服务党建工作，促进党的基层组织建设。各级工会组织在扩大覆盖面的过程中，积极发挥组织覆盖面广、联系面宽、服务面大、活动多样的优势，在工会组织中传递党的声音、加强党建宣传，在工会积极分子中培养发展党员。

3. 队伍共建“互动”。

基层人才缺乏是党工组织共同的问题。面对基层工作任务繁重、人员缺少的实际，各地注重统筹加强基层干部队伍建设，凝聚基层工作力量。一是实行党建指导员和社会化工会工作者“一岗双责”，同步推进党建和工建工作。党建指导员在指导企业开展党的工作的同时，帮助引导职工建立工会组织；社会化工会工作者在推动企业工会组建起来后，积极配合加快筹建企业党组织的步伐。二是推行企业党工组织负责人交叉任职，确保了党建和工建工作的同步推进，提升了党工组织的整体效能。

4. 资源共享“双赢”。

资源整合、协同共享是构建党建带工建联动体系的基础和实现途径。各地结合党的群团工作改革，共同推进党工阵地、场所、宣传平台等资源的优化整合。一是阵地共享。如多地工会主动把工会组织所属的文化宫、职工书屋、职工服务中心、爱心驿站等阵地纳入党群服务中心建设。各地还积极适应信息化趋势，推动网上阵地与实体阵地统筹发展，在网络新媒体领域建阵地、组队伍、发声音，不断增强党工组织的影响力。二是信息共享。目前，全国工会正在大力推进基层工会组织和工会会员实名制工作，许多地方工会已建立起信息精准、数据全面、动态更新的信息管理系统。一些地方党建信息和工会信息实现了数据交换、信息共享，共同推进信息化建设工作。三是活动联合。各地注重载体融合、活动联合，将创建先进基层党组织与创建模范职工之家结合起来，将创建“党员示范岗”活动、评选优秀党员、争创优秀党组织等与创建“工人先锋号”、评选劳动模范和技术能手、创建劳动关系和谐企业等结合起来，将党的民心工程与工会送温暖工程结合起来，凝聚工作合力，切实扩大活动开展实效，实现党建和工建工作的高度融合、同频共振。

二、目标责任机制

（一）目标责任机制的主要环节

目标责任机制就是对组建工会和发展会员工作提出指导性、预期性目标，通过任务分解，落实责任主体，加强督促检查，最后进行考核评判的推动建会工作机制。它把现代管理学与企业工会组建工作相结合，是保证组建工会工作有序推进、落实到位的重要方法，其内容主要包括制定目标、跟踪督查、定期通报、考核激励四个环节。

1. 科学制定目标。

科学制定目标，是实现目标管理考核工作的重要环节，也是开展目标管理考核工作的前提和基础。实践表明，组建工会和发展会员工作必须要有一个明确的工作目标。有目标，才能有方向、有压力、有标准，才能激发工作热情和动力。

（1）摸清底数、明确任务。目标作为预期发展方向，必须建立在当前的实际基础上。市场经济条件下，各类新经济组织、社会组织和职工队伍的不同群体都是动态发展变化的。因此，在制订组建工会和发展会员目标规划之前，要对当前工会发展形势有客观准确的把握和判断，切实了解和掌握本地区的职工数、会员数、企业数、企业建会数、职工入会率及单位建会率等涉及组建工会工作的基本数据。在此基础上，综合分析组建工会和发展会员工作的薄弱点、空白点，明确组建工会和发展会员工作的预期性任务目标。

（2）细化指标、落实责任。分解目标是明确责任的前提，是使总体目标得以实现的基础。要从实际出发，将组建工会和发展会员工作任务细化分解，层层落实目标任务。在工作责任上，明确主要领导亲自抓、分管领导靠上抓、职能部门具体抓，并落实到个人。一些地方工会实行签订组建工作目标责任书制度，取得了较好效果。

2. 加强跟踪督查。

跟踪督查是对工作过程进行控制的有效方式，也是提高执行力的重要手段。在推进工会组建和会员发展工作的过程中，上级工会可采用实地督查、暗访督查、电话督查、书面督查、抽样督查、异地互查等方式，及时掌握企业建会工作第一手资料，及时发现问题、帮助解决问题，确保建会目标任务落地落实。

3. 坚持定期通报。

定期通报是对工作进行了解和推进的一种手段。通过定期通报，有利于对企业工会组建情况实行动态管理，及时掌握各地工会组建和发展会员工作情况，推动组建工作健康有序发展。近年来，各级工会建立健全了工会组建工作通报制度，特别是对年度工会组建和会员发展工作考核情况，在工会系统进行通报的同时，通报下级工会所在地方党委。同时，通过工作简报等形式及时总结推广先进经验和做法。目前，工会组建和发展会员定期通报制度，已在各地得到较好落实，成为推动工会组建工作的一个有力抓手。

4. 落实考核激励。

考核激励作为目标责任考核机制的最后一个环节，是各级工会通过制定组建工会工作规范和考核标准，定期组织人员按照既定的规范和标准对执行工作的单位和人员进行量化打分，并依据考核结果进行奖惩，鼓励先进、鞭策后进的过程。2004年，全国总工会制定了《中华全国总工会关于组建工会和发展会员工作考核奖励办法（试行）》。2012年，全国总工会修订了试行办法，出台了《中华全国总工会组建工会和发展会员工作年度考核办法》，对组建工会和发展会员工作的考核内容与评分标准以及考核奖励的范围、方式和程序等作出了明确规定。在全国总工会的示范引领下，各地工会结合自身实际，制定了考核奖励办法，激发了各级工会组织和工会干部的工作热情，调动了他们的工作积极性、主动性和创造性，促进了工会组建工作的快速发展。

（二）制定实施基层组织建设工作规划

为了贯彻落实“促进企业发展、维护职工权益”的企业工会工作原则，大力推动企业依法普遍建立工会组织，不断提高工会组织覆盖率和职工入会率，夯实工会基层基础，构建和谐劳动关系，全国总工会先后制定了《中华全国总工会 2011—2013 年推动企业普遍建立工会组织工作规划》（以下简称《三年规划》）和《中华全国总工会基层组织建设工作规划（2014—2018 年）》（以下简称《五年规划》），这两个规划分别于 2013 年和 2018 年圆满完成。

“十四五”时期是我国全面建成小康社会、实现第一个百年奋斗目标之后，乘势而上开启全面建设社会主义现代化国家新征程、向第二个百年奋斗目标进军的第一个五年，是中国工运事业和工会工作围绕中心、服务大局，立足新发展阶段、贯彻新发展理念、推动构建新发展格局，履行职责使命，实现高质量发展的五年。为充分发挥工会组织作用，团结动员亿万职工为全面建设社会主义现代化国家、实现中华民族伟大复兴的中国梦贡献智慧和力量，全国总工会制定了《中国工运事业和工会工作“十四五”发展规划》（以下简称《“十四五”规划》）。

《“十四五”规划》明确提出，要创新组织形式，理顺组织体制，构建纵横交织、覆盖广泛的工会组织体系，坚持以党建带工建为引领，完善党委领导、政府支持、工会主导、社会力量参与的建会入会工作格局，着力扩大工会组织覆盖面，实现组建工会和发展会员工作持续稳步发展。在巩固传统领域建会入会基础上，重点加强“三新”领域工会组织建设，不断拓展建会入会新的增长点。以 25 人以上非公有制企业为重点，因地制宜、因行业制宜开展建会集中行动，推进规模较大的非公有制企业和社会组织依法规范建立工会组织。切实加强区域性、行业性工会联合会建设，健全乡镇（街道）—村（社区）—企业“小三级”工会组织体系，不断扩大对小微企业的有效覆盖。持续深化八大群体入会工作，聚焦货车司机、网约车司机、快递员、外卖配送员等重点群体，开展新就业形态劳动者入会集中行动，推动重点行业头部企业建立和完善工会组织。制定出台新就业形态劳动者入会相关意见，创新方式、优化程序，推行网上申请入会、集中入会仪式等做法，着力破解建会入会难题，最大限度地把农民工、灵活就业、新就业形态劳动者组织到工会中来。修订组建工会和发展会员考核奖励办法，完善考核通报等制度机制。

《“十四五”规划》提出，要联合国务院国资委制定加强和改进中央企业工会组织建设的指导意见，依法纠正国有企业在改革改制中随意撤并工会组织和工作机构、弱化工会组织地位作用的问题。依法依规逐步调整和理顺产业工会与地方工会，与中央企业、企业集团及所属企业工会关系，与机关所属企事业单位工会的关系，进一步畅通体系、扩面提质。

目前，各级工会组织正按照《“十四五”规划》的具体要求，全面扎实地推进“两新”组织、新就业形态劳动者的建会入会工作。

三、考核激励机制

（一）制定考核标准

科学完善、可行性强的考核标准是考核工作顺利进行的基础，是考核激励机制首要考虑的问题。一是在制定考核标准时能够细化、量化的，要尽量进行科学的细化、量化，各项标准分值的设定、分配要合理。如《中华全国总工会组建工会和发展会员工作年度考核办法》中将组建工会和发展会员工作分解为组织领导、建会数量、建会质量三大类15项标准，并赋予细项分值和增减分值方法，具有较强的操作性。二是考核标准要与时俱进、及时更新。已经制定实施的考核办法要根据实际工作的发展需要，及时调整完善。各级工会在考核时要注意及时将本阶段工会重点工作、新颁布文件的贯彻情况、职工群众关心的热点问题等纳入考核范畴。

（二）完善考核方法

完善考核方法，可以提高考核的准确性，降低考核成本。建立专门的考核领导小组，制定考核工作方案，统一考核尺度，提出考核工作要求。坚持自查、互查与上级工会抽查相结合，全面核查与重点抽查相结合，阶段性督促检查与年度考核抽查相结合，听取汇报与现场考察相结合。注重平时考核资料的积累，建好台账，使之成为阶段性考核的重要依据。不断探索新的考核方式，运用好数据库等现代化信息技术手段。

（三）运用考核结果

充分运用考核结果，有利于增强考核激励的杠杆调节作用，真正体现“干多干少不一样”、“干好干坏不一样”，充分调动各级工会的工作积极性。坚持物质奖励与精神奖励相结合、激励与约束相结合，保证激励的合理性和实效性。发挥先进典型的示范带动作用。各级工会建立相应的约束机制，对新建企业工会组建工作不重视、措施不力或瞒报、虚报工会组建数字的要给予通报批评，对未实现建会目标的单位在评先中实行“一票否决”，以此督促其加大工作力度，确保工会组建和发展会员目标任务的实现。

第三节　双措并举、二次覆盖

一、“双措并举、二次覆盖”的发展过程

“双措并举、二次覆盖”，主要是指在县级及县级以下建立多种形式的区域（行业）基层工会联合会，面向社会公开招聘基层工会联合会主席候选人或专职工会工作者，以此实现对小微非公有制企业的工会组织覆盖和工会工作覆盖。“双措并举”

是前提和关键，“二次覆盖”是目的和效果。

（一）政策引导

2001 年，全国总工会印发的《中华全国总工会关于加强新建企业工会组建工作的意见》中提出，会员人数 10 人以上的企业，可建立工会委员会；不足 10 人的，可以建立工会分会或工会小组，也可按区域、行业建立联合基层工会。

2004 年，全国总工会十四届二次执委会议通过的《中华全国总工会关于进一步加强基层工会工作的决定》明确提出，“在坚持主要依托单位组建工会的同时，推动组织形式的创新。把难以单独建会单位的职工组织到联合基层工会、基层工会联合会、社区工会或区域性、行业性工会组织中来，把大量分散、流动职工组织起来”，“有条件的地方可以通过向社会招聘、由上级工会选派等多种途径向基层推荐工会干部”。

2006 年，全国总工会十四届四次执委会议通过的《企业工会工作条例》提出，会员不足 25 人的可以单独建立工会委员会，也可以由两个以上企业的会员按地域或行业联合建立基层工会委员会。

2010 年，全国总工会十五届三次执委会议通过的《中华全国总工会关于加强和改进新形势下工会自身建设的决定》提出，区域性、行业性基层工会联合会至少要配备 1 名专职工会主席（副主席）或专职工会工作人员。开展区域性、行业性基层工会联合会主席（副主席）工资由工会分级负担的试点工作。

2014 年，《中华全国总工会关于新形势下加强基层工会建设的意见》要求，在县以下建立区域性或行业性基层工会联合会。联合会委员会由专职工作人员和所属基层工会主席组成，也可吸收党委政府相关部门人员参加。联合会原则上至少配备 1 名专职工作人员，会员人数较多的应适当增加配备人数。规范联合基层工会组织架构，所辖单位原则上不超过 50 家。

2016 年，《中华全国总工会关于增强基层工会活力发挥基层工会作用的实施意见》要求，规范建立区域（行业）基层工会联合会。按照联合制、代表制原则，规范联合会组织架构，使所辖多数基层工会主席进入联合会委员会，增强联合会的代表性。广泛开展“五个一”活动，即每年召开一次会员代表大会、一次职工代表大会，开展一次工资集体协商、一次劳动竞赛、一项职工喜闻乐见的文体活动。

2020 年，《中华全国总工会关于加强和规范区域性、行业性工会联合会建设的意见》就区域性、行业性工会联合会的工作职责、组织形式、力量配备、经费保障等方面提出指导意见，深入全面地指出了区域性、行业性工会联合会的建立原则与建设要求。区域性、行业性工会联合会可结合区域、行业实际，制定工会联合会组织办法，其名称根据区域、行业和单位等情况确定，一般为“××（行政区划名称）+××（区域或行业名称）+工会联合会”，不能用职业名称或基层工会名称。全国总工会制定这一系列文件，为基层工会联合会的建立和规范以及聘用社会化工会工作者提供了逐步完备的政策依据。

（二）典型带动

1. 吉林会议。

2007 年 4 月 10 日至 11 日，全国总工会在吉林省长春市召开全国工会贯彻《企业工会工作条例》暨推行工会主席职业化现场会，大力推广吉林省总工会在小型非公有制企业建立工会联合会选聘工会主席的经验。会议提出，基层工会主席职业化适合于在区域性、行业性的中小型工会联合会中推行。同时，它也比较适合各级工会的经费承受能力。会议要求各级工会从对工运事业发展负责的高度，认真探索，形成一套较为规范的基层工会主席管理的制度和办法，下大决心，加大投入，把有限的工会经费用到“刀刃”上，有计划有步骤地稳步推进工作。这次会议孕育了“双措并举、二次覆盖”的雏形，是对传统的工会组织形式和工会主席职业化工作的突破。

2. 阳泉会议。

2009 年 3 月 31 日，全国总工会在山西省阳泉市召开全国工会基层组织建设暨县级工会工作会议。会上，阳泉等 5 个市总工会分别介绍了它们以改革创新精神加强工会自身建设，通过体制机制创新，建立基层工会联合会，聘用社会化工会干部的成功经验，这些经验做法被概括为“双措并举、二次覆盖”。会议认为，“双措并举、二次覆盖”的实践创新，有效地破解了在小型非公有制企业组建工会难、维权难的时代性课题，抓住了以改革创新精神加强工会自身建设的重要内容，符合党中央对工会提出的扩大覆盖面、增强凝聚力的要求，对工会工作具有全局性、战略性重要意义。会上，全国总工会明确提出，要“通过两至三年的努力，切实推进小型非公有制企业工会联合会的建立有一个大幅度进展，推进社会化工会工作者的数量有一个大幅度增长”的工作目标，要求各级工会组织统一思想，同心协力，坚定信心，全力推进。这次会议标志着“双措并举、二次覆盖”工作在全国全面铺开。

二、区域（行业）工会联合会的建立和运行

（一）区域（行业）工会联合会的性质、特点

区域（行业）工会联合会是基层工会的一种组织形式，是由若干个单位在各自成立基层工会组织（基层工会委员会、联合基层工会委员会或基层工会联合会）的基础上，在一定的区域或行业范围内，按照联合制、代表制原则建立的区域性、行业性的基层工会的联合体。其领导机构为工会联合会委员会，委员由其下属基层工会的主席和有关方面代表组成。如乡镇（街道）工会联合会，其实质是一种在乡镇（街道）范围内的

区域性的基层工会联合会。

区域（行业）工会联合会是近年来各级工会在扩大组织覆盖、扩大工作覆盖探索实践中形成的一种有效形式。实践证明，加强区域（行业）工会联合会建设，对于基层工会组织围绕中心服务大局，促进区域、行业经济持续健康发展，参与基层社会治理、积极发挥作用，加强维权服务、构建和谐劳动关系，树立以职工为中心的工作导向、夯实工会基层基础，确保职工队伍和工会组织团结统一具有重要意义。

加强和规范区域（行业）工会联合会建设，要深入学习贯彻习近平总书记关于工人阶级和工会工作的重要论述，特别是习近平总书记关于加强基层工会建设的重要指示精神，聚焦保持和增强政治性、先进性、群众性，坚持正确政治方向，在党组织领导、政府支持下，通过党建带工建等机制方法有序有力推进；坚持依法依规，做到依法建会、依法管会、依法履职、依法维权，健全完善制度，严格落实制度；坚持产业和地方相结合的工会组织领导原则，着眼组织健全、职责明确、关系顺畅的目标，推动形成自下而上、工作贯通、覆盖不同所有制企业和相关社会组织的组织体系；坚持从实际出发，积极稳妥推进，立足区域、行业所辖基层单位的分布、数量以及职工人数等实际，按照规模适度、便于管理、科学合理的原则进行组建，并确定覆盖范围。

（二）区域（行业）工会联合会的组建方法

区域（行业）工会联合会一般建立在县（市、区、旗）及以下范围内。城市工会可根据本地区域、行业发展情况，从实际出发，探索在市级建立行业性工会联合会。建立区域（行业）工会联合会，必须坚持在同级党组织和上一级工会的领导下进行。上级工会及时有效跟踪指导服务，严把组建前置环节，严格规范组建程序，积极稳妥推进组建工作。在广泛征求各方面意见特别是覆盖单位意见，进行充分酝酿协商的基础上，经同级党组织同意并报上一级工会批准后成立工会筹备组。筹备组依法依规做好筹备工作。未建立党组织的，在上一级工会领导下进行。

区域（行业）工会联合会本质上是由两个及两个以上基层工会自愿结合的联合工会组织，应当遵循联合制、代表制的原则建立。坚持广泛性和代表性，委员由本区域或行业内所覆盖基层工会的主席和适当比例的有关方面代表等组成，所覆盖基层工会数量较多的，区域（行业）工会联合会委员会委员可以由所覆盖基层工会主席民主推选代表担任；根据工作需要，可吸收政府有关部门代表参加。

区域（行业）工会联合会委员会的产生适用《工会基层组织选举工作条例》、《基层工会会员代表大会条例》等规定。担任区域（行业）工会联合会主席、副主席职务，必须履行民主程序。区域（行业）工会联合会主席、副主席可以由全体委员选举产生，也可以由区域（行业）工会联合会所覆盖基层工会联合组成会员（代表）大会选举产生。区域（行业）内的基层单位行政主要负责人不得作为区域（行业）工会联合会委员会委员人选，行业协会（商会）会长、副会长等不得担任区域（行业性）工会联合会主席、副主席。上级工会派出的工会干部、社会化工会工作者或者区域（行业）龙头骨干企业工会主席、社区工作者等可以作为区域（行业）工会联合会主席、副主席人选。区域（行业）工会联合会主席、副主席可以专职，也可以兼职，其任期与区域（行业）工会联合会委员会相同。

区域（行业）工会联合会委员会委员实行替补、增补制。区域（行业）工会联合会委员会委员，当其不再担任原工会组织的主要负责人时，其委员职务由其原单位工会新当选的主要负责人经履行民主程序后予以替补。新覆盖基层工会的主要负责人，经履行民主程序，可以增补为区域（行业）工会联合会委员会委员。

区域（行业）工会联合会可结合区域（行业）实际，制定工会联合会组织办法等。区域（行业）工会联合会委员会每届任期三年至五年，任期届满应按时换届。特殊情况需提前或延期换届的，应报上一级工会批准。建立区域（行业）工会，原则上所覆盖基层工会的组织领导关系、经费拨缴关系和会员会籍关系保持不变。确需调整的，须经县级以上地方工会批准。区域（行业）工会联合会所覆盖区域（行业）内的基层单位，应当分别单独建立基层工会组织（基层工会委员会、联合基层工会委员会或基层工会联合会）。

建立区域（行业）工会联合会的，应采取有效措施，逐步实现对区域（行业）内的基层工会以及不具备单独建会条件的小微企业和零散就业人员全覆盖。实际履行联合会职能但不规范的，应在上级工会指导下，按照联合制、代表制原则，逐步规范为工会联合会。

每个联合会原则上至少要配备1名专职工作人员，会员人数较多的应适当增加配备人数。联合会专职工作人员一般应作为工会主席、副主席候选人。要积极通过公开招聘社会化工会工作者、争取政府公益性岗位、下派工会机关干部等多种途径，为联合会配备专职工作人员。在建立联合会的同时，建立联合会女职工委员会。

企业数量和职工人数较少的乡镇（街道），可依法按照联合制、代表制原则建立健全工会联合会。已建立乡镇（街道）总工会的，可以村（社区）、龙头企业等为依托建立健全工会联合会。

（三）区域（行业）工会联合会的主要职责任务

（1）加强对职工的思想政治引领，承担团结引导职工群众听党话、跟党走的政治责任，推动习近平新时代中国特色社会主义思想进社区、进企业、进车间，深化理想信念教育，教育职工践行社会主义核心价值观，恪守社会公德、职业道德、家庭美德、个人品德，遵守劳动纪律。

（2）在同级党组织和上级工会的领导下，推动和指导区域（行业）内基层单位的工会组建、发展会员等工作，夯实工会基层基础。承担本区域（行业）职工代表大会工作机构的职责。

（3）大力弘扬劳模精神、劳动精神、工匠精神，组织开展具有区域特点、行业特色的劳动和技能竞赛、经济技术创新等活动，建设知识型、技能型、创新型的高素质职工队伍。

（4）代表和组织职工依照法律规定，通过职工代表大会或其他形式参与本区域（行业）民主管理和民主监督。调查研究和反映本区域（行业）中涉及职工切身利益的重大问题。

（5）参与制定本区域（行业）涉及劳动和职工权益的政策、标准等。积极推进区域（行业）集体协商，推动建立区域（行业）集体合同制度。

（6）参与协调劳动关系和调解劳动争议，协商解决涉及职工切身利益问题，为所覆盖区域（行业）的基层工会和职工提供法律服务和法律援助。

（7）突出行业特色、区域特点、职工需求，强化服务意识，健全服务体系，建立服务机制，精准化、精细化开展服务工作。

（四）新业态工会联合会的建设与发展

近年来，平台经济、共享经济迅猛发展，企业组织形式和劳动者就业方式发生深刻变化，依托互联网平台就业的货车司机、网约车司机、快递员、外卖配送员等新就业形态劳动者数量大幅增加，成为我国劳动大军的重要组成部分。相较于传统企业的就业人员，相当一部分新就业形态劳动者呈现工作时间地点不确定、劳动关系不清晰、职业变更频率高、活动半径大、流动速度快等特点。这意味着传统依靠以单位（企业）为主的建会模式难以有效覆盖新就业形态劳动者。在推进新就业形态劳动者建会入会工作中，通过加强区域（行业）工会联合会建设，对直接吸纳零散新就业形态劳动者入会，根据群体特点更加精准提供维权服务，具有极为重要的作用。新就业形态劳动者具有工作关系去雇主化、组织方式平台化、工作形式灵活化、用工主体多元化等特点，多数没有固定的工作单位，企业工会和地方工会都难以覆盖到这类群体。成立区域（行业）工会组织可以将分散的、流动的新就业形态劳动者组织起来，成为他们可以信赖和依靠的组织。

在推进新就业形态劳动者建会入会工作中，根据地方和行业实际，按中小微企业比较集中的区域、一个或多个行业成立以覆盖新就业形态劳动者为主的区域（行业）工会联合会，能够很好地发挥吸收新就业形态劳动者入会和管理服务的重要载体作用，有利于进一步扩大工会组织覆盖面。各地工会结合自身产业结构、区域特点，按照区域相近、行业相同的原则，依托政府职能部门、龙头企业、行业协会、物流园区党建和社会治理网格等，扎实推进不同层级的区域（行业）工会联合会建设，组织辖域内的平台企业及其下属企业、关联企业成立货运、网约车、快递、外卖配送等市、县级行业工会联合会，与县级以下区域性工会联合会共同构筑起纵向到底、横向到边的工会组织网络，作为新就业形态劳动者入会管理服务的重要阵地和承接网上入会的主渠道。

三、社会化工会工作者队伍建设

（一）概念与来源渠道

社会化工会工作者，主要是指由县级（含县）以上总工会从社会公开招聘，工资由工会承担发放，定向选派到县级以下区域（行业）工会联合会、乡镇（街道）工会、开发区（工业园区）工会等，专职从事工会工作的人员。为乡镇（街道）工会和县级以下区域（行业）基层工会联合会配备专职工会工作者，是目前解决基层工会“无人干事”问题的有效措施。社会化工会工作者，可以从企业优秀工会干部中聘用，可以从大学毕业生中聘用，也可以聘用曾经从事过党群工作的人员，或利用政府公益性岗位聘用等。

各级工会通过选聘社会化工会工作者、专职集体协商指导员等多种形式，不断夯实工会基层基础，在面向职工的社会服务中发挥了重要作用。2005 年，全国总工会在吉林长春召开会议，推广了长春市总工会选聘职业化工会主席的做法。2009 年，全国总工会在山西阳泉召开会议，推广了湖北黄石等地选聘社会化工会工作者的经验。2010 年，全国总工会试点探索社会化工会工作者工资分级负担工作，并在 2011 年覆盖到全国各省（区、市）。2016 年，全国总工会、民政部、人力资源和社会保障部联合印发《关于加强工会社会工作专业人才队伍建设的指导意见》。全国总工会还先后制定《关于加强专职集体协商指导员队伍建设的意见》、《中华全国总工会法律人才队伍建设三年规划（2014—2016 年）》等文件，参与《志愿服务条例》、《社会团体登记管理条例》等与社会工作密切相关的法规制定修改。当前，工会社会工作专业人才已成为在基层联系服务职工群众、维护职工合法权益、构建和谐劳动关系的骨干力量。

截至 2022 年 10 月底，全国主要定岗在县级及县级以下区域（行业）工会联合会、乡镇（街道）工会、开发区（工业园区）工会专职从事工会工作的社会化工会工作者（含专职工资集体协商指导员）达到 4.43 万人。其他具备工会社会工作专业素质能力的工会机关、工会企事业单位人员，工会通过购买岗位和公开服务等方式聘用的具备工会社会工作专业素质能力的人员也在持续发展。

（二）配备原则

区域（行业）基层工会联合会社会化工会工作者的聘用，既要统筹规划、大力推进，又要坚持从实际需要出发，按需聘用、量力而行。

各级工会加大力度整合、优化、提升、发展现有的工会工作者队伍，通过增设、调整岗位等方式，开发设置工会社会工作专业岗位，特别是在服务职工需求量大的乡镇（街道）工会、开发区（工业园区）工会，村（社区）工会、区域（行业）工会联合会、企事业单位工会，职工服务中心（站点）、职工法律援助机构、12351 职工服务热线等工会服务职工工作机构以及职工服务类社会组织优先开发设置岗位、配备使用人才。

明确职工 2000 人以下的乡镇（街道）工会、开发区（工业园区）工会可配备 1 名工会社会工作专业人才；职工 2000 人以上的，每增加 3000 人可增配 1 名工会社会工作专业人才。据全国总工会相关调研，93.9%的社会化工会工作者定岗在县级及以下基层工会工作。为加快推进新就业形态劳动者工会工作，2022 年 11 月，全国总工会印发《关于深入推进“兜底建”工作的指导意见》，提出“社会化工会工作者定岗范围可拓展到市级行业工会联合会”。

各级工会聘用的社会化工会工作者应经民主程序，定向到区域（行业）基层工会联合会担任主席、副主席职务，也可以专职从事工会工作。

（三）管理与保障

各地工会从实际出发，通过“公开式招聘、合同式用工、契约化管理”方式，积极稳妥地选聘社会化工会工作者，并形成了相对成熟的机制做法。全国总工会总结各地实践经验，2010年印发《关于开展区域性、行业性基层工会联合会聘用专职工作人员工资负担试点工作的通知》，决定投入1000万元，对5省（市）总工会、5个市（区）总工会进行社会化工会工作者工资分级负担试点，并在2011年实现全覆盖。2019年，全国总工会基层工作部等三部门联合下发《关于申报2019年度全国社会化工会工作者工资分级负担经费补贴及调整2020年度后补贴方式的通知》，对社会化工会工作者工资分级负担补贴工作进行了调整，主要调整有：（1）首次将专职工资集体协商指导员纳入补贴范围。（2）全国总工会补贴标准由每月200元/人上涨为300元/人。（3）经费申报方式有所变化，改变原先按预估人数编制预算的方式，将每年10月31日各省（区、市）社会化工会工作者实有人数作为下年度补贴人数。

据全国总工会调研显示，目前在社会化工会工作者主要使用方式中，由地方工会直接聘用、利用政府公益性岗位聘用、第三方劳务派遣、工会购买社会组织服务的分别占31%、12%、16%、12%。各级工会加强组织领导，充分发挥工会干部院校作用，探索创新工会社会工作专业人才培训的方式方法，落实工会社会工作专业人才培训的班次安排。鼓励支持各地聘用的社会化工会工作者参加社会工作专业培训、职业资格评价和学历教育，目前有社会工作职业资格的人员已占拥有职业资格证书人员的60%。同时按照专业化、职业化要求，加大力度对现有的工会工作者实施人员结构优化、素质提升。调研显示，目前，全国社会化工会工作者中大专以上学历的已占93%，40岁以下占82.7%。

第四节 基层工会组织建设工作创新发展

习近平总书记指出，时代在发展，事业在创新，工会工作也要发展、也要创新。要从巩固党执政的阶级基础和群众基础的高度出发，始终坚持正确方向，不断创新工作方法，着力扩大覆盖面、增强代表性，着力强化服务意识、提高维权能力，着力加强队伍建设、提升保障水平。近年来，各级工会组织主动适应社会主义市场经济的深入发展，适应企业组织形式、职工就业方式和劳动关系等方面发生的深刻变化，尊重基层首创精神，不断推进基层工会组织建设工作创新发展，取得了积极成效。

一、开展“互联网+”工会普惠性服务

（一）开展“互联网+”工会普惠性服务的必要性

“互联网+”工会普惠性服务，主要是指各级工会在继续做好劳动模范、困难职工等特定群体服务帮扶工作的基础上，充分运用互联网技术，整合自身和社会资源，为全体工会会员提供普遍性、全方位的有效服务，让更多的一线职工、普通职工感受到加入工会组织的实惠和好处，逐步实现工会服务从特惠向普惠的转变。开展“互联网+”工会普惠性服务是工会服务理念和服务方式的重大创新，各级工会干部要充分认识其重要意义。做好“互联网+”工会普惠性服务工作，对于贯彻落实党和国家关于“建设网络强国，让互联网更好造福人民”的战略部署，保持和增强工会工作和工会组织的政治性、先进性、群众性，巩固党的阶级基础，扩大党的群众基础，具有重要意义。

一是主动适应时代发展的必然选择。近年来，互联网越来越成为人们学习、工作、生活的新空间，越来越成为获取公共

服务的新平台。党的二十大强调加快建设网络强国、数字中国。新形势下，促进互联网和工会工作融合发展，形成更广泛的以互联网为基础设施和创新要素的工会工作新形态，是大势所趋。

二是推进工会改革创新的内在要求。互联网是工会工作的新平台，也是工会改革创新的突破口。坚持运用互联网思维，创新工作理念、转变工作方式、拓展工作内容，努力实现服务对象从特殊群体向全体会员转变，服务方式从工会“定菜单”向职工“点菜单”转变，服务手段从线下为主到线上、线下互动融合转变，集中体现了工会改革向基层延伸、改革成果向职工延伸的积极探索。

三是加强基层工会建设的重要举措。“互联网+”工会普惠性服务运用大数据、云计算等技术，以资源信息共享和工作互联互通为保障，以基层工会和会员职工信息完整真实为基础，能够迅速地动态了解基层职工群众的多样化需求，实现服务职工工作有机整合，做到各项服务可记录、可追溯，有利于提高工会服务职工群众的精准化水平，进一步密切工会与职工群众的联系，切实做强基层夯实基础，有效激发基层活力，最大限度地把广大职工组织到工会中来。

（二）“互联网+”工会普惠性服务的主要方法路径

1. 建设服务平台。

建立健全以工会组织和会员信息数据库为核心的综合服务管理系统，打造以网站、微博、微信、手机 App 为代表的多个线上服务终端，积极稳妥推进工会会员服务卡这一重要的服务载体，加强工会电子职工书屋建设，畅通方便快捷、务实高效的服务职工新通道，促进网上网下工作互动融合，为会员提供看得见、摸得着、有人气的工会服务。

2. 健全工作载体。

进一步整合工会系统网站、微博、微信、App 客户端、快手、抖音、B站、小红书、知乎、豆瓣等网络平台，打造工会服务职工的新媒体矩阵。充分发挥网络平台在信息时效性、互动性和传播率、送达率方面的优势，运用场景式服务、智能引导等新颖形式，开展职工关注度高、喜闻乐见的活动，促进服务“在指尖上移动、在移动中完成”。建立“扁平化”服务模式，通过工会与职工群众“指尖上的互动”，提高工会感知职工群众期盼、服务职工群众需求的能力，使工会服务更加直接、更加深入、更加贴近职工群众，努力把基层工会建设成为直接为职工服务的基地。

3. 拓展服务内容。

坚持职工需求导向，优选服务项目，在完善工会传统服务项目的基础上，创新服务内容，拓展服务项目，因地制宜提供职工群众感兴趣、受欢迎的服务项目，扩大工作覆盖面和服务受众范围，实现工会服务职工从特惠到普惠转变，实现服务对象全覆盖、服务时间全天候。

4. 整合资源手段。

坚持资源向基层倾斜，将更多的人力、物力、财力投入服务职工、普惠会员的实事上，努力争取政府有关部门支持和社会力量参与，积极实行社会化运作，通过购买专业服务项目的方式，接长服务职工工作的“手臂”，构建社会化、市场化、多元化、开放型的普惠性服务职工工作格局。

5. 创新工作方式。

进一步完善和发展网上申请入会的工作方式，打造面向职工的便捷入会窗口，形成服务促进入会、入会即享服务的良好局面。加强对会员信息和普惠服务信息的分析研究，运用会员大数据信息，优化工会工作，更好地满足会员的多元化需求，影响和带动更多职工加入工会组织中来。

二、推行基层工会组织和工会会员实名制管理

（一）实名制管理的由来及重要意义

2008年，为推动在华世界500强企业建会，全国总工会建立工会组建信息系统，并协调国家统计局提供相关企业名录，各地工会根据预置企业名录和实地摸查对基层工会组织的建设情况进行实时录入更新。2010—2012年，为组织开展“广普查、深组建、全覆盖”集中建会行动，全国总工会又先后协调预置了私营企业、外商投资企业、港澳台商投资企业、有限责任公司、股份有限公司五种类型法人名录。到2013年底，工会组建信息系统共涵盖法人和少量国有企业、集体企业法人信息748万条、职工2.61亿人。2014年，针对开发区（工业园区）工会自身建设和基层工会建设情况，全国总工会预置了全国1665家省级以上开发区（工业园区）名录（其中，省级开发区1170家，国家级开发区495家）。2015年，为开展农民工入会集中行动，全国总工会增设了建筑业、快递（物流仓储）业、家庭服务业、农业专业合作组织等农民工入会专项模块，形成了以省—市—县（区）—乡镇（街道）—区域（行业）基层工会联合会—企业六级“工会树”为中枢，包含工会信息管理、企业转移、数据查询与统计、用户管理四大模块的工会组建信息系统。

自工会组建信息系统建立以来，全国总工会和各级地方工会共同努力，基本形成了加强基层工会组织建设“架构完善、底数清晰、挂图作战”的良好局面。随着经济社会发展和建会工作的深入推进，基层工会组织和会员数量快速增长，工会普惠服务广泛开展，会员流动愈加频繁，工会组建工作步入新的发展阶段，各地工会在工会组织建设信息系统的基础上，积极探索基层工会组织和会员实名制管理。一些地方陆续建立工会

组织和会员信息数据库，逐步实现了对本地区基层工会工作的实时掌握和精准指导。如北京市总工会自 2009 年以来，依托三级服务体系，在全市设立了 2000 多个信息采集点，开展实名制信息采集工作，同时为会员办理“京卡”工会服务卡，形成了数据准确、信息丰富、动态管理的北京市工会组织和会员实名数据库。天津、河北、河南等地工会也深入开展了工会组织和会员实名制管理工作。这种现实情况迫切需要在全国层面加强工作联动和顶层设计。

在总结各地实践基础上，2014 年 10 月，全国总工会在北京召开会员普惠制工作交流观摩会，推广了北京市普惠服务和实名制管理工作经验。2016 年 9 月，全国总工会在湖北宜昌召开全国“互联网+”工会普惠性服务现场推进会，提出普惠服务和实名制管理一体推进要求。2016 年 12 月，全国总工会书记处会议要求，由基层工作部牵头，办公厅、网络部配合，部署开展实名制管理工作。

2017 年 2 月，全国总工会制定《全国工会网上工作纲要（2017—2020 年）》，提出“建设全面准确、智慧柔性、动态更新、安全高效的以省（自治区、直辖市）为基本集成单元的分布式全国工会工作和会员信息基础数据库，并努力成为国家大数据中心的重要组成部分”，并作出分步实施安排。2017 年 4 月，全国总工会制定《推进基层工会组织和工会会员实名制管理工作方案》，建立整体谋划、分层管理、分工负责、紧密协作的工作机制，指导各地加快推进实名制管理工作的制度化、规范化。此后，《全国工会网络安全和信息化“十四五”规划（2021—2025 年）》等文件也进一步强调实名制管理工作。

实践证明，推进基层工会组织和会员实名制管理，是加强和改进基层工会建设、夯实基层基础的有效载体，成为建设“智慧工会”、深化工会网上工作的重要基础，成为精准服务职工、精准指导和服务基层的有力支撑，做好这项工作具有十分重要的现实意义。只有通过实名制准确掌握基层工会组织和会员群众的动态发展情况，才能科学分析加强基层工会组织建设的有利条件和制约因素，找准工作短板集中力量加以突破，更精准地组织、凝聚、服务、引导广大职工群众，奠定维护职工合法权益、保持职工队伍稳定、促进经济社会发展的基础。

（二）实名制管理工作原则

1. 统筹推进、分步实施。

坚持自上而下逐级统筹和自下而上具体实践相结合，规范有序推进工作。全国总工会出台总体方案，加强顶层设计。省级工会统筹协调本地区实名制管理工作，把好时间节点，推动各级地方工会和基层工会因地制宜落实全国总工会要求。

2. 用好网络、依法推进。

依法依规推进工会组建和发展会员工作，建好基层工会组织和工会会员信息基础数据库，充分运用网络信息技术，形成网上网下深度融合、紧密联动的基层工会建设和服务职工会员新格局。

3. 普惠服务、互相促进。

既充分发挥实名制管理工作在普惠服务职工中的前提和基础作用，又充分发挥普惠服务对实名制管理工作的牵引和保障作用，有效推进“互联网+”工会普惠性服务，做强基层工会组织基础。

4. 互通共享、安全运行。

统一数据标准和数据交换标准，畅通信息渠道。充分利用工会信息资源，加强与政府、社会和市场的开放合作，逐步实现工会系统纵向和横向、内部和外部的数据交互共享。完善信息安全技术防护和网络安全管理，保障信息和网络安全。

（三）实名制管理的主要工作

1. 建立完善统一规范的工会实名数据库。

由全国总工会确定统一的工会组织和会员信息标准、数据交换标准，建立数据交换共享平台。各省级工会依据全国总工会统一标准，构建本地区工会实名数据库。在推进工作过程中，各级工会要加强与人社、税务、工商、统计、公安等部门和金融、铁路、民航等行业的联系协作，加强与地方电子政务平台的对接，实现数据信息资源交互共享。逐步形成全国工会组织和工会会员联网登记、流转、核查及数据挖掘分析系统，实现对各地工会数据库信息的提取、查询、统计、分析功能。

2. 做好数据信息采集管理更新工作。

由各省（区、市）总工会负责本地区的工会实名数据库建设和基层工会组织、工会会员实名数据采集管理更新工作，加强培训和考核督导，推进基层工会组织建设，推动工会组织和会员数据信息的实时更新，确保信息完善、准确有效。要同步采集组织信息和会员信息，使两者规范对应。单位和工会信息以法人和其他组织统一社会信用代码（组织机构代码）为唯一标识，会员信息以身份证号码为唯一标识。工会要主导信息采集管理工作，原则上不委托其他机构进行，确保数据信息安全。

3. 一体推进实名制管理与“互联网+”工会普惠性服务工作。

坚持数据引导建会，建会即时入库，服务即时跟进。通过精准、便捷、高效、普惠的服务，不断增强广大职工会员的获得感，促进职工主动入会、信息及时入库，实现规范建会、优质服务和有效数据的良性循环。坚持工会主导地位，坚持以职工需求为导向优选合作单位和普惠项目。推广工会会员实名服务卡，显著位置要印制中国工会徽标、“工会会员服务卡”字样，切实增强会员的工会意识。

4. 持续推进“互联网+”基层工会建设。

积极运用互联网思维和网络信息技术，推进地方工会、基层工会、职工会员以及服务资源的广泛而紧密的连接，逐步实现基层工会工作全流程数据信息交互共享，推进工会基层工作数据化、信息化。注重运用新媒体宣传工会，动员职工关注并加入工会。推广职工网上申请入会方式，畅通和规范职工入会渠道。依托工会实名数据库、互联网，在建会（换届和撤销）审批、入会审核登记、信息管理维护、会籍调整接转、服务和活动开展、工会干部管理、企业民主管理等方面，形成网上网下联动机制。积极运用大数据，分析单位、工会和职工会员有关动态和关联信息，更好地感知需求、提供预报，实现及时组织、精准服务。综合运用“互联网+”，提升组织、管理和服务包括农民工在内的全体会员的会员工作效能。

思考题：

1. 工会组建的重点领域和对象有哪些？

2. 怎样做好“双措并举、二次覆盖”工作？

3. 如何理解“互联网+”工会普惠性服务和会员实名制管理的关系？

第四章　乡镇（街道）、村（社区）工会组织建设

第一节　乡镇（街道）工会组织建设

随着我国工业化、城镇化进程的加快，乡镇（街道）的企业数量不断增多，职工队伍也不断壮大，客观上要求建立完善乡镇（街道）工会组织，加强对企业工会的领导，发挥工会组织作用，以更好地维护职工的合法权益。加强乡镇（街道）工会建设，对于推进基层工会组织建设，夯实工会基层基础具有十分重要的意义。

一、建立乡镇（街道）工会的必要性

（一）有利于适应城镇化快速发展和产业结构调整需要，推动产业工人队伍建设

加快推进城镇化进程和产业结构调整，需要调动千千万万转移到城镇的新市民的自觉参与，让他们共享城镇化建设成果；需要教育和引导广大职工转变观念、提升劳动技能；需要实现企业劳动关系规范和谐运行，以劳动关系的和谐稳定为社会和谐稳定奠定基石。所有这些，既是城镇化建设和产业结构调整的重要内容，也是城镇化建设和产业结构调整不可忽视的重要目标任务。把乡镇（街道）工会建设好，充分发挥它们在推动科学发展、构建和谐劳动关系、服务职工群众中的作用，将为

城镇化稳步推进和产业结构顺利调整创造良好环境。

（二）有利于加强和创新社会治理，实现社会和谐稳定

党的二十大提出，完善社会治理体系，健全共建共治共享的社会治理制度，提升社会治理效能，畅通和规范群众诉求表达、利益协调、权益保障通道，建设人人有责、人人尽责、人人享有的社会治理共同体。乡镇（街道）既是中小型企业的聚集区域，也是劳资纠纷的多发地带，把乡镇（街道）工会建设好，充分发挥它们在组织职工、引导职工、服务职工和维护职工合法权益中的作用，可以为完善社会治理体制、格局和建设平安中国奠定坚实基础。

（三）有利于完善工会组织体制，推动企业普遍建会

伴随政府职能转变和城镇化、工业化的快速发展，乡镇（街道）区域的企业数和职工人数都呈不断增长的趋势。目前，未建立工会的企业和未加入工会的职工多数沉淀在乡镇（街道）区域，客观上对发挥这级工会组织的作用提出了迫切要求。在新技术和新经济业态不断涌现的新时代，乡镇（街道）工会已经成为兜底吸收农民工群体，非全日制、临时性和弹性工作等灵活就业群体，货车司机、快递员等新就业形态劳动者入会的不可或缺的组织基础。另外，乡镇（街道）工会通过加强本区域社会组织工会建设的领导，广泛吸收职工入会，推动社会组织依法建立工会，也有助于切实发挥区域兜底作用。乡镇（街道）工会直接面对企业工会和职工群众，熟悉基层工会现状，了解职工群众需求，能够更直接、更有效地帮助指导基层工会，开展会员群众欢迎的活动，更有效地组织、引导、服务职工，更好地维护职工合法权益。把乡镇（街道）工会建设好，发挥它们的优势，抓基层、打基础就有了坚实的前沿阵地。

二、乡镇（街道）工会的组织形式和组织领导体制

（一）乡镇（街道）工会的组织形式

目前，乡镇（街道）工会一般包括工会工作委员会、工会委员会、工会联合会和总工会四种形式，还有少量工会办事处等其他组织形式。《工会法》第十一条规定，企业职工较多的乡镇、城市街道，可以建立基层工会的联合会。2004 年《中华全国总工会关于开展建立乡镇（街道）总工会试点工作的意见》提出，在经济发达、企业比较集中、职工人数较多的乡镇（街道）可以开展建立乡镇（街道）总工会试点工作。2005 年《中华全国总工会关于加强乡镇（街道）工会规范化建设的意见》提出，乡镇（街道）工会工作委员会，应逐步向乡镇（街道）工会委员会、乡镇（街道）工会联合会或乡镇（街道）总工会过渡。2014 年《中华全国总工会关于新形势下加强基层工会建设的意见》强调，积极推进乡镇（街道）组建工会，已经建立工会工作委员会的，要逐步向工会联合会、总工会等组织形式转变。企业 100 家左右、职工 5000 人左右的乡镇（街道）可以设立总工会。乡镇（街道）工会采取哪种组织形式，应从各地实际出发，根据乡镇（街道）经济发展程度、企业和职工人数及工会工作基础，本着有利于发挥乡镇（街道）工会组织作用的原则确定。《中国工会章程》第二十二条规定，县和城市的区可在乡镇和街道建立乡镇工会和街道工会组织，具备条件的，建立总工会。

1. 乡镇（街道）工会工作委员会。

乡镇（街道）工会工作委员会是县级工会根据需要，在不具备建立工会组织条件的乡镇（街道）派出的代表机关。工作人员由县级工会派出，接受县级工会的领导和工作安排，其工作内容是县级工会工作的组成部分。这种组织形式能够迅速实

现工会组织和工会工作覆盖，但其代表性较弱。

2. 乡镇（街道）工会委员会。

乡镇（街道）工会委员会一般经辖区内会员（代表）大会选举产生。可按照联合制、代表制原则，适当扩大工会委员会组成人员范围，广泛吸收辖区内基层工会负责人以及各方面的代表作为委员会成员，依靠社会力量做好工会工作。

3. 乡镇（街道）工会联合会。

乡镇（街道）工会联合会是乡镇（街道）工会的重要组织形式，可以由会员（代表）大会选举产生，也可以按照联合制、代表制原则，由下一级工会组织民主选举的主要负责人和适当比例的有关方面代表组成。

在实践中，乡镇（街道）工会联合会与工会委员会、工会工作委员会等组织形式相比，具有以下优势：一是有利于履行上级工会的领导职责和基层工会的维权职责。一方面，乡镇（街道）工会联合委员会组成人员从辖区基层工会负责人中产生，基层工会是它的有机组成部分，联合会对基层工会的情况更了解，对其指导与服务可以更有针对性和实效性；另一方面，乡镇（街道）工会联合会不受制于企业劳动关系，可以更好地履行企业工会难以履行的部分维权职责。二是有利于整合社会力量开展工作。工会联合委员会可以适当吸收来自政府或社会方面的成员，可以依靠联合的力量增强服务和维权工作实效。三是有利于密切与职工群众的联系。工会联合会与基层工会和会员群众的联系比地方总工会更加密切，可以增强工会的群众化、民主化，避免机关化、行政化的倾向。

4. 乡镇（街道）总工会。

目前，许多经济较为发达、企业和职工较多的乡镇（街道）建立了乡镇（街道）总工会。它们履行基层工会和地方工会双重职责，在加强乡镇（街道）工会自身建设、维护职工合法权益、提高基层工会工作整体水平等方面发挥了积极作用。目前，有的地方党委政府已为乡镇（街道）总工会解决了机构设置和人员编制。

2019 年 12 月，全国总工会印发的《关于加强乡镇（街道）工会建设的若干意见》提出，乡镇（街道）辖区内有企业 100 家以上、职工 5000 人以上，能够配备专职工会主席（副主席）和专职工作人员的，可以建立乡镇（街道）总工会，其委员会换届和选举工作参照《关于地方工会召开代表大会及组成工会委员会、经费审查委员会的若干规定》执行。

（二）乡镇（街道）工会的组织领导体制

乡镇（街道）工会接受同级党组织和上一级工会的双重领导，以同级党组织领导为主。同级党组织的领导主要包括选拔、任用考核工会干部，对工会工作实行政治路线、政治原则、方针政策和组织领导，为工会工作把握政治方向。上级工会的领导主要包括协管工会干部、工会业务工作的指导与考核。乡镇（街道）工会辖区内的村（社区）工会、基层工会委员会和各类工会联合会按照“条块结合、以块为主、属地管理”的原则，接受乡镇（街道）工会和单位同级党组织的双重领导。

乡镇（街道）工会应积极建立完善乡镇（街道）—村（社区）—企业“小三级”工会组织网络，推动建立各类区域（行业）基层工会联合会。

三、乡镇（街道）工会的干部配备

（一）乡镇（街道）工会的专职干部配备

要在党委领导和政府支持下，加强乡镇（街道）工会主席的选配工作。建立乡镇（街道）总工会的，应设立专职主席（或副主席）和专职工作人员。积极推动乡镇（街道）党（工）

委副书记兼任总工会主席。通过“专、兼、挂”等方式配强乡镇（街道）工会领导班子成员，充分发挥兼职、挂职副主席的作用。优化乡镇（街道）工会干部队伍结构，保持任期内相对稳定。

（二）建立乡镇（街道）社会化工会工作者队伍

2016年《中华全国总工会关于增强基层工会活力发挥基层工会作用的实施意见》提出，“积极争取政府有关部门的支持，明确工会社会工作专业人才的岗位设置”，逐步解决乡镇（街道）等基层工会“无人干事”等问题。鼓励在有条件的地方，采取向社会招聘、由上级工会选派以及借助社会资源争取社会工作者岗位用于乡镇（街道）工会工作等多种途径解决工会干部来源，依靠加大经费投入找出路，解决好乡镇（街道）工会工作力量薄弱的问题。

2017年《中华全国总工会 民政部 人力资源社会保障部关于加强工会社会工作专业人才队伍建设的指导意见》提出，巩固发展社会化工会工作者队伍，将其作为乡镇（街道）工会专职人员的重要来源。地方工会要通过争取公益性岗位、直接聘用、购买服务等方式，积极发展社会化工会工作者队伍，建立健全选聘、管理、使用等制度。

四、乡镇（街道）工会的职能

乡镇（街道）工会在同级党（工）委和上级工会的领导下，依据《工会法》和《中国工会章程》独立自主地开展工作。乡镇（街道）工会直接面对基层工会和职工群众，在工会组织体系中起着承上启下作用，承担着地方工会和基层工会的双重职责。其职责主要包括：

（1）加强职工思想政治引领，围绕乡镇（街道）中心工作推动科学发展，深化劳动和技能竞赛，团结和组织职工为乡镇

（街道）经济和社会发展作贡献。

（2）积极推动区域内机关、企事业单位和其他社会组织依法建立工会组织，广泛吸收职工入会，指导基层工会组织建设。

（3）推动建立和健全与政府联席会议制度和劳动关系三方协商机制，参与涉及职工切身利益政策的研究制定。

（4）开展区域性平等协商、集体合同和民主管理工作，指导企业建立平等协商、集体合同制度，健全以职工代表大会为基本形式的企业民主管理制度。

（5）建立区域性劳动争议调解组织，协调处理劳动争议。

（6）监督企业落实劳动保护措施，改善职工劳动安全卫生条件。

（7）培训基层工会干部，维护基层工会干部合法权益。

（8）推动落实职工福利待遇，开展困难帮扶、实施送温暖工程，为职工群众办实事、办好事。

（9）指导基层工会开展建设职工信赖的职工之家，开展“会、站、家”一体化建设，广泛开展“双爱双评”活动，打造集建会入会、维权热线、信访接待、就业创业、法律援助、帮扶解困、普惠服务等于一体的工会公共服务阵地，不断增强基层工会活力。

（10）积极代行基层工会难以承担的部分维权职能，维护广大职工和基层工会干部合法权益。

第二节　村（社区）工会组织建设

村（社区）工会是在社会主义市场经济条件下，工会组织建设中出现的新生事物，其履行基层工会的职责，在“小三级”工会组织体系中具有十分重要的作用。

一、建立村（社区）工会的必要性

（一）建立村（社区）工会，有利于更好地发挥工会组织的桥梁纽带作用

随着经济结构的调整和第三产业的发展，村（社区）从业人员呈不断增长趋势，形成了较为庞大而特殊的劳动者群体，他们的人员构成、经济活动方式较为复杂，利益主体分散而多元。建立健全村（社区）工会组织，能最广泛地把在村（社区）的务工人员组织到工会组织中来，发挥工会组织的桥梁纽带作用。

（二）建立村（社区）工会，有利于更好地代表和维护职工合法权益

村（社区）企业多属小微型企业，劳动关系较为复杂，劳动者的合法权益易受侵害，开展维权工作难度大。以非正规就业或灵活就业为主体的村（社区）职工工作和收入多不稳定，他们组织化程度低，缺失组织归属和社会保障。在村（社区）建立工会组织，可以依靠组织的力量维护职工合法权益，发挥好“提供服务、反映诉求、规范行为”的作用。

（三）建立村（社区）工会，有利于进一步完善工会组织体制

发挥工会组织的整体功能，构建和谐村（社区），村（社区）工会肩负着重要的责任。随着村（社区）服务功能和服务领域的日益拓宽，劳动者队伍日益扩大，建设新型农村（社区）的步伐日益加快，村（社区）工会必须同步跟进。建立村（社区）工会，使工会组织延伸到我国社会的最基层，有利于工会组织领导体制的进一步完善，更好地发挥工会组织的作用。

二、村（社区）工会的主要工作对象

（一）村工会的主要工作对象

村工会的主要工作对象是在本村区域内就业的职工和本村的外出务工人员。在本村区域内就业的人员，无论其户籍是否在本村，只要是与用人单位形成了劳动关系或以工资收入为主要生活来源的，就应当作为发展会员和开展工作的对象。

（二）社区工会的主要工作对象

社区工会的工作对象包括社区管辖范围内的企业、事业单位和其他社会组织的在职职工、转入社区的下岗失业人员、社会从业人员等。社区工会应把社区内所有与用人单位建立了劳动关系的劳动者纳入工作范围，并将企业、事业单位的在职职工作为主要工作对象。

根据《中国工会章程》和《工会会员会籍管理办法》的有关规定，村（社区）内的离退休人员、下岗失业人员也是村（社区）工会的工作对象，村（社区）工会负责保留其会籍。对于因企业改制等原因下岗失业的人员，村（社区）工会应该及时向有关方面反映他们的愿望和要求，协助政府做好这部分人员的再就业工作，维护村（社区）稳定。

三、村（社区）工会的主要任务

（一）村工会的主要任务

村工会应担负起工会组建和发展会员工作、协调区域内劳动关系、维护职工合法权益、加强会员会籍管理等任务。同时，做好外出务工人员的培训和组织工作，协同输入地工会做好本村外出务工人员的权益维护和会员会籍动态管理工作。外出务工人员终止务工回到农村，凭会员证到村工会接转工会组织关系，保留其会籍。

（二）社区工会的主要任务

（1）做好社区内企业工会组建和吸收职工加入工会工作，最大限度地把社区内就业的职工组织到工会中来。

（2）指导基层工会组织的工作。加强对基层工会、工会分会、工会小组的指导和帮助，并承担它们难以承担的部分维权职能。

（3）协调社区劳动关系。指导和帮助职工与用人单位签订劳动合同并监督履行合同，推动建立平等协商、签订集体合同机制，督促企业严格履行集体合同，协助做好劳动争议调解工作。

（4）关心帮助困难职工。协助社区党组织和社区居委会做好下岗、失业人员再就业工作，督促落实各项社会保障和职工生活福利。

（5）做好会员会籍管理工作。直接吸收没有建立工会组织的单位职工入会，做好本级工会会员会籍管理工作，督促检查基层工会做好会员会籍管理工作。

四、村（社区）工会的组织形式

（一）村工会的组织形式

村工会的组织形式主要是工会委员会和工会联合会。企业规模小、数量少，职工人数较少的村，应尽量采取召开会员大会的方式选举村工会委员会。企业数量和规模比较大、职工人数较多的村，可以建立村工会联合会。

（二）社区工会的组织形式

社区工会的组织形式灵活多样，目前主要有以下三种形式：一是块型。即依托社区党组织和居委会，按照居民小区成立相应的社区工会，由社区党组织书记兼任工会主席。二是条型。即根据各行业的不同特点，按行业成立社区工会。三是条块结合型。即联合所辖各基层工会成立工会联合会。

无论采用何种组织形式，社区工会都要充分发扬民主，召开社区工会会员大会或者会员代表大会，规范选举产生社区工会委员会，保证其广泛性和代表性。

五、村（社区）工会的主要活动方式

村（社区）工会的活动方式，要适应其工作对象和工作任务的特点，以完成其重点工作任务为目标，选择适当的活动方式。

（一）村工会的主要活动方式

村工会的主要工作对象是在村办企业中就业的职工和本村外出务工人员，活动方式要小型、多样、灵活、务实。对在村办企业中就业的职工，要积极组织他们加入工会，指导和帮助职工与企业签订劳动合同，推行集体合同制度，监督“两个合同”的履行，切实维护职工的合法权益；对本村外出务工人员，要积极向他们宣传工会知识，提高他们的工会意识，要加强与务工地工会的相互协作，共同维护好外出务工人员的合法权益。

（二）社区工会的主要活动方式

社区工会的工作对象具有人员分散、就业不稳定、流动性强等特点。因此，组织开展活动要尊重会员意愿、灵活多样，要多开展会员喜闻乐见、愿意参与、能得到帮助、解决实际问题的活动。由于工会早先在社区劳动者中缺乏工作基础，许多人对工会还比较陌生，因而在他们中加强宣传组织工作显得尤为重要。要以维权和服务职工为重点，搞好法律咨询服务、再就业指导、劳动争议调解，参与社区文化建设，把社区工会建设成为职工之家。要善于借助社会力量，整合社会资源为职工群众办好事、实事。要积极建立社区工会志愿者队伍，发现和培养工会积极分子，真正依靠会员群众开展工会工作，引导社区职工实行自我管理、自我教育、自我服务。

思考题：

1. 如何完善“小三级”工会组织体系？
2. 如何加强乡镇（街道）工会、村（社区）工会建设？

第五章　增强基层工会组织活力

基层工会直接联系和服务职工群众，是工会全部工作和凝聚力、创造力的基础，是落实工会各项工作的组织者、推动者和实践者。基层工会组织的活力，表现为它对会员和职工的吸引力和凝聚力，依法开展维权服务的战斗力，促进企业发展的推动力，根据实际情况开展卓有成效工作的创新力，对党政组织和社会各方面的影响力。只有增强基层工会活力，工会才能永葆生机，在党和国家工作大局中发挥更大的作用，这也是工会组织工作的一项十分艰巨的任务。

第一节　增强基层工会组织活力的重要性和必要性

基层工会是工会全部工作的基础和关键，在工会工作全局中具有基础性、战略性的地位和作用，增强基层工会组织活力对充分发挥工会作用至关重要。

一、实践中国特色社会主义工会发展道路的必然要求

党的二十大报告指出，深化工会、共青团、妇联等群团组织改革和建设，有效发挥桥梁纽带作用。坚持以改革创新精神加强工会自身建设，增强基层工会组织活力，是贯彻落实党的二十大精神，履行工会组织历史使命，坚持走中国特色社会主义工会发展道路的组织保障；是不断扩大工会工作覆盖面、增

强工会组织凝聚力，提高工会服务科学发展、服务职工群众的能力，推动中国工运事业和工会工作创新发展的根本要求；是贯彻落实党的全心全意依靠工人阶级的指导方针和国家有关保障职工权益的法律法规与政策，落实“组织起来、切实维权”的工作方针，夯实工会基层基础的重要着力点和切入点。基层工会组织建设得怎么样、工作开展得如何、作用发挥得好不好、对职工群众的吸引力强不强，既是衡量基层工会是否有活力的重要标志，也是检验工会落实扩大覆盖面、增强凝聚力要求的一项重要标准。因此，必须重视基层、面向基层、服务基层，树立落实到基层、落实靠基层的理念，把加强基层工会工作、增强基层工会活力放在更加突出的位置，做到工作重心下移、维权关口前移，努力把工会工作做到基层职工中去，巩固工会组织基础，增强基层工会组织活力，为开创新形势下工会工作新局面奠定更加坚实的基础。

二、充分发挥工会组织作用的重要着力点

基层工会特别是企业工会直接面对职工群众，处在协调劳动关系的第一线，在动员职工、组织职工、依靠职工、服务职工，维护职工合法权益，构建和谐劳动关系方面具有不可替代的地位和作用。推动改革，需要基层工会深入细致地做好职工思想政治工作，引导职工正确对待利益关系的调整，识大体、顾大局，理解、支持和参与改革；促进发展，需要基层工会组织职工广泛开展群众性经济技术活动，提高职工队伍整体素质，为增强本单位的自主创新能力、提高核心竞争力献计出力；维护稳定，需要基层工会积极参与协调劳动关系，切实维护职工合法权益，促进劳动关系双方相互尊重、平等合作，推动构建和谐劳动关系、和谐企业、和谐社会。随着对外开放的扩大和经济全球化的发展，工会所处的环境更加复杂。只有切实加强

基层工会工作，增强基层工会活力，才能最广泛地把职工组织到工会中来，切实维护他们的合法权益，保持职工队伍和工会组织的团结统一，进一步巩固党的阶级基础和群众基础。

三、坚持问题导向推进工会工作的内在要求

全国总工会和各级工会不断加大基层工会工作力度，扎实推进基层工会组织建设，取得了显著成效，但基层工会组织建设和工会工作仍存在着许多亟待解决的突出问题。一是工会组建难。部分非公有制企业特别是外商、港澳台商投资企业对组建工会存在抵触情绪；不少劳务派遣工、农民工、新就业形态劳动者没有加入工会组织；有些企业工会组织在企业改制和重组过程中被撤销，企业工会组织的牌子不复存在，被合并到企业党委办公室或党群工作部门。二是工会组织不规范。部分企业工会组织不健全，有些大型非公有制企业所属的二级及以下单位没有建立相应的工会组织；不少小型非公有制企业工会存在无牌子、无制度、无办公场所、无印章等问题。三是工会难以发挥作用。部分企业职工民主管理权利难以落实，涉及职工工资分配、福利待遇、安全生产等切身利益的事项不提交职代会审议，或召开职代会只“议”不“审”，工会参与决策难；有些非公有制企业存在“一低四难”现象，即“集体合同签订率低，平等协商难、收集数据难、监督执行难、合同续签难”。四是物质条件难以保障。目前，一些地区工会财产和经费被挤占和挪用的现象时有发生，有的企业在重组兼并过程中将工会的资产随同企业资产一并清算处理，有的企业以各种理由拒不向工会拨缴经费，有的企业将提留出来的工会经费拒不拨付到工会账户上，特别是有的非公有制企业工会组织没有独立银行账户，工会主席无权自主使用工会经费。五是基层工会组织的群众化、民主化、规范化程度不高。有些基层工会民主制度不

健全，会员群众民主选举工会干部、决定工会事务、评价工会工作的制度不完善，有的企业主随意指派工会主席，有的甚至指定自己的亲属担任工会主席，有的企业工会十几年未换届选举，有的企业工会实行职代会与会员代表大会合一，甚至以职代会取代会员代表大会，在职代会上选举工会主席，严重削弱了工会民主建设；有的基层工会开展活动不征求职工群众意见，重大事情不与会员商量，工作还缺乏职工群众广泛而自觉的参与和支持。这些问题都严重影响了基层工会活力和作用的发挥，因此，增强基层工会组织活力必须以问题为导向，切实解决基层工会组织建设中存在的突出问题。

四、提高工会工作整体水平的迫切需要

基层工会在组织动员职工促进企事业单位发展、帮助职工提高素质、维护职工合法权益、推动构建和谐稳定的劳动关系等方面做了大量的工作，发挥了重要作用。但是，随着改革开放的深化和社会主义市场经济的发展，我国的经济关系和劳动关系日趋复杂，企业所有制形式、组织形态、经营方式和职工队伍的内部结构、就业方式、思想观念也发生了深刻的变化，基层工会的工作对象、领域、范围、运行方式、活动载体和干部队伍建设等出现了许多新情况、新问题，维护职工权益的任务更加繁重。目前，一些工会领导机关没有把基层工会工作放在应有的位置，特别是对企业工会遇到的新情况、新问题调查研究不深，对企业工会的指导服务不够，工会的组织体制、运行机制和活动方式还不适应新形势下开展工会工作的需要。只有切实加强基层工会工作，增强基层工会活力，才能提高工会工作的整体水平。

第二节　增强基层工会组织活力的原则要求和关键环节

近年来，全国总工会为了加强基层工会工作，先后出台了一系列指导性文件，包括《企业工会工作条例》、《企业工会主席合法权益保护暂行办法》、《企业工会主席产生办法（试行）》、《中华全国总工会关于开展会员评议职工之家活动的意见》、《中华全国总工会关于加强小企业工会联合会建设的意见》、《中华全国总工会关于进一步加强建设职工之家工作充分发挥基层工会作用的意见》、《中华全国总工会关于在企业工会实施“工会组织亮牌子、工会主席亮身份”的意见》、《中华全国总工会关于新形势下加强基层工会建设的意见》、《中华全国总工会关于在全国基层工会广泛开展“争创模范职工之家、争做职工信赖娘家人”活动的通知》、《工会基层组织选举工作条例》、《中华全国总工会关于增强基层工会活力发挥基层工会作用的实施意见》、《基层工会会员代表大会条例》、《全国模范职工之家、全国模范职工小家、全国优秀工会工作者评选表彰管理办法》等。这些文件规范了基层工会工作，提出了“双亮”、“六有”、“双争”、推动职工之家建设等一系列增强基层工会组织活力的有效举措，为增强基层工会活力，提高基层工会建设的科学化水平提供了遵循、指明了方向。

一、增强基层工会组织活力的原则要求

（一）坚持以科学理论为指导

坚持以习近平新时代中国特色社会主义思想为指导，是中国工会始终保持正确政治方向、保持自身政治本色的重要体现，是保持中国工会性质和中国工人阶级先进性的需要。基层工会

是党的工运事业的重要实践者和推动者，要以科学理论为指导，以理论创新推动工作创新。在具体实践中，坚持走中国特色社会主义工会发展道路，切实增强政治性、先进性、群众性，从巩固党执政的阶级基础和群众基础的高度出发，始终坚持正确政治方向，不断创新工作方法，着力扩大覆盖面、增强代表性，着力强化服务意识、提高维权能力，着力加强队伍建设、提升保障水平，切实增强工会组织的凝聚力。

（二）坚持自觉接受党的领导

坚持自觉接受党的领导是做好工会工作的根本政治原则和根本政治保证。中国工会是在党领导下建立起来的，始终与党同呼吸、共命运、心连心。面对国际敌对势力加紧对我国实施西化、分化的政治图谋，工会维护职工队伍和工会组织的团结统一，巩固党的阶级基础和群众基础的任务重大。党的领导主要包括政治领导、思想领导和组织领导。基层工会只有自觉接受党的领导，在党组织的领导下独立自主创造性地开展工作，把对党负责与对职工群众负责的一致性统一起来，才能保证工会工作正确的政治方向。

（三）坚持维护职工合法权益

维护职工合法权益是工会的基本职责，也是工会安身立命的根基所在。《工会法》第六条规定，维护职工合法权益、竭诚服务职工群众是工会的基本职责。工会在维护全国人民总体利益的同时，代表和维护职工的合法权益。工会通过平等协商和集体合同制度等，推动健全劳动关系协调机制，维护职工劳动权益，构建和谐劳动关系。工会依照法律规定，通过职工代表大会或者其他形式，组织职工参与本单位的民主选举、民主协商、民主决策、民主管理和民主监督。工会建立联系广泛、服务职工的工会工作体系，密切联系职工，听取和反映职工的意见和要求，关心职工的生活，帮助职工解决困难，全心全意为职工服务。工会组织如果不维护职工权益，就失去了存在的必要前提和基础。基层工会处在协调劳动关系、维护职工合法权益的第一线，在实现企业与职工互利共赢中具有不可替代的重要作用。基层工会要贯彻落实“组织起来、切实维权”的工作方针，牢固树立“以职工为本、主动依法科学维权”的工会维权观，切实维护好职工各项权益。

（四）坚持构建和谐劳动关系

劳动关系的和谐稳定，是实现职工合法权益的重要条件，也是社会和谐的重要基础。在社会主义制度下，全国人民的总体利益和职工群众的具体利益在根本上是一致的。基层工会要从我国劳动关系的性质和特点出发，坚持通过协商、协调、沟通而不是过激手段来化解劳动关系矛盾，推动建立规范有序、公正合理、互利共赢、和谐稳定的新型劳动关系；要健全劳动关系协调机制，全面实行劳动合同制度，推行集体协商和集体合同制度，健全协调劳动关系三方机制；加强企业民主管理制度建设，完善以职工代表大会为基本形式的企业民主管理制度，推进厂务公开制度化、规范化，推行职工董事、职工监事制度。

（五）坚持建设职工之家

建设职工之家是加强基层工会建设的本质要求和综合载体，也是加强基层工会建设的重要抓手。大力开展建设职工之家活动，把基层工会建设成为组织健全、维权到位、工作规范、作用明显、职工信赖名副其实的职工之家，是基层工会的努力方向。要以职工之家建设为牵引，广泛开展会员评议职工之家，以会员是否满意为基本标准，建立健全基层工会建设综合考核评价体系，建立完善各层级模范职工之家创建、申报、考核、表彰、复查等制度，提升职工之家的品牌影响力。在全国基层工会广泛开展“双亮”、“六有”工会建设，“争创模范职工之家、争做职工信赖娘家人”等活动，促进工会组织覆盖面明显扩大，服务职工能力明显提高，工会干部队伍素质明显提升，工会组织吸引力、凝聚力、战斗力明显增强，推动工会工作再上新台阶，让职工群众真正感受到工会是“职工之家”，工会干部是最可信赖的“娘家人”。

二、增强基层工会组织活力的关键环节

（一）创新基层工会组织形式和入会方式，有效扩大工会组织覆盖面

工会应主动适应经济社会发展、企业组织形式和职工就业方式的新变化，持之以恒地推进工会组建和会员发展工作，创新组织形式，拓展建会领域，形成完善的组织体系，最大限度地把职工群众组织到工会中来，巩固党执政的阶级基础和群众基础。

1. 推进非公有制经济组织、社会组织组建工会。

在巩固已有组织基础的同时，通过工会组织形式的创新，加快新领域新阶层工会组织建设，促进工会组织不断向非公有制经济组织和社会组织延伸，进一步扩大工会组织覆盖面。对符合单独建会条件的非公有制经济组织、社会组织，大力推进其单独建立工会。集中力量突破非公有制企业建会难点，集中力量推进职工人数多、社会影响大的社会组织建立工会。针对非公有制经济组织、社会组织大量聚集于商务楼宇、产业园区、商圈市场的实际，探索建立联合基层工会，通过联合建立的楼宇工会、园区工会、商圈工会、市场工会等形式实现对中小微企业和各类社会组织的有效覆盖。

2. 加强乡镇（街道）、开发区（工业园区）、自由贸易区工会建设。

依法推进乡镇（街道）、开发区（工业园区）、自由贸易区

工会组织建设，承担地方工会和基层工会双重职责，充分发挥其承上启下、指导基层和促进区域劳动关系稳定的作用。继续夯实乡镇（街道）—村（社区）—企业“小三级”工会组织架构，延伸工作触角，扩大组织覆盖，带动乡镇（街道）工会工作的有效运转。创新自由贸易区工会组织形式，注重发挥功能区工会和行业工会的作用，建立符合自贸区特点的工会组织网络，形成可复制、可推广的工会组建模式。

3. 规范建立区域（行业）工会联合会。

根据产业体系、职工队伍的发展变化，按照地域相邻、行业相近的原则，推进区域（行业）工会联合会建设，实现对中小微企业的全覆盖。按照联合制、代表制原则，规范联合会组织架构，使所辖多数基层工会主席进入联合会委员会，增强联合会的代表性。加强对乡镇（街道）行业工会联合会工作的指导，发挥其延伸工会工作领域、覆盖各类职工群体的作用。广泛开展“五个一”活动，即每年召开一次会员代表大会、一次职工代表大会，开展一次工资集体协商、一次劳动竞赛、一项职工喜闻乐见的文体活动。

4. 做好农民工、新就业形态劳动者入会工作。

开展“农民工入会集中行动”，把开发区（工业园区）、建筑项目、物流（快递）业、家庭服务业、农民专业合作组织等领域作为重点，把解决劳务公司建会难作为重要突破口，根据各地实际，积极拓展农民工入会领域。深入推进货车司机等八大群体入会，广泛开展新就业形态劳动者入会集中行动，不断扩大工会组织对新业态、新领域的有效覆盖。通过微信、微博等各种适应农民工、新就业形态劳动者特点的方式，大力宣传中国工会的性质和特点、工会的维权服务工作、工会会员的权利义务、入会程序等，增强劳动者对工会的认知认同。创新入会方式，通过网上申请入会、在劳动者集聚地设立流动服务窗口等多种形式，方便快捷地组织劳动者入会。加强输出地和输入地工会之间的协调配合，最大限度地把农民工、新就业形态劳动者吸收到工会组织中来，使他们成为工人阶级坚定可靠的新生力量。

5. 改革创新会员发展和会籍管理工作。

积极探索职工入会新途径，打通职工入会“最后一公里”，把科技工作者、青年职工、农民工、劳务派遣工、灵活就业人员等最大限度地组织到工会中来。按照属地区域就近或行业就近原则，发挥区域（行业）基层工会联合会、乡镇（街道）、村（社区）工会的作用，吸收所辖区域（行业）内未建会单位职工加入工会，会员达到一定人数再建立单位工会。开辟职工网上申请入会渠道，建立线上申请、线下办理的工作流程，为职工入会提供便捷服务。加强会员会籍管理，建立会员实名制数据库，实行动态管理，逐步实现会员会籍管理制度化、规范化、信息化。按照劳动（工作）关系在哪里、会员会籍就在哪里的原则，健全会员档案，规范会员关系接转，实行“一次入会、动态接转”，建立城乡一体的会员管理和流转服务工作机制。

（二）创新基层工会活动方式和工作方法，增强工会组织的吸引力、凝聚力、战斗力

工会组织应适应互联网迅猛发展和职工生活方式的深刻变化，坚持以职工需求为导向，以职工群众为中心，让职工群众当主角，开展形式多样、富有工会特色的活动，提升职工群众的参与度和获得感，把每一个基层工会都建设成为直接联系服务职工群众的基地，把工会组织建设成为职工群众信赖的职工之家。

1. 合力打造工会网上工作平台。

主动适应信息化和新媒体广泛应用的新趋势，积极整合工

会系统网络资源，搭建网上工作平台，开展网上工会工作，让职工群众在网上找到工会组织、参加工会活动、表达利益诉求，形成网上网下深度融合、互联互动的工会工作格局。实施工会“互联网+”行动计划，开通工会微博、微信公众号，开发移动客户端，打造“一系统多终端”的工会服务职工网络运行载体，让互联网成为了解职工、贴近职工、联系职工、服务职工的新途径，打开工会联系服务职工群众的新窗口。

2. 大力实施“互联网+”工会普惠性服务。

推动互联网时代工会工作转型升级，创新服务职工的理念和方式，以会员实名制为基础，打造“互联网+”工会普惠性服务互动平台，向工会会员发放服务卡，围绕职工医疗、职工就业、职业培训、法律援助、困难帮扶、职工文化等设立服务项目，使服务卡成为广大职工看得见、用得着、信得过的“连心卡”。加大工会电子职工书屋建设，提高职工科学文化素质，着力扩大工作覆盖面和服务受众范围，实现工会服务职工从特惠到普惠的转变，实现服务对象全覆盖、服务时间全天候。按照“会、站、家”一体化思路，加强困难职工帮扶中心（职工服务中心）和站点建设，形成网上网下相互促进、有机融合的工会服务工作新格局，把党和政府的关怀和工会组织的温暖送到职工群众的心坎上。

3. 切实改进服务职工的方式方法。

坚持统一性服务和差异化服务相结合，充实服务内容，改进服务方式，满足不同职工群体的多样化需求。按照职工的“生物钟”运转工作，开启“错峰服务”模式，在直接服务职工的工会工作站（点）实行错时上下班制度，把工会组织的服务延伸到8小时之外。制定工会服务职工工作项目清单，明确服务内容和服务标准，为职工群众提供精准服务。探索通过服务外包、项目外包方式，引入社会力量，为职工提供专业化、高水平的服务。建立工会服务职工满意度评价机制，通过对服务对象定期走访、发放征求意见表、进行无记名投票等多种方式，听取意见建议，回应职工诉求，提高服务水平。

4. 充分发挥工会枢纽型组织的作用。

加强对劳动领域社会组织的政治引领、示范带动和联系服务，发挥桥梁纽带作用。培育孵化工会直接领导的职工服务类社会组织和志愿者队伍，接长工作手臂，拓展服务链条。探索与共青团、妇联等群团基层组织合作建立社会组织，增强群众工作合力。通过项目招标、购买服务等市场化方式，引导社会组织为职工提供专业化的服务。通过组建社会组织工会联合会等方式，探索建立联系引导劳动领域社会组织的工作机制。

5. 做实叫响工会工作品牌。

大力弘扬劳模精神、劳动精神、工匠精神，团结动员广大职工为全面建设社会主义现代化国家、全面推进中华民族伟大复兴建功立业。把为困难职工送温暖、五一劳动奖、大国工匠、工人先锋号、职工书屋等一批有影响的全国性工作品牌深深植根于基层，支持和鼓励各级工会努力创造受职工欢迎、富有成效的新品牌，吸引职工群众参与活动设计和工作部署，提高职工群众的参与率和受益度。建立健全职代会、厂务公开、职工董事、职工监事等民主管理制度，广泛开展“争创模范职工之家、争做职工信赖娘家人”活动，不断提高基层工会组织职工、引导职工、服务职工、维护职工合法权益的能力，切实承担起引导职工群众听党话、跟党走的政治责任。

（三）打造忠诚党的事业、服务职工群众的工会干部队伍，提升基层工会干部履职能力

工会要按照习近平总书记提出的“好干部”标准，坚持德才兼备、以德为先，全面加强工会干部队伍建设。把忠诚党的事业、服务职工群众作为工会干部的价值追求，打开眼界、打

开思路、打开胸襟，强化服务意识，提高维权能力，使广大工会干部真正成为党的全心全意为人民服务宗旨的忠实践行者、党的群众路线的坚定执行者、党的群众工作的行家里手。

1. 选优配强基层工会主席。

选优配强基层工会带头人，是有效发挥基层工会作用的基础和关键。加强对基层工会选举工作的组织领导，始终坚持党的领导，坚持民主集中制，遵循依法规范、公开公正的原则，严格把握候选人产生环节，规范基层工会民主选举程序，真正把政治素质好，知职工、懂职工、爱职工的人选到工会主席岗位上来。强化激励机制，关心爱护基层工会主席，让他们在政治上有地位、经济上有补贴、履职上有保障、职业上有发展，不断增强工作积极性和职业荣誉感。

2. 优化基层工会干部队伍结构。

建设一支专职、兼职、挂职相结合的基层工会干部队伍，不断壮大基层工会工作力量。按照《中国工会章程》的有关规定，配备专职工会主席和工会专职工作人员。推动和指导基层工会通过新增兼职、挂职副主席和工会干部的方式，优化基层工会干部队伍结构。切实发挥兼职、挂职工会干部的作用，健全议事规则，明确职责任务，使兼职、挂职工会干部组织上有身份、工作上有任务、肩膀上有责任。注重在基层一线劳模（先进工作者）和优秀职工中选配工会干部，提高一线职工所占比例，完善基层工会委员会的人员构成。加强工会积极分子和志愿者队伍建设，使其成为基层工会开展工作的积极力量。

3. 建设工会社会工作专业人才队伍。

按照社会化运作、契约化管理、专业化培训、职业化发展的思路，整合、优化、提升、发展现有的社会化工会工作者队伍，推动纳入国家社会工作专业人才队伍范围。积极争取政府有关部门的支持，明确工会社会工作专业人才的岗位设置，建立工会社会工作专业人才薪酬保障机制、评价激励制度和人才培养体系，促进工会社会工作专业人才队伍向专业化、职业化方向发展，更好地满足职工群众多样化的社会服务需求。

4. 强化工会干部培训工作。

改进培训的方式方法，综合运用讲授式、研讨式、案例式、模拟式、体验式等教学方法，实现教学相长、学学相长。用好大数据、“互联网+”等技术手段，把实体培训和网络培训有机结合起来，为广大工会干部特别是基层工会干部提供优质的培训。增强培训工作的针对性、实效性，聚焦工会干部教育培训的主业主课，教育引导工会干部增强政治意识、大局意识、核心意识、看齐意识，切实做到忠诚、干净、担当，提升工会干部的能力素质。

（四）加强组织领导，不断提高基层工会工作保障水平

加强基层工会建设是基础性、保障性、战略性工程，是工会改革的重要任务。要进一步加强对基层工会工作的组织领导，就要加强统筹协调，落实工作责任，坚持重心下移，把更多的资源向基层倾斜，把更多的精力投入基层一线，为增强基层工会活力、发挥基层工会作用提供坚实的保障。

1. 加强组织领导。

要高度重视、加强领导，在加强基层工会建设中，积极赋予改革内容，指导和鼓励基层工会从自身实际出发推进改革。大力推进“六有”工会建设（有依法选举的工会主席、有独立健全的组织机构、有服务职工的活动载体、有健全完善的制度机制、有自主管理的工会经费、有会员满意的工作绩效），不断提高基层工会工作规范化水平，切实发挥基层工会作用。建立职工群众评议工会干部、评价工会工作和下级工会评价上级工会制度，加强工作考核和督促检查，提高工会工作的执行力。

2. 注重分类指导。

坚持从实际出发，实施精准化、差异化指导和服务，切实帮助解决基层工会工作中的困难和问题。根据不同地区、不同行业的基层工会在企业规模、组织形式、职工队伍、工作基础等方面的差异，因地制宜、因企制宜、分类施策，有针对性地提出目标任务和具体举措。运用法治思维和法治方式，依法建会、依法管会、依法履职、依法维权，不断提升工会工作法治化水平。尊重基层首创精神，善于发现和总结基层和职工群众创造的鲜活经验并不断完善，发挥示范带动作用。

3. 强化经费保障。

坚持工会经费使用进一步向基层倾斜，优化经费支出结构。全国总工会规定，将全国工会经费全年收入的95%留在地方和基层工会，基层工会的经费分成比例不低于60%。全国总工会本级工会经费全年收入的70%用于对下级工会的补助，每年从对下补助经费中安排专项资金（不低于补助总额的10%）用于乡镇（街道）工会、开发区（工业园区）工会的工作经费。省级及省级以下各级工会也应加大对乡镇（街道）工会、开发区（工业园区）工会和基层工会的经费投入力度，把更多经费直接用在职工群众身上，为基层工会开展工作、服务职工提供经费保障。

4. 改进工作作风。

把加强基层工会建设与改进工会干部工作作风结合起来，与开展“两学一做”学习教育结合起来，加强作风建设，提高工作水平，把工会组织建设得更加充满活力、更加坚强有力。坚持把党的群众路线作为工会工作的生命线和根本工作路线，不忘初心、牢记使命，认真践行“三严三实”要求，自觉抵制和纠正“四风”，防止和克服“四化”等脱离群众的问题，带着对职工群众的深厚感情履职尽责。建立健全联系服务职工群众的长效机制，把工作重心放在最广大普通职工身上，通过蹲点调研、定期走访、结对帮扶等多种形式，经常同职工群众面对面、手拉手、心贴心地零距离接触，掌握第一手材料，解决职工群众急需解决的问题，以热情、热忱的服务打动人心、温暖人心、影响人心、赢得人心，把广大职工群众始终团结凝聚在党的周围。

第三节　建设职工之家

激发基层工会组织活力，充分发挥基层工会作用，不断增强基层工会吸引力和凝聚力，必须依托一定的工作载体并将其作为开展工作和活动的平台。目前，加强基层工会工作的主要载体是建设职工之家。建设职工之家活动是综合考核、评价基层工会工作的主要载体，要把它作为基层工会工作的目标和方向，力争把更多的基层工会建设成为职工信赖的职工之家。

一、建设职工之家的由来、特点及基本要求

（一）建设职工之家的由来

1983 年 3 月 14 日，中共中央书记处研究工会有关问题时指出：工会的性质和任务应当是在党的领导下，代表工人阶级利益、为工人阶级办事的组织。今后工会工作一定要从自己是党领导下的群众组织这个特点出发，切切实实地为职工办事，办些具体的好事，把职工的积极性调动起来；一定要维护职工的具体利益，勇敢地扶植正气、压制邪气，在社会和国家生活中起积极作用；一定要面向工厂、面向工人，密切联系群众，反映职工的呼声和要求，真正成为“职工之家”、“工人之友”。1984 年，为贯彻党中央的指示精神，全国总工会书记处在讨论工作任务时，明确提出要把工会自身建设，特别是基层工会组

织的建设提到一个突出的位置，通过整顿，把工会基层组织建成职工之家。全国总工会于1984年5月1日正式作出了《关于整顿工会基层组织，开展建设“职工之家”活动的决定》，拉开了在全国基层工会组织普遍开展建设职工之家活动的序幕。

40年来，党中央多次强调要把工会组织建设成为职工之家。2008年12月，党中央提出“要把各级工会组织进一步建成名副其实的职工之家”。2012年12月，党中央又提出“要不断增强工会组织的创造力、凝聚力，努力把工会建设成为深受职工群众信赖的学习型、服务型、创新型职工之家”。2013年4月28日，习近平总书记与全国劳动模范代表座谈，强调要顺应时代要求、适应社会变化，善于创造科学有效的工作方法，让职工群众真正感受到工会是“职工之家”，工会干部是最可信赖的“娘家人”。2013年10月23日，习近平总书记在同全国总工会新一届领导班子集体谈话时强调，使工会组织真正成为广大职工群众信赖的“职工之家”。工会十六大通过的《中国工会章程（修正案）》在总则中写道：各级工会领导机关坚持把工作重点放到基层，全心全意为基层、为职工服务，增强基层工会的活力，把工会建设成为深受职工群众信赖的学习型、服务型、创新型职工之家。2013年12月9日，全国工会深化职工之家建设、增强基层工会组织活力座谈会指出，“职工之家”这个称号，形象地体现了我国工会的性质、宗旨和特点，体现了职工群众与工会的密切联系，承载着党对工会的重托，表达了职工群众对工会的期望和信赖。家是温暖的港湾，工会对职工就应该有“家”一样的温暖、安全和幸福感。

以全国总工会在不同阶段发出的关于建家工作的要求为标志，建家活动大致分为五个阶段：

第一阶段是“组织整顿”阶段，时间从1984年到1989年。按照党中央的指示精神，根据全国总工会“整顿建家”的要求，各地用三年左右的时间，有计划、有步骤地对全国40多万个基层工会普遍进行整顿，把工会组织逐步建设成为名副其实的职工之家。这个阶段的主要工作是整顿工会基层组织，解决“有相当数量的基层工会组织不够健全、工作不够活跃、联系群众不够密切”的问题，企业工会主席按照同级副职配备，建立各项工作制度，兴建一批职工文化体育活动阵地，建立工会积极分子队伍。同时，在解决职工生活方面做了许多好事实事。经过四年的努力，按照“整顿建家”的六条标准验收，全国有37.8万个基层工会成为合格职工之家，并涌现出一批先进职工之家和模范职工之家。

第二阶段是“深入推进”阶段，时间从1990年到1996年。为巩固“整顿建家”成果，增强基层工会活力，更好地服务于改革、发展、稳定的大局，全国总工会于1990年5月印发了《中华全国总工会关于继续深入开展建设职工之家活动的决定》，明确提出了六条基本要求。这一阶段的建家活动，坚持以经济建设为中心，紧紧抓住全心全意依靠工人阶级根本指导方针的贯彻落实，明确工会基层工作要在企业改革发展稳定中发挥作用，形成了以履行“维护、建设、参与、教育”职能为构架的新的工作格局。特别是普遍开展了建设职工小家活动，切实把职工群众动员起来，使工会工作深入车间、班组，更加具有活力。

第三阶段是“提高水平”阶段，时间从1997年到2003年。为适应我国改革开放新形势对工会基层工作的要求，1997年，全国总工会印发了《中华全国总工会关于贯彻落实工会工作总体思路，把建设职工之家活动提高到一个新水平的意见》，确立了在深化改革过程中，基层工会工作的任务是适应建立社会主义市场经济体制带来的经济关系和劳动关系的变化，全面履行各项职能，突出维护职能；明确工会在协调劳动关系中的地位，并建立与之相适应的工作机制和组织机制；明确维护职工合法权益是工会的基本职责，是新时期开展建设职工之家活动的重要指导原则。这一时期，工会还在外商投资企业、私营企业和乡镇企业工会组织中开展了以“双爱双评”为主要内容的建设职工之家活动，工会基层工作水平有了新的提高。

第四阶段是“创新发展”阶段，时间从2003年到2009年。进入新世纪新阶段，为适应全面建设小康社会、加快推进社会主义现代化的要求，全国总工会于2003年7月印发了《中华全国总工会关于在新形势下深入开展建设职工之家活动的意见》，提出了深入开展建设职工之家活动的指导思想和原则、目标、基本要求，建设职工之家活动进入一个新的发展阶段。这一阶段建家，主要是围绕坚持走中国特色社会主义工会发展道路，贯彻“组织起来、切实维权”工作方针，把维护贯穿于推动改革、促进发展、积极参与、大力帮扶的全过程，发挥基层工会组织作用。

第五阶段是“全面深化”阶段，时间从2009年开始。2008年12月22日，中共中央书记处再次提出“把各级工会组织进一步建成名副其实的职工之家”，对建设职工之家活动提出了新的要求。2009年6月，全国总工会印发了《中华全国总工会关于开展会员评议职工之家活动的意见》，提出了会员评家的基本内容、方式方法和激励约束机制。2010年5月，全国总工会印发了《中华全国总工会关于进一步加强建设职工之家工作充分发挥基层工会作用的意见》，适应形势任务要求，进一步明确了建设职工之家的基本要求，加大了建设职工之家活动的激励约束力度，并把非公有制企业作为建设职工之家工作的重点。2015年6月，全国总工会印发《中华全国总工会关于在全国基层工会广泛开展“争创模范职工之家、争做职工信赖娘家人”活动的通知》；2020年8月，印发《全国模范职工之家、全国模范职工小家、全国优秀工会工作者评选表彰管理办法》，适应形势任务要求，进一步明确了建设职工之家的基本要求，加大了建设职工之家活动的激励约束力度，并把非公有制企业作为建设职工之家工作的重点。这一阶段建家活动主要是围绕党和国家工作大局、工会工作全局，按照促进企业发展、维护职工权益的原则，向所有基层工会全面推开，不断加强基层工会群众化、民主化，激发基层工会活力，充分发挥基层工会作用。

（二）建设职工之家活动的特点

（1）综合性。建家活动包含了基层工会工作的各个方面，是带动基层工作上水平的综合载体。对职工之家的考核是基层工作的综合评定，而不是工会的单项工作、单项活动、单项考核。它具有丰富的工作内容和完整的体系，是对工会工作的整体推进。

（2）广泛性。建家活动是全体职工群众参与的活动，得到了党组织和行政的支持，形成“党政工同唱一台戏，共建一个家”的局面。

（3）基础性。建家活动在工会工作全局中具有基础性的地位和作用，目的是夯实工会的组织基础、工作基础，激发基层工会组织的活力，进而促进整个工会组织提高工作水平。

（4）长期性。建家活动是工会组织的一项战略性任务，而不是阶段性的工作。它要随着我国政治、经济、社会发展的需要和基层单位的实际情况，不断调整和完善活动内容和方式，与时俱进，常抓不懈。

40年来的建家实践表明，这项活动之所以具有较强的生命力，关键在于它生动地体现了中国工会的性质、宗旨和特点，密切了工会组织与职工群众的联系，表达了职工群众对工会组织的期望、信赖和要求。它是加强基层工会工作的有效途径，是充分发挥工会组织作用的重要抓手，是调动和保护职工群众积极性、创造性的有效方法，是加强工会自身建设、增强基层工会活力、提高工会工作整体水平的综合性载体，是对坚持走中国特色社会主义工会发展道路的有益实践。在新时代，深入开展建家活动，是引导广大职工为夺取全面建设社会主义现代化国家新胜利的需要，是密切党和工会与职工群众联系的需要，是推动建立和谐劳动关系的需要，是提高工会工作整体水平的需要。面对新的形势和任务，要充分认识深入开展建家工作的重要性，进一步加强领导，把建家工作提上重要议事日程，建立完善建家工作机制，努力形成抓建家工作的合力，不断提高基层工会建家工作水平。深入开展“强基层、补短板、增活力”行动，着力推动全国总工会改革试点文件落实到地，着力夯实工会工作基层基础，把“职工之家”做实，把“娘家人”做真，不断增强广大职工群众的获得感、幸福感、安全感。

（三）建设职工之家的指导思想、原则、目标和基本内容

建家工作是一项系统工程，必须正确把握其工作的指导思想、原则、目标、基本要求，建立一套科学的管理办法和规范有序的运行机制，使之健康地向前发展，不断提高建家水平。

1. 开展建家活动的指导思想。

新形势下深入开展建家活动的指导思想是：以习近平新时代中国特色社会主义思想为指导，坚持走中国特色社会主义工会发展道路，认真落实“组织起来、切实维权”工会工作方针，紧密围绕企业、事业单位、机关的中心任务，推动党的全心全意依靠工人阶级方针的贯彻落实，依法规范工会基层组织建设，切实履行工会维护职工合法权益、竭诚服务职工群众的基本职责，努力把工会的重点工作落实到基层，不断增强工会基层组织的凝聚力和吸引力，提高基层工会组织的整体水平，促进企事业单位的改革、发展、稳定，为全面建设社会主义现代化国家、全面推进中华民族伟大复兴作贡献。

2. 开展建家活动的原则。

（1）坚持服务大局。围绕中心，服务大局，促进发展，正确把握开展建家活动与推进企业、事业单位和机关建设发展的关系，把广大职工的智慧和力量凝聚到为搞好企业、事业单位和机关建设上来。

（2）坚持突出维护。围绕工会履行维护职工合法权益、竭诚服务职工群众的基本职责，把推进工会重点工作的落实作为建家活动的重要内容。

（3）坚持依靠群众。突出职工群众在建家活动中的主体地位，充分依靠职工群众开展建家活动，把职工和会员群众是否满意作为衡量建家活动成效的主要标准。

（4）坚持创新发展。建家活动要体现时代性、把握规律性、富于创造性，尊重基层的实践，不断赋予建家新内容，拓展新领域，注入新活力。

（5）坚持齐抓共建。努力形成党组织统一领导、行政积极支持、工会具体实施、职工热情参与的合力建家工作格局。

3. 开展建家活动的目标。

开展建家活动的目标是：适应工会依法履行维护职工合法权益、竭诚服务职工群众的基本职责的要求，着力加强协调劳动关系机制建设，突出抓好为职工群众办实事，大力推进基层工会的群众化、民主化、法治化，努力把基层工会建设成为组织健全、维权到位、工作规范、作用明显、职工信赖的职工之家。

4. 开展建家活动的内容。

建家活动的内容主要包括：

（1）加强自身建设。加强基层工会建设，应坚持依法建会、依法管会、依法履职、依法维权，以组织建设为基础，以作用发挥为关键，以健全机制为保障，以职工满意为目标，不断扩大覆盖面、增强凝聚力。坚持从工会组织的性质和特点出发，密切联系职工群众，廉洁自律，以“六有”为标准，健全各项组织制度、民主制度、工作制度，努力把基层工会建设成为职工群众信赖的“职工之家”，把广大基层工会干部锤炼成为听党话、跟党走、职工群众信赖的“娘家人”。

（2）教育引导职工。培育和践行社会主义核心价值观，提高职工的道德素养，激发职工奋发向上、崇德向善的正能量。大力弘扬劳模精神、劳动精神、工匠精神，深入开展“中国梦·劳动美”主题教育活动，倡导辛勤劳动、诚实劳动、创造性劳动。加强职工思想政治工作，注重对职工的人文关怀、心理疏导和情绪引导，突出做好新就业形态劳动者、农民工、青年职工和知识分子等职工群体的思想工作。加强职工文化建设，广泛开展职工文化体育活动，丰富职工精神文化生活，引导职工积极参与全民健身。加强普法宣传教育，提高职工法律意识。

（3）推动改革发展。引导职工群众拥护支持改革、参与推动改革，夯实全面深化改革的群众基础。深入开展多种形式的劳动竞赛活动，深化合理化建议、技术攻关、技术革新、发明创造等群众性技术创新活动。加强班组建设，广泛开展“工人先锋号”创建活动。深入推进产业工人队伍建设改革，实施职工素质建设工程，加大职工职业技能培训力度，建立健全技术工人培养、评价、使用、激励机制，培养造就知识型、技能型、创新型的高素质职工队伍。

（4）履行维权职责。认真履行维护职工合法权益、竭诚服务职工群众的基本职责，坚持以职工为本，主动依法科学维权。紧紧围绕职工最关心最直接最现实的利益问题、最困难最操心最忧虑的实际问题，以一线职工、农民工、困难职工等为重点群体，以劳动就业、技能培训、收入分配、社会保障、安全卫生等为重点领域，切实维护好广大职工的合法权益。坚持维权与维稳相统一，引导职工依法理性有序表达利益诉求，维护职工队伍和社会和谐稳定。

（5）协调劳动关系。建立健全科学有效的利益协调机制、诉求表达机制、矛盾调处机制、权益保障机制，推动形成规范有序、公正合理、互利共赢、和谐稳定的社会主义新型劳动关系。引导企业开展创建和谐劳动关系活动，依法推动企业普遍开展工资集体协商，促进基础扎实、条件成熟的行业建立集体协商制度。建立健全以职代会为基本形式的企事业单位民主管理制度，推进厂务公开制度，实行职工董事、职工监事制度。加强劳动争议特别是集体劳动争议调处工作。深入开展“安康杯”竞赛活动，改善劳动安全卫生条件，保障职工群众的生命安全和健康权益。

（6）服务职工群众。坚持全心全意为职工服务的宗旨，以服务增强工会组织的吸引力和凝聚力，以服务增强职工群众对工会组织的归属感和认同感。深化工会领导机关干部赴基层蹲点工作长效机制，积极为职工办实事、做好事、解难事。加快构建服务职工工作体系，按照“会、站、家”一体化的思路，把组建工会、创办职工帮扶服务中心、建设职工之家统一起来，着力打造基层服务型工会。大力推行会员普惠制服务，加大投入、创新方式、完善机制，使全体会员都能享受到工会组织提供的实实在在的服务。探索向职工服务类社会组织购买服务，推进项目制、订单式、社会化服务方式。

5. 对非公有制企业，科研、教育、文化、卫生、体育等事业单位和机关以及乡镇、街道和社区工会开展建家活动的要求。

其要求主要包括：

（1）非公有制企业开展建家活动要从自身特点出发，用好“双亮”、“六有”等工作载体，在规范的基础上，逐步提高建家水平。小型非公有制企业要把依法规范工会组织建设，监督企业改善劳动安全卫生条件，执行国家有关工作时间、休息休假等规定，按时足额发放职工工资，为职工缴纳养老、医疗、失业等社会保险金，依法拨缴工会经费等，作为建家的重要内容，切实为职工办实事做好事解难事。

（2）科研、教育、文化、卫生、体育等事业单位和机关工会开展建家活动，要结合本行业、本系统的特点，着力推进基层民主政治建设，组织职工参与本单位的民主管理和民主监督，实行院务、所务、校务和机关内部事务公开，积极反映职工的愿望和要求，协助有关方面提高职工思想道德和业务素质，调动职工的积极性和创造性。

（3）乡镇、街道及社区工会要认真组织所属基层工会开展建家活动，并从实际出发，积极探索适应乡镇、街道及社区工会开展建家活动的内容和形式，不断拓宽建家的领域。其基本要求是：抓好所辖企业工会组建工作和自身组织建设，配备必要的专职工会干部；积极协调所辖区域的劳动关系，做好劳动争议处理工作；直接承担基层工会难以承担的维权工作，努力为职工群众办实事；加强对基层工会干部的培训和保护工作等。

（四）建设联合职工之家

建设联合职工之家，是突破单一基层工会建家的传统模式，以区域性、行业性工会联合会为主体，联合其所属基层工会组织和会员共同开展建家活动的一种建家形式。联合职工之家的建立，拓宽了建家领域，扩大了建家范围，实现了建家活动更广泛地向小型非公有制企业工会覆盖的转变，有利于实现建设职工之家与区域性、行业性基层工会联合会建设发挥作用的“双促进”、“双覆盖”，不断提高基层工会联合会和小型非公有制企业工会工作水平。建设联合职工之家的主要做法有：

1. 以整合资源为重点抓联合建家。

主要坚持“四个联合”：一是联合建立组织。由工会联合会与同级党组织、行政、共青团、妇联等共同成立建家工作领导小组。二是联合使用资源。充分发挥乡镇（街道）、村（社区）活动阵地的优势，以工会联合会为平台，整合各方面资源为职工之家所用。三是联合建立制度。包括组织制度、工作制度、民主制度、活动制度等。四是联合开展活动。做到工会统一活动与职工个人活动相结合、工会组织活动与有关单位参与活动相结合、工会联合会开展活动与基层工会自主活动相结合。

2. 以创新方法为手段抓具体运转。

主要做到“三个坚持”：一是坚持“以上领下”、分层建家。工会联合会发挥对所属工会的龙头和引领作用，共同建家；各所属工会从各自特点出发，开展建职工小家活动。二是坚持“以上代下”、层层维权。工会联合会承担基层工会难以完成的具有共同特点的维权工作；所属基层工会履行好各自的维权职责。三是坚持“以上带下”、服务职工。运用联合职工之家的阵地带动基层工会共同开展职工文体活动，运用困难职工帮扶站带动基层工会，共同为职工群众排忧解难。

（五）建设职工小家

广泛开展建设职工小家活动，是建家活动的重要组成部分。在车间（科室）、班组开展建设职工小家活动，是加强车间（科室）、班组工会（小组）建设的有效形式和方法，是对基层工会基础性工作的加强。基层工会要积极开展建设职工小家活动。

1. 建设职工小家的基本要求。

车间（科室）、班组开展建设职工小家活动的基本要求是：

（1）由会员直接选举车间（科室）、班组工会负责人和工会小组长，建立一支热心为职工群众服务的积极分子队伍。

（2）建立健全班组民主管理、民主参与、民主监督制度，定期召开民主管理会议，坚持各项公开制度，积极反映职工群众的意愿和要求。

（3）发扬团结友爱和集体主义精神，搞好互助互济，帮助职工解决实际困难。

（4）组织职工进行政治业务学习，不断提高思想觉悟和职业技能，开展群众性经济技术创新活动，努力完成生产工作任务。

（5）严格监督执行各项安全生产、劳动保护制度，不断改善职工生产工作环境，做好女职工特殊权益保护工作。

（6）加强职工小家阵地建设，因地制宜，开展形式多样、丰富多彩的文体活动，满足职工的精神文化需求。

2. 建设职工小家的基本内容。

建设职工小家主要包括以下内容：

（1）建立民主管理制度。建设职工小家，就是要调动职工群众的生产积极性，培养职工群众的主人翁责任感。为此，要建立健全以工会小组长和民主管理员进行考核的班组民主管理机构和民主管理等制度，坚持各项制度公开，使奖金分配权、民主评议权、重大问题审议权等落实到车间（科室）和班组。通过建设职工小家，使职工直接参与民主管理，培养职工热爱企业、关心企业的良好氛围。

（2）加强思想工作和生活互助。建设职工小家要体现群众性的特点，充分发挥工会小组中的党员、团员和党小组长、班组长、工会小组长的作用，促进职工群众间的相互影响、相互启发和相互学习。要通过小组生活会、班组民主会、讲评会等各种群众自我教育的民主管理形式，沟通思想，化解矛盾，建设团结、和谐、友爱的集体。

（3）建设优美的生产生活环境。职工小家是职工群众的“第二家庭”，是职工工作、学习、活动的场所。建设职工小家，要在企业、事业和机关单位的现有条件下，通过会员自己动手，自力更生，改善环境，修整休息室，建设活动室、活动角，改善生产、工作和休息条件，营造舒适、整洁、温暖、优美的环境，增强职工小家的吸引力。

3. 建设职工小家的关键环节。

建设职工小家应抓好以下关键环节：

（1）搞好宣传教育。建设职工小家是一项涉及面广、难度大的工作。要通过学习典型、借鉴经验和沟通讨论，提高工会干部对建设职工小家的认识，克服不理解和畏难情绪。要宣传好建设职工小家活动对车间（科室）、班组建设等的积极作用，争取党政领导的支持。要通过形式多样、深入浅出的教育，提高广大职工参与建家的积极性。

（2）抓好组织建设。要把工会小组建设好，重要的是调整选配好班组长、工会小组长及班组的组织员、宣传员、民管员、安全员等“几大员”，形成建家领导核心，从组织上保证建设职工小家活动的顺利开展。

（3）严格考核验收。要健全考核细则和激励机制，坚持考核验收制度，使建设职工小家活动有章可循，不断创新发展。要采取车间（科室）工会分会、班组工会小组自检和集中检查等方式，定期对职工小家建设进行考核、检查、验收，经验收合格的职工小家要颁发荣誉证书。

（六）建设职工之家的激励与约束

深入开展建家活动必须调动各方面的积极性，强化激励与约束机制建设，激发工作的内在动力与活力，保持常建常新、蓬勃发展。

（1）结合召开全国工会代表大会，每五年集中评选表彰一批全国模范职工之家、全国模范职工小家、全国优秀工会工作者，命名一批全国优秀工会积极分子、全国优秀工会之友；届中评选表彰一批全国模范职工之家、全国模范职工小家、全国优秀工会工作者。同时，可以优中选优表彰全国模范职工之家红旗单位、全国优秀工会工作者标兵。适当扩大对非公有制企业工会、乡镇（街道）工会、村（社区）工会、各类基层工会联合会的表彰比例。县级以上地方工会、各产业工会可对受表彰的先进集体进行工作经费补助，不对受表彰和命名的先进个人进行物质奖励或设置待遇。基层工会可对其下属工会中受表彰的先进集体进行一定的工作经费补助。经会员代表大会审议通过后，基层工会也可对受表彰和命名的先进个人进行一定的物质奖励。

（2）各级工会要真正重视、真诚关心、真心爱护在建家工作中作出优异成绩的基层工会干部。

（3）切实落实会员评家制度，以会员满意度为标准，定期对获得荣誉称号的基层工会进行复查。对会员不满意的应提出限期整改要求，逾期未改或经整改仍达不到要求的，撤销其荣誉称号。对会员测评不满意的工会主席（副主席），所在单位党组织和上级工会应在核实的基础上对其进行诫勉谈话；连续两年会员仍不满意的，应按照《中国工会章程》的有关规定对其进行组织调整。对三年内未达到合格职工之家标准的基层工会，上级工会应采取措施予以整顿。

二、“双爱双评”活动是非公有制企业推进建设职工之家的重要形式

1995 年，全国总工会和中国外商投资企业协会决定，联合在全国外商投资企业开展以“双爱双评”为主要内容的建设职工之家活动，即“企业爱职工，职工爱企业；评爱企业的优秀职工，评爱职工的优秀经理”。这是在外资企业开展建设职工之家活动的有益尝试，1997 年和 2000 年，全国总工会和中国外商投资企业协会两次联合评选表彰了一批先进集体和个人。

2003年和2004年，全国总工会印发了《中华全国总工会关于在新形势下深入开展建设职工之家活动的意见》和《中华全国总工会关于进一步加强基层工会工作的决定》，提出在非公有制企业要大力开展以“双爱双评”为主要内容的建家活动。2004年，全国总工会与全国工商联联合印发了《关于开展“关爱员工、实现双赢”活动的通知》，确定每年联合召开一次全国民营企业“关爱员工、实现双赢”经验交流会（自2009年开始每两年举办一次），评选表彰关爱员工的优秀经营者、热爱企业的优秀员工和“双爱双评”先进企业。截至2023年2月，已在全国范围内先后组织了12次评选表彰活动，共评选表彰全国关爱员工优秀民营企业家1104名，全国热爱企业优秀员工1089名，全国“双爱双评”先进企业工会1102个。自2018年起，按照中央关于压缩精简会议表彰的相关要求，全国民营企业“关爱员工、实现双赢”表彰活动与“全国就业与社会保障先进民营企业评选表彰活动”合并，由全国工商联、人力资源和社会保障部、全国总工会联合开展，即全国就业与社会保障先进民营企业暨关爱员工实现双赢表彰活动，每两年评选表彰一次，截至2022年已经进行4次。

（一）开展“双爱双评”活动的基本内容和条件

1. 开展“双爱双评”活动的基本内容。

（1）企业职工依法建立工会组织，工会组织健全，领导班子得力，建立了各项工作制度和民主制度，工会工作富有成效并得到职工群众的拥护。

（2）《劳动法》、《工会法》赋予职工的各项权利得到有效的落实，建立以职代会为基本形式并与企业实际相适应的职工民主管理、厂务公开制度，企业实行了劳动合同制度，并建立了稳定协调的劳动关系。

（3）依据《劳动法》、《工会法》的规定，工会主席依法参加或列席董事会，企业建立了平等协商、集体合同制度，建立了劳动争议调解委员会并发挥作用。企业依法拨缴工会经费，支持工会工作的开展。

（4）职工关心企业生产经营，认真做好本职工作，积极参加劳动竞赛、合理化建议和技术革新等经济技术创新活动。

（5）企业关心职工生活，注意安全生产。随着企业的发展，职工的生活条件、劳动条件、作业环境不断得到改善。

2. 参加评选活动的条件。

（1）基本条件。

参加评选的对象及所在企业，应具备以下基本条件：①认真贯彻落实习近平新时代中国特色社会主义思想，坚决拥护中国共产党的领导，坚定走中国特色社会主义道路，贯彻落实党的路线、方针、政策，模范遵守国家法律法规。②依法按时足额支付职工工资，按时足额缴纳各项社会保险费，劳动合同签订率达到100%，依法使用被派遣劳动者，严格执行女职工和未成年工特殊劳动保护规定，依法保障职工劳动报酬、工时休假、社会保险等各项权益，按规定开展职工素质教育和职业技能培训。③依法组建工会，开展集体协商并签订集体合同。建立以职代会为基本形式的企业民主管理和厂务公开制度。④近五年内未受过行政处罚，未发生过安全生产责任事故和违法违纪事件，不存在严重职业病危害超标、拖欠职工工资、欠缴职工社会保险等行为，无重大投诉。

（2）参与评选的其他必要条件。

除具备基本条件外，参与评选全国“双爱双评”先进企业工会还应当具备以下条件。①工会组织机构健全，落实会员（代表）大会、“会员评家”等制度，工会经费拨缴到位并独立使用。职工（含农民工）入会率和“会员评家”满意度均达到95%以上。②支持企业依法行使经营管理权，积极开展技术创新活动，促进企业科学发展。③切实维护职工合法权益，积极为职工做好事、办实事、解难事，建设职工信赖的职工之家。

除具备基本条件外，参与评选全国关爱员工优秀民营企业家还应当具备以下条件。①遵守劳动法律法规，依法依规用工，建立职工工资正常增长机制，增加劳动者特别是一线劳动者劳动报酬，使广大职工合理分享企业发展成果。②建立关爱职工长效机制，切实解决职工工作生活中遇到的困难。深化困难职工帮扶体系，改善职工生产生活条件。③支持工会依法开展工作，为工会办公和开展活动提供必要的设施和活动场所，按时足额拨缴工会经费，按规定配备工会专职工作人员。

除具备基本条件外，参与评选全国热爱企业优秀员工还应当具备以下条件。①爱岗敬业，品德优良，埋头苦干，创先争优，在企业生产、科研、销售等岗位上作出突出成绩。②遵守劳动纪律和职业道德，模范执行劳动安全卫生规定。积极参加技术革新、劳动竞赛以及合理化建议等活动，积极为企业健康发展建言献策，自觉维护企业的团结稳定。③努力学习，钻研业务，对业务技术精益求精，努力提高自身的综合素质和技能。

历届已获表彰的先进集体和个人不参加评选表彰。

（二）开展“双爱双评”活动的发展及成效

在民营企业深入开展“双爱双评”活动，是建设职工之家活动的重要组成部分。开展“双爱双评”活动的主旨在于，教育和激励广大职工学习和掌握党的方针政策，遵守国家的法律法规和企业的规章制度，爱国、爱厂、爱岗，努力完成企业生产任务；教育和激励企业经营管理者模范遵守国家的法律法规，履行社会责任，热爱职工，尊重职工，维护职工的合法权益，保护职工的积极性和创造性；推动工会组织依法开展工作，在维护职工权益、促进企业发展、构建和谐社会中发挥积极作用。

全国各级工会将“双爱双评”活动作为民营企业构建和谐

劳动关系的有效载体，普遍开展了以“双爱双评”为主要内容的建设职工之家活动，并以此作为开展工作的平台和有力抓手，结合实际开展活动，增强了企业工会的活力和凝聚力，得到了企业经营者的欢迎，也受到了职工群众的拥护，收到了良好的社会效果。“双爱双评”活动的深入开展，对于贯彻落实“组织起来、切实维权”的工作方针，促进民营企业健康发展，推进新时代和谐劳动关系，维护职工队伍和社会稳定，起到了积极的推动作用。

三、实施“双亮”是推进职工之家建设的前提

全国总工会于2012年印发了《中华全国总工会关于在企业工会实施“工会组织亮牌子、工会主席亮身份”的意见》（以下简称“双亮”），从最基础、最现实、最易行的环节抓起，遵循先易后难、循序渐进的原则，进一步加强企业工会规范化建设，推动企业工会特别是非公有制企业工会发挥作用。

（一）实施“双亮”的必要性和重要性

在企业工会特别是非公有制企业工会实施“双亮”，对于提升其规范化建设水平，充分发挥其作用，促进工会工作固本强基具有重要意义。实施“双亮”有利于职工群众进一步认识和了解工会，增强工会干部的责任感和使命感，密切工会与职工群众的联系，叫响做实“职工有困难找工会”，推动企业工会特别是非公有制企业工会逐步提升规范化建设水平，循序渐进开展活动，逐步提升工作水平，让职工群众实实在在地感受到工会组织的温暖。

（二）实施“双亮”的基本要求

1. 工会组织亮牌子。

企业工会要在企业门面或工会办公地点悬挂与企业名称相

对应的工会组织牌匾。牌匾一般由企业工会自行制作，也可由上级工会统一配发。工会办公地点应在企业宣传橱窗、厂务公开栏、会务公开栏、企业网站、职工食堂等一处或多处明显位置公布。

2. 工会主席亮身份。

企业工会主席、副主席要以佩戴胸卡、戴牌上岗、印发联系卡、设置办公桌牌等一种或多种形式亮出身份。在企业宣传橱窗、厂务公开栏、会务公开栏、企业网站、职工食堂等一处或多处显眼位置公布工会主席、副主席办公电话、手机号码等联系方式。工会换届选举后或工会主席、副主席人员变动时，要及时更新其信息。

3. 逐步深化“双亮”内容。

企业工会要在亮牌子、亮身份的基础上，不断丰富工作内容，创新工作载体，进一步示职责、许承诺、办实事等，并按照开展建设职工之家、“双爱双评”活动的基本要求，建立各项工作制度和民主制度，健全维权机制，逐步提升工作水平。

4. 积极拓宽“双亮”范围。

将乡镇（街道）工会、村（社区）工会、区域性行业性基层工会联合会、联合基层工会纳入“双亮”范围。工会主席、副主席需在所在单位亮出身份，并将联系卡发放范围涵盖企业会员和职工。企业工会所属工会分会、工会小组以及其他工会专兼职工作人员可采取适当方式进行“双亮”。

四、建设“六有”基层工会是建设职工之家的基准

2014 年，全国总工会印发《中华全国总工会关于新形势下加强基层工会建设的意见》，提出新形势下加强基层工会建设的目标要求，坚持从工会组织的性质和特点出发，努力建设“六有”工会：

一是有依法选举的工会主席，建设心系职工、善于维权、开拓进取的骨干队伍；

二是有独立健全的组织机构，完善工会委员会、经费审查委员会、女职工委员会等组织；

三是有服务职工的活动载体，满足职工的多样化需求；

四是有健全完善的制度机制，实现工会工作的群众化、民主化、制度化、法制化；

五是有自主管理的工会经费，真正用于服务职工和工会活动；

六是有会员满意的工作绩效，切实让职工群众感受到工会是“职工之家”。

同时要求，要通过3—5年的努力，使基层工会覆盖面明显扩大，服务职工能力明显提高，工会组织吸引力凝聚力明显增强，力争实现全国80%以上的基层工会基本达到“六有”目标。

五、开展“双争”活动是建设职工之家的动力

为进一步加强基层工会建设，激发基层工会活力，发挥基层工会作用，2015年，全国总工会制定了《中华全国总工会关于在全国基层工会广泛开展“争创模范职工之家、争做职工信赖娘家人”活动的通知》（以下简称“双争”），决定在全国基层工会广泛开展“争创模范职工之家、争做职工信赖娘家人”活动。

（一）开展“双争”活动的总体要求

深入学习贯彻习近平新时代中国特色社会主义思想和党的二十大精神，特别是习近平总书记关于工人阶级和工会工作的重要论述，紧紧围绕“四个全面”战略布局，按照“三个着力”的要求，通过开展“双争”活动，促进工会组织覆盖面明

显扩大，服务职工能力明显提高，工会干部队伍素质明显提升，工会组织吸引力、凝聚力、战斗力明显增强，推动工会工作再上新台阶，让职工群众真正感受到工会是“职工之家”，工会干部是最可信赖的“娘家人”。

（二）“双争”活动的基本内容

在“双争”活动中，基层工会立足自身职能，围绕七个方面加强和推进基层工会工作。

1. 做依法规范建会的模范。

各类企事业特别是非公有制经济组织、社会组织要依法规范建立工会组织，小微企业通过基层工会联合会或联合基层工会实现覆盖。要以“六有”工会建设为基础，提高基层工会规范化建设水平，不断增强基层工会组织的代表性。

2. 做组织服务新就业形态劳动者、农民工的模范。

积极开展建会入会集中行动，把新就业形态劳动者、农民工吸引到工会中来，吸引到工会活动中来。加强对新就业形态劳动者、农民工的人文关怀，帮助他们融入城市。深入了解新就业形态劳动者、农民工的现实诉求，在思想引领、技能提升、权益维护和困难帮扶等方面，让广大新就业形态劳动者、农民工实实在在地感受到工会组织的关心和帮助。

3. 做教育引导职工群众的模范。

在广大职工群众中培育和践行社会主义核心价值观，开展以职业道德为重点的“四德”教育，深化“中国梦·劳动美”主题教育，大力弘扬劳模精神、劳动精神、工匠精神，团结动员广大职工通过辛勤劳动、诚实劳动、创造性劳动托起中国梦。加强社会主义精神文明建设，创新思想政治工作方式方法，加强人文关怀和心理疏导，丰富职工精神文化生活，形成健康文明、昂扬向上的职工文化。

4. 做团结动员职工群众建功立业的模范。

组织开展具有行业特色的劳动竞赛和经济技术创新活动，通过技术革新、技术协作、小发明小创造等活动，引导职工为企业科学发展贡献力量，投身大众创业、万众创新。引导职工树立终身学习理念，立足岗位成长成才，不断学习新知识、掌握新技术、增长新本领，努力成为知识型、技术型、创新型职工。

5. 做维护职工合法权益的模范。

大力构建和发展和谐劳动关系，坚持“促进企业发展、维护职工权益”的企业工会工作原则，认真落实劳动合同、集体合同和职工代表大会制度，依法保障职工基本权益。以一线职工、农民工、困难职工等为重点群体，突出维护职工的劳动报酬、休息休假、劳动安全卫生、社会保险、职业技能培训等劳动经济权益。深入开展和谐劳动关系创建活动，最大限度增加和谐因素，最大限度减少不和谐因素，促进社会和谐稳定。

6. 做服务职工群众的模范。

坚持把群众路线作为工会工作的生命线和根本工作路线，把工作重心放在最广大普通职工身上，全心全意为职工群众服务。按照“会、站、家”一体化工作思路，以职工需求为导向，构建覆盖广泛、快捷有效的服务职工工作体系，提供更多普惠性服务，让职工群众更多更公平地分享改革发展的成果，有更多获得感，把党和政府的关怀送到职工群众的心坎上，赢得职工群众的信赖和支持。

7. 做“忠诚党的事业、竭诚服务职工”的模范。

以“忠诚党的事业、竭诚服务职工”作为工会干部的价值追求，坚定不移走中国特色社会主义工会发展道路，模范履行工会组织的政治责任，带领职工群众坚定不移跟党走。把“三严三实”作为修身做人用权律己的基本遵循，干事创业的行为准则，自觉规范言行，崇尚实干，求真务实。加强学习研究，增强工作本领，提高履职能力，增强责任担当，始终走在职工群众前列，真正成为职工群众信赖的“娘家人”。

（三）“双争”活动的方法措施

“双争”活动要在各类企业和机关事业单位工会、区域（行业）基层工会联合会、乡镇（街道）工会、村（社区）工会、开发区（工业园区、自贸区）工会和专兼职工会干部中开展。

1. 坚持问题导向。

在基层工会和广大工会干部中开展以“如何建设职工之家”、“如何成为职工信赖娘家人”为主题的学习研讨活动，坚持以问题为导向，以职工群众需求为导向，找准基层工会发挥作用和工会干部履行职责中存在的突出问题，分析原因，提出对策，使“双争”活动更有针对性和指导性。

2. 丰富活动载体。

借鉴近年来加强基层工会建设的有益经验，坚持会员大会或者会员代表大会制度，充分运用普遍开展会员评家、会务公开、会员代表大会代表常任制等经验做法，推动“双争”活动深入开展。从实际出发，突出不同领域不同行业基层工会的特点和工作特色，自觉运用改革创新精神，创造基层工会能落实、工会干部能做到、职工群众能认可的工作抓手和活动载体，打造工会工作品牌。

3. 注重典型示范。

积极培育选树“双争”活动先进典型，通过现场会、观摩会、经验交流会等方式，及时总结推广“双争”活动的经验做法。运用各种媒体宣传活动开展情况，宣传先进基层工会组织和优秀工会干部。建立“双争”活动微信公众平台和 QQ 群，及时发布和推送活动信息，扩大“双争”活动的参与面和影响力。

4. 强化激励约束。

“双争”活动要与评选表彰各层级模范职工之家、优秀工会工作者紧密结合，并贯穿评选表彰全过程。要把会员满意度作为衡量“双争”活动成效的重要标尺，认真组织开展会员评议职工之家、会员评议工会干部工作，把评议结果作为评选模范职工之家和优秀工会工作者的重要依据。

六、开展会员评家活动是推进职工之家建设的重要手段

会员评家，是指由会员评议基层工会开展工作、建设职工之家情况，评议工会主席、副主席的履行职责情况。会员评家是加强基层工会民主建设的重要内容，是密切工会与会员群众联系的客观需要，是推进建设职工之家深入发展的有效机制。广泛开展会员评家活动，有利于充分调动会员群众参与工会活动的热情，使基层工会工作更加富有生机和活力。2009 年，全国总工会出台了《中华全国总工会关于开展会员评议职工之家活动的意见》（以下简称《意见》），这是指导会员评家工作的遵循和依据。

（一）会员评家的基本内容

依据建设职工之家的基本要求，会员评家的基本内容包括六个方面：健全组织体系、促进科学发展、履行维权职责、实施素质工程、服务职工群众、加强自身建设。基层工会可依据《意见》规定，做好细化工作，确保评家工作在细中求落实，在细中求发展。

（二）会员评家的方式方法

在具体实施评议职工之家过程中，基层工会应从以下五个方面做好工作：

（1）在同级党组织领导和上级工会指导下，会员评家通过

召开会员大会或者会员代表大会进行，每年至少评议一次。

（2）会员评家主要评议基层工会开展工作、建设职工之家情况，评议工会主席（副主席）履行职责情况。

（3）会员评家前应将评议内容、评议标准告知会员，做好组织发动和准备工作，并向上级工会报告。

（4）工会主席（副主席）在会员大会或者会员代表大会上报告工会工作及建设职工之家情况，并就个人履行职责情况进行述职。会员或者会员代表在对工会工作、建设职工之家情况和工会主席（副主席）进行民主评议的基础上，以无记名投票方式进行测评。测评可分为满意、基本满意和不满意三个等次，当场公开民主测评结果。

（5）会员评家的结果应报同级党组织和上一级工会，并作为考核基层工会工作和工会主席（副主席）的重要依据。对会员群众民主评议、民主测评反映的突出问题，该基层工会应向会员群众反馈整改措施。

（三）会员评家的激励约束

（1）把会员民主测评满意等次作为评价基层工会工作和评选先进的依据。对获得满意等次的基层工会和工会主席（副主席），可作为推荐申报本级或上级各类先进集体、先进个人的依据；对连续三年以上获得满意等次的模范职工之家的基层工会和工会主席（副主席），可作为推荐申报本地或上级五一劳动奖状、五一劳动奖章的依据；对获得满意等次的基层工会和工会主席（副主席），上级工会和本单位可以给予适当奖励。

（2）对会员民主测评不满意的基层工会，限其一年内进行整改；会员仍不满意的，对已获得合格、先进、模范职工之家称号的，上级工会可撤销其称号。对会员测评不满意的工会主席（副主席），所在单位党组织和上级工会应在核实的基础上对其进行诫勉谈话；连续两年会员仍不满意的，应按照工会章程和有关规定程序对工会主席（副主席）进行调整。

(3) 对于基层单位及其党政负责人拟推荐申报工会系统评选表彰的各类先进，要求会员评家必须达到满意等次。

七、开展模范职工之家“结对共建”是推进职工之家建设的活动载体

为进一步深化职工之家建设，充分发挥全国模范职工之家的示范引领作用，全面提升新时代职工之家建设水平，从 2021 年起，全国总工会组织开展全国模范职工之家“结对共建”试点活动，着力强基层、补短板、增活力，逐步扩大活动覆盖面，努力实现结对一组、提升一批、激活一片的效果，推动基层工会工作水平总体提升。

（一）结对原则

“结对共建”活动由省级工会部署协调，省、市、县级工会分别组织实施，基层工会广泛参与。按照地域相邻、行业相近，自觉自愿、双向选择的原则，精准科学结对，促进资源深度融合，相互学习、取长补短、共同提高。根据组织隶属关系，每年省级工会和每个地市、县级工会分别选取获得全国模范职工之家荣誉称号的基层工会，分别结对帮助若干工作基础相对薄弱、活力相对不足、作用发挥不够充分的基层工会。增强“结对共建”活动的针对性，围绕近几年工会基层组织建设的重点难点，引导各地将新业态企业和规范化建设存在问题比较多的基层工会纳入指导帮建和服务促建对象，推动新业态企业等非公有制企业普遍建会和规范运行。各全国产业工会、中央和国家机关工会联合会根据实际，在本产业、本系统选取结对单位开展共建活动，鼓励优秀的省级模范职工之家参与“结对共建”活动。

（二）方式方法

坚持一切从实际出发，本着有利于加强基层工会建设的要求，不局限于基层工会的规模大小、单位所有制形式等因素，因地制宜发挥模范职工之家的比较优势，采取灵活多样的结对共建方式方法。通过上门指导、活动参与、实地观摩、网络互动等多种形式，围绕基层工会“双亮”、“六有”、“双争”等主题，开展各具特色的共建活动。通过制度共建、工作共举、活动共融、阵地共享、干部共育，以解决问题为导向，既注重送制度、送方法，也注重帮思想、帮培训，及时答疑解惑、传授经验，提升基层工会干部履职能力，逐步补齐组织建设和维权服务方面的短板弱项，着力建立协同式、互动化、共享型基层工会组织建设新模式。

（三）激励机制

认真总结各地试点工作中涌现出来的好经验、好做法，选树结对典型广泛宣传，提高各级工会参与“结对共建”的思想认识，使活动学有榜样、做有标尺、进有方向、赶有目标，充分发挥模范职工之家示范引领作用，逐步扩大活动覆盖面。对“结对共建”活动中表现突出的集体和个人给予倾斜和支持，将积极主动、成效显著、职工满意的结对工会及工会干部，优先作为各级模范职工之家、优秀工会工作者推荐对象，不断增强“结对共建”活动的吸引力和凝聚力，努力将“先行”变成“先成”，让“试点”成为“示范”，有力有序推进，不断增强活动的吸引力和凝聚力。

“结对共建”从试点探索到逐步推行，契合形势发展和工作实际，夯实了工会组织基础、工作基础，有效激发了基层工会活力，取得了良好成效和广泛社会影响，基层工会建家意识普遍增强。要将“结对共建”活动作为增强基层工会活力、发挥基层工会作用的一个重要抓手，作为加强职工之家建设的一项长效机制固定下来，推动“结对共建”活动实现纵深发展、可持续发展，努力开创职工之家建设新局面。

思考题：

1. 为什么要增强基层工会的活力？如何增强基层工会的活力？

2. 建设职工之家的重要意义及基本要求，应坚持的原则和采取的主要方法与途径是什么？

3. 为什么要开展会员评家活动，其主要方法是什么？

4. 实施“双亮”有何重要性和必要性，其基本要求是什么？

5. 开展“双争”活动的总体要求和内容是什么？

企业民主管理工作篇

第六章　企业民主管理概述

第一节　企业民主管理的概念、性质、任务、形式和法律依据

一、企业民主管理的概念

企业民主管理，是指中国境内的企事业单位职工依照法律法规和政策规定，参与本单位决策、管理和监督，企事业单位的经营管理者尊重、支持和保证职工行使知情权、参与权、表达权、监督权等民主权利的有组织的制度性、规范性活动。鉴于事业单位的改革尚在进行中，且大量事业单位将转为企业或实行企业化管理，其实行民主管理的理论和规则与企业并无本质上的不同，法规规章一般也明确要求事业单位参照企业民主管理的相关规定执行，故本书所称“企业民主管理”原则上也包括事业单位，对于仅适用于事业单位的内容则另有明确阐述。企业民主管理的主体是企事业单位的经营管理者和职工，涵盖了企事业单位中经营管理人员、技术人员和生产工人等全体人员。在企事业单位实行民主管理，是我国企事业单位管理的一项重要原则。我国企业民主管理的基本形式是职工代表大会（或职工大会，下同）。职工代表大会是职工行使民主管理权力的机构。企业工会是职工代表大会的工作机构，负责职工代表

大会的日常工作。

随着企业规模和治理结构的发展变化，职工代表大会制度也在不断创新发展，企业集团内出现了多层级职工代表大会，中小企业聚集的区域或行业出现了区域（行业）职工代表大会，实行法人治理的公司制企业还建立了职工董事制度、职工监事制度，厂务公开则作为企业民主管理的重要前提和保证成为其有机组成部分。

企业民主管理，旨在通过建立一定的制度，明确相应的职权，建立健全与制度相配套的运作程序，及时全面地向职工传达企业经营管理的真实情况、发展目标规划以及现实存在的困难和问题，充分反映和切实表达职工的真实意见和建议，既保证职工参与企业决策、管理和监督权利的有效实现，又保证企业经营决策运营的科学性和可持续发展，构建和谐稳定的劳动关系，实现劳资两利共谋发展的目标。企业民主管理的关键是职工参与企业经营管理，使企业管理科学化并获得广泛的群众基础，而非直接地实施管理或者代替专业管理。

二、企业民主管理的性质

（一）企业民主管理是企业管理的有机组成部分

市场经济条件下，企业管理既有自然属性，也有社会属性。企业管理的自然属性主要研究的是企业的产供销，即对企业生产资料、产品、盈亏等问题的管理，讲求效率和权威。同时，企业管理也具有社会属性，即企业应担负的社会责任和对参与生产经营的人的管理。生产力越是发展，分工就越细，经济的联系就越紧密，管理就越重视大众参与的因素，从而越是需要公开和民主，企业民主管理的客观要求就越迫切。因此，对于社会属性管理的部分，更多要考虑企业中参与生产经营管理的人的经济权益和民主权利。企业民主管理的主体是所有参与生产经营管理的人，因此，无论什么性质的企业，无论其组织形式如何，企业民主管理都是企业管理的一个有机组成部分。

（二）企业民主管理是基层民主政治建设的重要组成内容

在社会主义国家，职工民主权利、劳动经济利益和精神文化权益受到法律的保护。职工在基层经济组织中享有的民主权利是社会主义国家基层民主政治建设的重要内容。在企业实行民主管理，把有关企业经营发展和涉及职工切身利益的重要问题提交职工代表大会审议，对领导干部廉洁自律情况实行民主监督，让职工充分行使民主选举、民主决策、民主管理和民主监督权利，是保障职工群众知情权、参与权、表达权和监督权的最有效、最广泛的途径，体现了我国基层民主政治建设中党的领导、人民当家作主和依法治国的有机统一，是我国基层民主政治建设的重要特点之一，是发展社会主义基层民主的一项制度性安排。

三、企业民主管理的任务

企业民主管理的性质决定了企业民主管理的任务。企业民主管理的任务主要有三项：

（一）推动企业民主决策科学管理

企业要想在激烈的市场竞争中能长久健康地发展，离不开科学的管理和决策。企业民主管理的一个重要任务就是使企业经营管理者在对企业生产发展或管理作出决策前及时听取职工群众的意见和建议，对有益于企业发展的建议积极采纳，从而保证企业决策更加民主、科学、全面。

（二）促进劳动关系健康和谐稳定

劳资矛盾是社会化大生产的产物，是众多社会矛盾中的一个方面，劳资矛盾的解决需要沟通协调机制。企业民主管理的任务就是在企业建立劳资双方的沟通协调机制和平台，使作为劳动关系一方的职工的利益诉求，通过一定的民主程序和相应的制度与载体得到充分表达和有效维护，寻找劳资双方关系的平衡点和劳资利益的共同点，在企业中推动建立规范有序、公正合理、和谐稳定、互利共赢的劳动关系。

（三）调动职工群众的积极性和创造性

资本和劳动是企业的两大支柱，如何调动劳动者的生产积极性和创造性、为企业发展献计出力，是企业面临的问题之一。企业民主管理的任务就是尊重和落实职工的主人翁地位，让职工享有知情权、参与权、表达权、监督权，从而极大地激发出广大职工群众当家作主的责任感和使命感，调动起广大职工的工作积极性和创造性，促进企业的健康快速发展。同时，使职工也能够从企业发展中获得更多的利益，实现劳资双赢。

四、企业民主管理的形式

职工代表大会作为企业民主管理的基本形式并不是孤立存在的，厂务公开制度、职工董事制度和职工监事制度，以及企业民主管理委员会、民主议事会、劳资恳谈会、民主协商会等都是企业民主管理的重要形式和补充形式。

（一）企业民主管理的基本形式

职工代表大会是企业实行民主管理的基本形式，也是基层民主政治建设的基本制度。《企业民主管理规定》中明确规定："职工代表大会（或职工大会，下同）是职工行使民主管理权力的机构，是企业民主管理的基本形式。"这是对我国企业民主管理制度建设、法治建设和实践经验的科学总结。

职工代表大会制度有着充分的法律依据、政策支撑和实践经验。这项制度早在20世纪50年代初就在我国实行，为广大职工群众所熟悉和欢迎。《宪法》、《劳动法》、《工会法》、《公司法》、《劳动合同法》等法律法规，都对企业建立职工代表大会和实行民主管理作出了规定。职工代表大会制度经过多年实践，已有完整的组织结构和工作制度，积累了丰富的历史经验和深厚的社会基础，并迅速向非公有制企业拓展，覆盖面不断扩大，内容不断丰富，运作机制不断完善，在促进企业改革发展稳定中发挥了不可替代的重要作用。

（二）企业民主管理的其他形式

1. 厂务公开制度。

厂务公开是广大职工群众在推进基层民主政治建设、促进企业改革发展、加强企业民主管理中的一个新创造。实行厂务公开，解决了企业职工在民主管理、民主参与中不知情这个关键问题。党中央把厂务公开与村务公开、政务公开作为基层民主政治建设的重要形式加以肯定和推广。特别是《中共中央办公厅 国务院办公厅关于在国有企业、集体企业及其控股企业深入实行厂务公开制度的通知》（以下简称《两办通知》）的出台，使这项制度得到广泛推行。同时，由于《两办通知》明确指出厂务公开的主要载体是职工代表大会，并围绕发挥职工代表大会作用提出了四项要求，因而推行厂务公开制度的同时也充实了职工代表大会职权，推进了职工代表大会制度建设。

2. 职工董事制度、职工监事制度。

职工董事制度、职工监事制度是依照法律规定，通过职工代表大会（或职工大会及其他形式）民主选举一定数量的职工代表进入董事会、监事会，代表职工参与企业决策、监督运行的制度。进入董事会的职工代表称为职工董事，进入监事会的职工代表称为职工监事。职工董事制度、职工监事制度是适应现代企业法人治理结构而建立的公司制企业民主管理的新形式。

职工董事、职工监事除了与董事会、监事会中其他董事、监事具有相同的权利和义务以外，还要如实反映职工群众的意见，代表和维护职工的合法权益，参与决策与监督。

3. 其他民主管理形式。

除以上几种企业民主管理的主要形式外，企业民主管理还有企业民主管理委员会、民主议事会、劳资恳谈会、民主协商会、厂长（经理）信箱、班组民主管理等其他形式。这些形式大多是由企业行政方主导的，可以是定期的，也可以是不定期的，但参与的人员有限，重点在于沟通协调，不具备决定权，也缺乏制度保障。

（三）企业民主管理的基本形式和其他形式的关系

职工代表大会作为企业民主管理的基本形式，是职工行使民主管理权力的机构，起着核心的统领作用，能够作出对企业和职工有约束效力的决议、决定。企业其他的民主管理形式都是围绕职工代表大会来设计和展开的，服从服务于职工代表大会。

厂务公开是以职工代表大会为基本形式的企业民主管理制度的前提和必要保证。如果职工及其代表不知情，职工代表大会就无法进行民主选举、民主协商、民主决策、民主管理、民主监督。厂务公开制度不是在职工代表大会制度之外另搞一套，而是为职工代表大会的召开创造条件、提供支持，职工代表大会是实行厂务公开的主要载体。

职工董事制度、职工监事制度必须依托职工代表大会。职工董事、职工监事经职工代表大会民主选举产生，对职工代表大会负责。职工董事、职工监事要把职工代表大会的意见和建议反映给董事会、监事会，提高职工代表大会参与企业管理决策和监督的直接性和影响力，职工代表大会制度也可以很好地支持职工董事、职工监事有效地开展工作。

其他民主管理形式作为基本形式的补充，可以完善和充实职工代表大会制度，特别是可以解决在职工代表大会闭会期间以及职工代表大会形成决议后具体实施落实方面的薄弱问题，填补微观层面的民主协商过程中可能出现的空白和不足，与职工代表大会制度相辅相成，共同促进企业完善管理。简言之，企业民主管理的基本形式和其他形式都是企业民主管理不可缺少的。

五、企业民主管理的法律依据

《宪法》第二条第三款规定："人民依照法律规定，通过各种途径和形式，管理国家事务，管理经济和文化事业，管理社会事务。"第十六条第二款规定："国有企业依照法律规定，通过职工代表大会和其他形式，实行民主管理。"第十七条第二款规定："集体经济组织实行民主管理，依照法律规定选举和罢免管理人员，决定经营管理的重大问题。"

《全民所有制工业企业法》第十一条第一款规定："企业工会代表和维护职工利益，依法独立自主地开展工作。企业工会组织职工参加民主管理和民主监督。"并在第五章对职工代表大会的性质、内容、职权作出了规定。《劳动法》第八条规定："劳动者依照法律规定，通过职工大会、职工代表大会或者其他形式，参与民主管理或者就保护劳动者合法权益与用人单位进行平等协商。"2004 年劳动保障部公布的《集体合同规定》第三十六条规定："经双方协商代表协商一致的集体合同草案或专项集体合同草案应当提交职工代表大会或者全体职工讨论。职工代表大会或者全体职工讨论集体合同草案或专项集体合同草案，应当有三分之二以上职工代表或者职工出席，且须经全体职工代表半数以上或者全体职工半数以上同意，集体合同草案或专项集体合同草案方获通过。"2012 年修改的《劳动合同法》

第四条第二款规定："用人单位在制定、修改或者决定有关劳动报酬、工作时间、休息休假、劳动安全卫生、保险福利、职工培训、劳动纪律以及劳动定额管理等直接涉及劳动者切身利益的规章制度或者重大事项时，应当经职工代表大会或者全体职工讨论，提出方案和意见，与工会或者职工代表平等协商确定。"第五十一条第一款规定："企业职工一方与用人单位通过平等协商，可以就劳动报酬、工作时间、休息休假、劳动安全卫生、保险福利等事项订立集体合同。集体合同草案应当提交职工代表大会或者全体职工讨论通过。"2018 年修改的《公司法》第十八条第二款中规定："公司依照宪法和有关法律的规定，通过职工代表大会或者其他形式，实行民主管理。"2021 年修改的《工会法》第六条第三款规定："工会依照法律规定通过职工代表大会或者其他形式，组织职工参与本单位的民主选举、民主协商、民主决策、民主管理和民主监督。"

1986 年 9 月，中共中央、国务院正式颁布的《全民所有制工业企业职工代表大会条例》（以下简称《职工代表大会条例》）是我国第一部企业民主管理的专门性法规。各地依据国家法律法规相继制定的企业民主管理条例、职工代表大会条例、厂务公开条例等地方法规，进一步明确了企业民主管理的形式、内容和实施要求等，在推进和规范企业民主管理中发挥了重要作用。

2012 年 2 月，中央纪委、中央组织部、国务院国资委、监察部、全国总工会、全国工商联联合印发了《企业民主管理规定》。这是全面规范以职工代表大会为基本形式的企业民主管理制度的重要规章，进一步明确了我国企业民主管理的目标要求，丰富了形式和内容，完善了程序和规则，为推进企业民主管理工作提供了强有力的规范性依据和重要政策支持。

第二节　企业民主管理的意义

党中央明确要求，贯彻全心全意依靠工人阶级指导方针，应健全以职工代表大会为基本形式的企事业单位民主管理制度，保障职工参与管理和监督的民主权利。根据《公司法》、《劳动合同法》、《企业民主管理规定》等的规定，所有的企业都要实行民主管理，这在我国企业管理和基层民主政治建设中具有十分重要的意义。

一、企业民主管理是全心全意依靠工人阶级指导方针的具体体现

党的二十大报告指出，我国是工人阶级领导的、以工农联盟为基础的人民民主专政的社会主义国家，国家一切权力属于人民。企业实行民主管理，是我们党坚定不移的主张，是党的工人阶级先锋队性质所决定的。全心全意依靠工人阶级是我们党的根本方针。企业民主管理是工人阶级当家作主的最基本、最直接、最有效的体现形式。国家通过法律确立和保障职工在国家的主人翁地位，赋予职工参与企业民主管理的权利，并保障职工群众当家作主政治权利的实现。通过保障职工参与企业民主决策、民主管理、民主监督的权利，体现职工的主人翁地位，落实党和政府依靠职工办企业的要求。

非公有制企业的职工与公有制企业的职工一样，都是我国职工队伍的重要组成部分，同样是国家的主人，其参与企业管理的权利同样需要依法得到应有的尊重和保护。所有企业都是由资本与劳动两大要素组成的经济组织。企业所有者、经营者和劳动者是利益共同体。企业的生存发展必须依靠和调动劳方和资方两方的积极性。企业要实现决策的科学化、民主化，形

成激励与约束相结合的企业经营管理机制，建立和谐稳定的劳动关系，必须实行民主管理。作为利益共同体，职工与企业一荣俱荣、一损俱损；作为企业重大利益相关者，职工应当享有参与企业管理的权利，非公有制企业同样必须实行民主管理。而且非公有制企业只有实行民主管理，才可以使企业决策兼顾各方利益，实现劳资双方对话、合作，从源头上维护职工的合理利益，减少摩擦，降低协调利益关系成本，把诸多矛盾冲突消除在事前和企业管理的过程中，同时可以调动职工的积极性和创造性，集中职工的智慧，为企业实行科学决策和管理奠定群众基础，促进企业协调发展，最终达到劳资两利、实现合作共赢，使企业在激烈的市场竞争中立于不败之地。

二、企业民主管理是加强基层民主政治建设的重要途径

发展社会主义民主政治就是要体现人民意志、保障人民权益、激发人民创造活力，用制度体系保证人民当家作主。我国民主政治的特点之一就是加强基层的民主政治建设，让广大人民群众广泛地参与对社会事务的管理。党的二十大报告强调，基层民主是全过程人民民主的重要体现。在企业中推进民主管理制度建设，尊重和保障职工的知情权、参与权、表达权、监督权，引导职工有序地参与，体现了我国基层民主政治建设中党的领导、人民当家作主和依法治国的有机统一，是发展全过程人民民主的一项制度性安排，是在基层实现人民当家作主的最直接的实践之一。

三、企业民主管理是建立中国特色企业管理制度的应有之义

职工参与企业管理是现代企业社会化大生产的客观要求，企业管理是专业管理和民主管理的统一，民主管理是企业管理

的有机组成部分。劳动者参与企业经营管理有助于培养富有责任心和团队精神的职工队伍，可以调动职工为企业发展贡献智慧和力量的积极性，在实现企业目标的同时，实现职工自身价值。因此，推动企业民主管理，依靠职工办企业，是企业经营管理和生存发展的客观需要。

现代企业法人治理实行股东会、董事会决策，监事会监督，经理执行，彼此相互监督、相互制约。股东会、董事会、监事会实行票决制，公开运行、民主决策成为其制度性内生需要。这种治理结构有其科学性、合理性，但这样的法人治理主要是资本拥有者的治理，是对资本、资本利益的保护，广大的劳动者通常只有服从的义务。完善现代企业制度，不仅需要理顺所有者与经营者的关系，还要解决涉及职工切身利益的劳动关系问题，协调企业所有者、经营者与职工之间的关系。以职工代表大会为基本形式的企业民主管理制度，恰恰可以弥补法人治理的这一不足，可以完善法人治理结构，使所有者、经营者、劳动者的权利与利益，通过股东会、董事会、经理层、监事会、党组织和职工代表大会形成各自独立、权责明确、协调运转、有效制衡的关系。职工代表大会作为我国现代企业法人治理结构不可或缺的重要内容和组成部分，正在逐步融入现代企业管理之中，成为中国特色企业管理制度的重要组成部分。

四、企业民主管理是构建社会主义和谐社会的重要内容

劳动关系是生产关系的重要组成部分，是最基本、最重要的社会关系之一。劳动关系是否和谐，事关广大职工和企业的切身利益，事关经济发展与社会和谐。我国正处于经济社会转型时期，劳动关系的主体及其利益诉求越来越多元化，劳动关系矛盾已进入凸显期和多发期，劳动争议案件数量居高不下，有的地方拖欠农民工工资等损害职工利益的现象仍较突出，集

体停工和群体性事件时有发生，构建和谐劳动关系的任务艰巨繁重。建立和谐劳动关系的关键，是建立和完善劳资平衡的机制和制度，实现劳动标准和利益分配的合法、合理。为此，《中共中央 国务院关于构建和谐劳动关系的意见》对完善以职工代表大会为基本形式的企业民主管理制度，丰富职工民主参与形式，畅通职工民主参与渠道，依法保障职工的知情权、参与权、表达权、监督权，推进厂务公开制度化、规范化，推行职工董事制度、职工监事制度等专门提出要求。通过实行企业民主管理，引导职工群众以合法有序的途径和合法理性的方式充分表达自己的利益诉求，既有利于维护职工合法权益，又能够妥善处理各种利益矛盾，做到在共建中共享，在共享中共建。

五、企业民主管理是加强企业党建工作、预防腐败的重要手段

2016 年 10 月，习近平总书记在全国国有企业党的建设工作会议上强调，坚持全心全意依靠工人阶级的方针，是坚持党对国有企业领导的内在要求。要健全以职工代表大会为基本形式的民主管理制度，推进厂务公开、业务公开，落实职工群众知情权、参与权、表达权、监督权，充分调动工人阶级的积极性、主动性、创造性。企业在重大决策上要听取职工意见，涉及职工切身利益的重大问题必须经过职代会审议。要坚持和完善职工董事制度、职工监事制度，鼓励职工代表有序参与公司治理。2019 年，中共中央发布《中国共产党国有企业基层组织工作条例（试行）》。该条例第十七条明确要求：“健全以职工代表大会为基本形式的民主管理制度，探索职工参与管理的有效方式，推进厂务公开、业务公开，保障职工知情权、参与权、表达权、监督权，维护职工合法权益。重大决策应当听取职工意见，涉及职工切身利益的重大问题必须经过职工代表大会或者职工大

会审议。坚持和完善职工董事制度、职工监事制度，保证职工代表有序参与公司治理。”企业民主管理工作是在企业党组织领导和支持下推进的。党的组织建设为企业民主管理提供了有效的组织领导保证，企业民主管理又为党组织发挥作用提供了有效的平台。企业党风廉政建设、反腐倡廉工作是党风廉政建设和反腐败斗争的重要组成部分。企业实行民主管理是企业预防腐败的重要保障，可以把企业单位的经营管理和领导人员的廉政勤政情况置于广大职工群众的监督之下，强化内部监督制约机制，防止权力失控、决策失误和行为失范。国有企业建立并逐步完善领导班子和领导人员重要事项向职工代表大会报告、职工代表大会评议企业领导人员等制度，有利于提高权力运作的透明度，减少权力运作的随意性，增强权力运作的规范性，促进办事环境的进一步优化，督促企业经营管理者廉洁从业，有效遏制权力滥用现象的发生。这在非公有制企业中同样具有积极意义和重要作用。在非公有制企业发展到一定规模、管理层次提升的时候，防止商业贿赂、预防企业管理人员腐败的工作也必须加强。通过企业民主管理，让职工群众参与到企业管理中来，是解决企业管理者腐败问题、促进经营管理者廉洁从业的有效方法。

第三节 企业民主管理应当把握的几项原则

推进企业民主管理，应当遵循坚持党的领导、坚持依法推进、坚持群众路线、坚持和谐共赢等原则。

一、坚持党的领导

党的二十大报告指出，中国特色社会主义最本质的特征是中国共产党领导，中国特色社会主义制度的最大优势是中国共产党领导，中国共产党是最高政治领导力量。党政军民学，东西南北中，党是领导一切的。坚持党的领导是我国企业推行民主管理的重要特征和根本保证。从历史上看，我国的企业民主管理从一开始就是在党的领导下开展并逐步完善发展的，企业民主管理在每个历史时期取得的成果都与同时期党的政策及其执行密切相关，因此，坚持党对企业民主管理工作的领导具有其历史必然性。从现实来看，在建立和完善社会主义市场经济的过程中，特别是随着我国经济结构的进一步调整和国有企业改革的深化，企业组织形式和职工队伍发生了深刻变化，职工思想观念和利益诉求多样化，劳动关系冲突不可避免，稍有不慎，就会影响企业和社会稳定。因此，由党这个协调各方的政治核心来领导企业民主管理，显得特别重要。企业民主管理作为社会主义民主政治建设的重要组成部分，体现了坚持党的领导、人民当家作主和依法治国的有机统一，体现了社会主义民主的本质特征。坚持党对企业民主管理的领导是指企业民主管理要认真贯彻党的路线方针政策，接受企业党组织的政治思想领导。同时，企业民主管理还要同企业其他行政管理紧密配合。

二、坚持依法推进

社会主义市场经济是法治经济。依法治国是党领导人民治理国家的基本方略，依法推进是企业民主管理发展的必由之路。企业民主管理工作关系到我国基层民主政治建设，涉及具有中国特色社会主义企业管理制度的建立和完善，加强立法和执法非常重要。为此，要加强源头参与，把推动立法和监督严格执法作为今后一个时期深化企业民主管理工作的一项战略性任务。在实践中，应当坚持将公开的内容、需要提交职工讨论决定的事项等与履行各项民主程序统一起来，既要保证民主管理内容的合法性，又要保证企业职工依据一定的民主程序参与本单位的民主管理，切实发挥企业民主管理在企业中应有的维护职工合法权益、促进企业科学发展的作用。同时，企业民主管理工作既要依法推进，又要大胆实践、开拓创新。在法律法规尚不完备的情况下，可以依据正确的政策、理论和实践，不断推进和深化企业民主管理。一些地区根据实践经验和工作需要，专门制定了企业民主管理的地方性法规和政策，为本地区推进企业民主管理工作创造了良好的法律和政策环境，也为国家进一步制定和完善这方面的法律法规创造了条件。

三、坚持群众路线

企业民主管理的主体是职工群众，没有职工群众的支持和参与，企业民主管理工作就会成为无源之水、无本之木。群众路线是党的根本工作路线，企业民主管理作为广大职工发挥主人翁作用的群众性实践活动，必须走群众路线，坚持一切发动群众，依靠群众，充分尊重广大职工群众的首创精神，并以职工群众是否满意作为衡量开展企业民主管理工作好坏的标准。实践证明，企业民主管理工作每次取得的重大进展，无不凝结着基层广大干部和职工群众的智慧结晶，许多企业民主管理的制度和形式都是经过基层群众的实践和首创形成的。

四、坚持和谐共赢

企业民主管理的基本任务是凝聚包括企业领导者在内的全体职工的智慧和力量，共同办好企业。依法开展以职工代表大会为基本形式的企业民主管理，必然要兼顾企业与职工双方的权益，既维护职工的合法权益，也维护企业的利益。实行民主管理一定要围绕企业的中心工作和职工关心的热点难点焦点去开展工作。企业民主管理只有得到职工群众的真心拥护、真正参与，调动起职工群众的积极性和创造性，才能为企业发展贡献才智和力量，推动企业健康发展。在社会主义市场经济体制下，劳动关系双方是合作的关系，实行民主管理不是企业专业管理的对立面，而是企业科学管理的组成部分。企业民主管理只有坚持这一“共赢”原则，才能充分发挥作用。

第四节　企业民主管理的历史发展与现状

一、新民主主义革命时期的企业民主管理

在新中国成立前的苏区、抗日根据地、解放区，企业民主管理的形式经历了从“三人团”和工人大会，到初步创立了工厂管理委员会和职工代表会议制度的发展过程。

我们党在创建革命根据地以后，开始有了自己的工厂，这些工厂实行与国民党统治区的工厂不同的管理办法和制度。比较有代表性的就是“三人团”和工人大会制度。1934 年 4 月，《苏维埃国家工厂管理条例》、《苏维埃国家工厂支部工作条例》确立了工人大会这种企业民主管理制度。“三人团”由厂长、党支部书记和工会委员长组成，工厂生产中发生的许多问题必须经过“三人团”会议研究决定。这一民主管理方式，主要是工会一方推举代表参加“三人团”反映工人的意见并参与企业管理，同时工会负责召开工人大会，讨论生产计划，收集职工的意见和建议。抗日战争后期，工厂民主管理制度有了一些变化，曾经用厂务会议代替“三人团”，但党中央和陕甘宁边区政府强调，厂长的管理不能取消工厂的民主管理。这一时期，边区的私营工厂也通过私营企业的工厂委员会和店铺委员会组织职工进行民主监督。

抗日战争胜利后，由于解放区扩大到一些大中城市，1946 年 5 月，中共中央在《关于工矿业政策的指示》中正式推广工

厂委员会制度。工厂委员会由厂长、工程师、其他生产负责人和工会主席组成，讨论并决定有关企业管理和生产中的各种问题。1949 年 5 月，华北解放区召开职工代表大会，正式强调所有工厂要建立工厂管理委员会和职工代表会议制度。同年 8 月，华北人民政府作出了《关于在国营工业企业中建立工厂管理委员会和职工代表会议制度的决定》，对工厂管理委员会和职工代表会议的性质、任务、组织和职权作出了规定，从而在国家的局部地区正式确立了职工代表会议制度。在私营企业，通过“工人生产维持委员会”、“增产节约委员会”、“劳资协商会议”等形式实行企业民主管理。

二、社会主义革命和建设时期的企业民主管理

新中国成立后，在公私合营、社会主义改造过程中，企业民主管理在实行计划经济时期历经曲折，但仍坚持发展。1950 年 2 月，中央人民政府政务院财政经济委员会发出《关于国营、公营工厂建立工厂管理委员会的指示》，标志着华北解放区推动建立的工厂管理委员会和职工代表会议制度成为全国性统一执行的政策，在调动广大职工投身社会主义建设事业的热情和积极性方面发挥了重要作用。职工代表会议制度应当说是职工代表大会制度的前身。党中央对这种企业民主管理制度非常重视，要求“所有的公营工厂，应一律组织工厂委员会和职工代表会议制度”。此后，全国工厂委员会和职工代表会议制度建设得到了有力的推动。1953 年后，由于推行“一长制”，企业民主管理一度被削弱。

1956 年，党的八大决定在国营企业中实行党委领导下的厂长（经理）负责制和党委领导下的职工代表大会制，这一体制一直延续到 1984 年。1957 年，中共中央在《关于处理罢工罢课问题的指示》和《关于研究有关工人阶级的几个重要问题的通

知》中提出建立党委领导下的职工代表大会制度，并明确了职工代表大会的职权。职工代表大会制度较职工代表会议制度有了新的发展：一是代表实行常任制；二是扩大了权力，由原来的咨询和监督性组织成为职工参与管理、监督行政的权力机关；三是明确了大会闭会期间，工会作为其常设机构主持日常工作。至此，职工代表大会制度得到了进一步健全和规范。1960 年，毛泽东同志将鞍山钢铁公司在企业管理方面实行“两参一改三结合”的经验（即干部参加劳动，工人参加管理，改革不合理的规章制度，工人群众、领导干部和技术员三结合）概括为“鞍钢宪法”，成为企业民主管理的重要指导方针。

在“文化大革命”期间，企业民主管理工作受到严重冲击，停滞发展。

三、改革开放和社会主义现代化建设新时期的企业民主管理

改革开放初期，我国的企业民主管理从拨乱反正、恢复职工代表大会制度，到适应改革开放的需要不断巩固发展，日益发挥着重要作用，取得了显著的成绩。

“文化大革命”结束后，为了使工业企业的管理方式适应现代经济发展的需要，党和国家领导人高度重视企业管理制度的改革，同时强调企业应当实行民主管理。1978 年 10 月，邓小平同志在中国工会第九次全国代表大会的致辞中深刻地指出：工会“要教育全体会员积极参加企业的管理，所有的企业必须毫无例外地实行民主管理，使集中领导和民主管理结合起来”，“企业的重大问题要经过职工代表大会或职工大会讨论”。邓小平同志关于企业民主管理的论述，构成了党的十一届三中全会后党中央确定企业民主管理法律和政策的主要依据。为发展商品经济，实行政企分离，建立与之相适应的企业管理制度，1981 年和 1982 年，中共中央、国务院相继颁布了《国营工业企业职

工代表大会暂行条例》、《国营工厂厂长工作暂行条例》、《中国共产党全民所有制工业企业基层组织工作暂行条例》。这三个暂行条例的颁布，形成了当时我国企业“党委集体领导、厂长行政指挥、企业民主管理”的领导结构。这一领导结构发挥了很好的作用，并在法律上逐步得到确认。1982 年 12 月，第五届全国人大第五次会议通过的《宪法》第十六条第二款规定：“国营企业依照法律规定，通过职工代表大会和其他形式，实行民主管理。”这是第一次将职工代表大会写入国家宪法。1984 年以后，随着经济体制改革的深入发展，我国企业开始实行厂长负责制。以城市为重点的经济体制改革战略确定以后，国有企业领导制度改革加速进行。1986 年，中共中央、国务院在《国营工业企业职工代表大会暂行条例》的基础上，经过修改和完善，正式颁布了《全民所有制工业企业职工代表大会条例》，对职工代表大会的性质、职权、组织制度、适用范围及与工会的关系等作出明确规定。1988 年，《全民所有制工业企业法》出台，首次将职工代表大会制度纳入了国家的基本法律规范中，这为推动职工代表大会制度建设，发挥职工代表大会在完善企业管理、保障职工合法权益方面的作用，提供了重要的法律依据。

1992 年，党中央明确建立社会主义市场经济体制，经济体制改革的各项措施纷纷出台，许多国有企业开始进行改革改制，企业进行了劳动用工、劳动报酬、社会保障三项制度的改革，建立现代企业制度，进行产权制度的改革，国有中小型企业改制，非公有制经济迅速发展。由于社会各方对企业是否实行民主管理、以什么方式进行民主管理的认识不同，一度片面强调“能人治厂”的厂长负责制在很大程度上削弱了企业民主管理制度，导致不少企业劳动关系矛盾激化。因此，企业民主管理遇到了新的挑战和发展契机。1993 年颁布的《公司法》第一次明确了在公司制企业“通过职工代表大会和其他形式，实行民主管理”。1994 年 7 月颁布的《劳动法》第一次打破所有制界限，规定“集体合同草案应当提交职工代表大会或者全体职工讨论通过”，强化了法律对切实发挥职工代表大会作用的要求。1997 年 9 月，党的十五大报告提出：坚持和完善以职工代表大会为基本形式的企事业民主管理制度，组织职工参与改革和管理，维护职工合法权益。第一次在“党代会”的政治报告中明确了职工代表大会作为企事业单位民主管理“基本形式”的地位，将职工代表大会制度拓展到了所有事业单位。2001 年修改的《工会法》第六条规定了维护职工合法权益是工会的基本职责。工会依照法律规定通过职工代表大会或者其他形式，组织职工参与本单位的民主决策、民主管理和民主监督。2005 年修订后的《公司法》和 2007 年颁布的《劳动合同法》等法律法规，都对企业建立职工代表大会和实行民主管理作出了相关规定。这充分反映在建立社会主义市场经济体制过程中，我们党坚持在企业实行民主管理的政策，将以职工代表大会为基本形式的企业民主管理制度作为基层民主政治建设的重要内容和制度进行部署和推动，民主管理逐步从企业向事业单位延伸。广大职工群众在实践中还创造了诸如厂务公开制度、职工董事制度和职工监事制度等新的企业民主管理形式，丰富了企业的民主管理制度。

四、中国特色社会主义新时代的企业民主管理

党和国家始终高度重视职工民主权利的维护和实现，把落实职工民主权利作为落实以人民为中心发展思想的具体体现，作为发展人民当家作主社会主义民主制度的重要举措，作为新发展理念中改革发展成果由人民共享的生动实践，作为促进企业发展、维护职工合法权益、实现社会和谐稳定的重要制度安

排，贯穿全面深化改革整个过程。

党的十八大明确指出：全心全意依靠工人阶级，健全以职工代表大会为基本形式的企事业单位民主管理制度，保障职工参与管理和监督的民主权利。党的十八届三中全会指出：健全以职工代表大会为基本形式的企事业单位民主管理制度，加强社会组织民主机制建设，保障职工参与管理和监督的民主权利。党的十九大报告强调：扩大人民有序政治参与，保证人民依法实行民主选举、民主协商、民主决策、民主管理、民主监督。党的二十大报告指出：全心全意依靠工人阶级，健全以职工代表大会为基本形式的企事业单位民主管理制度，维护职工合法权益。这些都为健全以职工代表大会为基本形式的企业民主管理制度建设提出了明确要求。习近平总书记多次对全心全意依靠工人阶级、切实维护职工民主权利作出重要指示。2013 年 10 月 23 日，习近平总书记在同全国总工会新一届领导班子集体谈话时指出：要健全以职工代表大会为基本形式的企事业单位民主管理制度、厂务公开制度，组织职工依法实行民主选举、民主决策、民主管理、民主监督，使职工群众的知情权、参与权、表达权、监督权得到更充分更有效的保障。2015 年 4 月 28 日，习近平总书记在庆祝“五一”国际劳动节暨表彰全国劳动模范和先进工作者大会上指出：要推进基层民主建设，健全以职工代表大会为基本形式的企事业单位民主管理制度，更加有效地落实职工群众的知情权、参与权、表达权、监督权。2016 年 10 月 10 日，习近平总书记在全国国有企业党的建设工作会议上明确指出：坚持全心全意依靠工人阶级的方针，是坚持党对国有企业领导的内在要求。要健全以职工代表大会为基本形式的民主管理制度，推进厂务公开、业务公开，落实职工群众知情权、参与权、表达权、监督权，充分调动工人阶级的积极性、主动性、创造性。企业在重大决策上要听取职工意见，涉及职工切身利益的重大问题必须经过职代会审议。要坚持和完善职工董事制度、职工监事制度，鼓励职工代表有序参与公司治理。2020 年 11 月 24 日，习近平总书记在全国劳动模范和先进工作者表彰大会上发表重要讲话，指出：要健全以职工代表大会为基本形式的企事业单位民主管理制度，推进厂务公开，充分发挥广大职工群众的积极性、主动性、创造性。2021 年 10 月，习近平总书记出席中央人大工作会议，系统阐述了全过程人民民主的丰富内涵和实践要求，强调必须坚持用制度体系保障人民当家作主。党的十九届六中全会审议通过的《中共中央关于党的百年奋斗重大成就和历史经验的决议》，把“发展全过程人民民主”列为习近平新时代中国特色社会主义思想的重要内容，纳入党的十八大以来党和国家事业取得的历史性成就进行总结。这些重要论述充分体现了以习近平同志为核心的党中央坚持以人民为中心的发展思想，充分体现了党的全心全意依靠工人阶级的方针，为实现好、维护好职工民主权利指明了方向。

党的十八大以来，党中央出台的多个重要文件都对健全企事业单位民主管理制度提出明确要求。《中共中央关于加强社会主义协商民主建设的意见》强调：推进企事业单位的协商。健全以职工代表大会为基本形式的企事业单位民主管理制度。畅通职工表达合理诉求渠道，健全各层级职工沟通协商机制。《中共中央关于加强和改进党的群团工作的意见》强调：积极参加城乡基层群众自治和企事业单位民主管理，引导所联系群众正确行使民主权利，推动基层民主健康发展。《中共中央 国务院关于构建和谐劳动关系的意见》对加强企业民主管理制度建设提出了明确的要求，对“完善以职工代表大会为基本形式的企业民主管理制度”，“推进厂务公开制度化、规范化”，“推行职工董事、职工监事制度”作出了明确规定。2017 年中共中央、国务院印发的《新时期产业工人队伍建设改革方案》对保证职工主人翁地位、维护职工民主政治权利提出了明确要求。在推进公司制改革中，国务院办公厅于 2017 年 5 月印发的《国务院办公厅关于进一步完善国有企业法人治理结构的指导意见》，明确了职工代表大会在公司治理结构中的重要地位，为公司制企业建立健全以职工代表大会为基本形式的民主管理制度、切实保障职工民主政治权利提供了有力的政策依据。党中央、国务院关于维护职工民主政治权利的一系列顶层设计和总体部署充分表明，在我国进入全面深化改革、经济发展进入新常态的形势下，切实维护职工民主政治权利已经上升为党和国家的重要施政目标、治国方略。

近年来，企业民主管理工作在理论建设、制度建设、法治化建设、舆论建设和人才队伍建设等方面取得了显著成效和进展。

（一）企业民主管理理论建设

党的十八大以来，针对企业民主管理工作在市场经济条件下出现的新情况、新问题，各级工会加强了政策理论研究，积极探索企业民主管埋工作的特点和规律，坚持走中国特色社会主义道路，吸收借鉴现有的劳动力产权理论、人力资本理论、利益相关者理论、全心全意依靠工人阶级理论、和谐社会理论等各种理论、观念，并与现代企业制度、企业文化、企业社会责任等相结合，形成了许多专题研究报告，梳理了一些基本的理论和思路：一是所有的企业都应当实行企业民主管理，职工参与企业民主管理的权利源自劳动本身；二是职工代表大会制度是企业实行民主管理的基本形式；三是企业民主管理是具有中国特色的企业管理制度的有机组成部分，等等。这些研究成果为推动企业民主管理工作创新发展特别是非公有制企业的发展提供了新的理论支撑。企业民主管理的社会影响不断扩大，在各级党政干部、企业经营管理者以及广大职工中形成了日益广泛的共识。大家普遍认同，实行职工代表大会、厂务公开、职工董事、职工监事等民主管理制度是企业实行民主管理的具体体现，企业实行民主管理，是依靠职工办企业的重要形式；是创新和完善社会管理、发展基层民主、扩大公民有序政治参与、保障人民依法直接行使民主权利的重要途径；是健全资本、管理、技术、劳动等生产要素参与分配制度，实现劳资共建、共享、共赢的客观要求；是推动建立中国特色企业管理制度，完善现代企业法人治理结构的题中应有之义；是加强党风廉政建设和促进经营管理人员廉洁从业的有力推手；是构建和谐劳动关系、实现企业与职工和谐共赢的重要保障。

面对新时代新任务新要求，各级工会应进一步加强企业民主管理理论研究，加强对基础性、战略性、现实性问题的研究，注重对历史经验和实践中成功做法的研究，注重同国外的职工民主管理进行比较研究，不断推进企业民主管理理论创新。

（二）企业民主管理制度建设

党的十八大以来，企业民主管理各项制度深入发展。职工代表大会制度在国有企业和集体企业得到普遍推行；在非公有制企业中，职工代表大会制度也有了长足发展，出现一批开展较好的企业，取得了成功的经验；在经济发展比较快、中小企业比较集中的地方，建立了区域（行业）职工代表大会制度，以解决区域（行业）内涉及各企业职工切身利益的带有共性的问题。针对不同行业、不同类型、不同规模、不同特点的企事业单位维护和实现职工民主权利的不同侧重点，各级工会组织注重精准施策、加强分类指导。全国总工会相继制定了多个文件，对进一步推进国有企业、非公有制企业、公司制企业、事业单位的民主管理制度建设以及政府与同级工会联席会议制度提出了明确要求。

2016 年，结合全国总工会改革试点任务的落实，全国总工会制定了《中华全国总工会关于深入推进非公有制企业民主管理工作的意见》和《中华全国总工会关于加强公司制企业职工董事制度、职工监事制度建设的意见》，2022 年又制定了《中华全国总工会关于推行企业集团职工代表大会制度的意见》等，各地区、各单位也都结合全面深化改革的新形势、工作发展的新要求和职工群众的新期待加强制度创新，为维护职工民主权利提供了有力的政策指导，推动企业民主管理各项制度建设不断加强。

当前，各级工会应该将推动企业建立职工代表大会与工会组建工作结合起来。对具备单独建制条件的企业，建立并逐步完善职工代表大会制度；在集团型企业建立健全企业集团职工代表大会；在中小型非公有制企业比较集中的乡镇（街道）、开发区（工业园区）、村（社区），应该大力推行区域（行业）职工代表大会制度。在推进制度化建设过程中，应该以民主管理主题活动和厂务公开民主管理示范单位活动为抓手，推进企业民主管理制度化、规范化建设，注意企业民主管理各种制度之间的有效衔接，以及企业民主管理制度和企业管理制度的有效对接，不断创新工作内容和形式，提高企业民主管理工作质量，使其在企业改革发展中真正发挥作用。

（三）企业民主管理法治化建设

2012 年修订的《劳动合同法》和 2018 年修订的《公司法》等法律法规，都对企业建立职工代表大会和实行民主管理作出了相关规定。2021 年修改后的《工会法》第六条规定了维护职工合法权益、竭诚服务职工群众是工会的基本职责。工会依照法律规定通过职工代表大会或者其他形式，组织职工参与本单位的民主选举、民主协商、民主决策、民主管理和民主监督。

2012 年 2 月，中央纪委、中央组织部、国务院国资委、监察部、全国总工会、全国工商联联合印发《企业民主管理规定》，打破了企业所有制界限，明确规定所有企业都要建立以职工代表大会为基本形式的民主管理制度。积极推动各地企业民主管理的立法工作，截至2020年底，全国已有29个省（区、市）出台了36部有关企业民主管理的地方性法规，推动了全国企业民主管理立法进程。这些法规为维护职工民主权利提供了有力支持，也为全国层面推进立法进程奠定了坚实的基础。

党的十八大以来，企业民主管理法治化建设得到长足发展。当前，各级工会应该加大源头参与力度，继续推动完善国家有关企业民主管理的法律法规，推动出台地方性法规和政策规定。同时，应注意将立法和执法相结合，促进企业认真遵守执行法规政策，做到有法可依、有法必依。

（四）企业民主管理舆论建设

党的十八大以来，各级工会通过网络、报刊等媒介对企业民主管理的政策法规、理论研究、制度创新等发展情况以及典型经验等进行了广泛宣传，全国总工会对企业民主管理的网站进行了改版升级，提高了党政干部、企业经营管理者以及职工对企业民主管理的认识，提高全社会对企业民主管理的关注度，为推动企业民主管理创新发展营造了良好的社会氛围。职工民主参与的手段和载体也在随着时代的进步不断创新发展，企业内部网站、电子信箱、手机短信、QQ、微博、微信、手机App等新媒体、新平台都被广泛运用。职工参与民主管理的互动性进一步增强，操作成本进一步降低，更多的职工群众能够在更广大的范围内参与进来。

当前，各级工会应该继续加强企业民主管理舆论建设。一是加大舆论宣传力度，充分利用网络、手机等新载体，广泛宣传企业民主管理工作的重要意义和积极作用。二是通过评选表彰先进单位，发现、培育、总结、宣传和推广先进单位的成功经验和创新做法，以点带面推动工作的深入发展。三是结合新时代、新要求，加强对工会干部和职工代表的培训，不断提高他们的理论素养、政策水平和参政议政能力。

（五）职工代表队伍建设

党的十八大以来，为了建设一支高素质、高水平的职工代表队伍，更加充分有效地保障职工参与管理和监督的民主权利，不断提高职工代表大会的质量水平，更好地发挥以职工代表大会为基本形式的企事业单位民主管理制度在服务全面深化改革大局方面的积极作用，更好地服务经济社会高质量发展和实现全面建成社会主义现代化强国的第二个百年奋斗目标，针对企业数量激增、职工流动性较强、基层工会力量薄弱的现状，全国厂务公开协调小组办公室制定了《2019—2023 年职工代表培训规划》，编写《职工代表大会操作指引》等，以送教到基层、举办全国性培训班等方式带动示范各级工会组织认真落实《2019—2023 年职工代表培训规划》，努力确保每个省五年内至少培养 20 名能够讲授有关职工代表培训课程的优秀讲师，选树出 30 家教学示范点，每年至少开展一次对工会干部的民主管理业务培训，扎实推进职工代表队伍建设。

当前，各级工会组织要对职工代表队伍建设给予高度重视，加强组织领导，将其列入重要议事日程，制订培训计划和落实措施，认真选取培训教材和聘请培训教师，扎实有序地推进职工代表培训工作。各基层企事业单位工会应当主动向党委汇报，同行政沟通，争取党委和行政对职工代表培训工作的重视，并从人员、时间和经费等各方面给予支持。

思考题：

1. 如何理解所有企业都要实行民主管理？
2. 如何理解职工代表大会是企业民主管理的基本形式？

第七章　职工代表大会制度

第一节　职工代表大会制度概述

一、职工代表大会制度的概念

职工代表大会制度，是指包括经营管理者与劳动者在内的全体职工通过职工代表大会（或职工大会，下同）实行民主管理所必须共同遵守的一整套运行规程和活动准则。职工代表大会是职工行使民主管理权力的机构，是企业民主管理的基本形式。

二、职工代表大会制度的性质和地位

职工代表大会是职工行使民主管理权力的机构，这是职工代表大会的基本性质。职工代表大会的职权包括职工的知情权、参与权、表达权、监督权，以及一定条件下的选举权、决定权等各项民主权利，是将单个职工依法享有的民主管理权力整合成为全体职工集体的民主管理权力。这一权利的基本性质是民主性质的参与管理权力，但不是直接对企业的经营管理的权力，也不是替代企业的经营管理权力。

职工代表大会是企业实行民主管理的基本形式，这既是我国企业民主管理制度建设的实践经验总结，也是由其内在的特质所决定的。在我国企业民主管理的实践中，职工代表大会制

度在促进企事业单位改革发展稳定中发挥了不可替代的重要作用。

职工代表大会具有法定的权威性、广泛的代表性、职权的多样性、完整的组织制度和工作制度等特点。职工代表大会的代表来自企业的车间、科室、班组等各个层面，按照生产单位划分选区，经过一定民主程序选举产生，包含了工人、技术人员、管理人员、领导干部和劳务派遣工等各方面的职工，这使职工代表大会具有广泛的代表性，成为具有民主、民意色彩的平台。职工代表大会的职权包括知情权、建议权、决定权、监督权和选举权，涉及职工参与企业管理的各个方面，其内容具有全面性。职工代表大会具有完整的组织制度和工作制度，特别是票决制，具有较强的操作性。职工代表大会的决定、决议是根据少数服从多数的民主集中制原则和法定的程序作出的，最大限度地代表了民意，体现了公平、公正，其决策具有权威性。职工代表大会制度具有的这些特点是其他企业民主管理形式所不具备的，其他民主管理形式不能普遍适用于各类企事业单位，不能替代职工代表大会成为企业民主管理的基本形式。

三、职工代表大会的特殊组织形式

职工代表大会制度一般情况下是设立在企业单位内部的民主管理制度。改革开放以来，随着企业形态的多样化，职工代表大会制度也与之相适应地发生变化。如在大量中小微企业中，职工也有参与管理的愿望和权利，但是这些企业单独召开职工大会有一定的困难，因此发展出了区域（行业）职工代表大会这种新的形态，以满足大量中小微企业职工行使民主管理权力的要求。随着跨地区、跨行业的企业集团的产生，也催生了企业集团职工代表大会的出现。企业单独建立职工代表大会制度，是职工代表大会的基本形态；有多个企业参加的职工代表大会或者是企业内部不同层级召开的职工代表大会（如集团、总公司职工代表大会，车间工段或科室职工大会）是职工代表大会的特殊形态。特殊形态的职工代表大会在职权的设置、职工代表的选举产生和比例等方面与一般形态的职工代表大会有所不同，但都是企业实行民主管理的基本形式。

四、职工代表大会与企业其他组织机构的关系

（一）职工代表大会与企业党组织的关系

企业民主管理工作必须以马克思列宁主义、毛泽东思想、邓小平理论、“三个代表”重要思想、科学发展观、习近平新时代中国特色社会主义思想为指导，坚持党的领导，坚定不移地贯彻落实党的全心全意依靠工人阶级的方针。企业党组织应当加强对民主管理工作的领导和支持，将企业民主管理工作纳入党建工作总体要求之中。

党对职工代表大会的领导，主要表现在实行思想政治领导，保障职工代表大会行使规定的权力；向职工代表大会宣传党的路线方针政策，通过党员职工代表的先锋模范作用，把党中央的决策部署更好地变成职工群众的自觉行动；教育职工不断增强主人翁责任感，支持引导职工代表正确行使权利和履行义务。职工代表大会与基层党组织的关系，实质上是党同工人阶级群众的关系在基层的具体体现。因此，职工代表大会必须接受企业党组织的领导。职工代表大会接受党的领导，有利于统一党、政、工三方面的认识，增强企业单位行政领导干部的民主意识，尊重职工的主人翁地位，化解矛盾和分歧，协调职工代表大会与企业行政的关系，保证职工代表大会各项权利落到实处，确保职工代表大会的正确方向。

（二）职工代表大会与法人治理结构的关系

职工代表大会是我国现代企业法人治理结构中不可缺少的

重要内容和组成部分。国务院办公厅于2017年5月印发的《国务院办公厅关于进一步完善国有企业法人治理结构的指导意见》明确了职工代表大会是公司治理结构中的重要组成部分。企业法人治理结构，是指公司权力的分配、监督和内部协调关系的一种制度性安排。企业法人治理结构一般包括：（1）股东会，即出资人行使股东权利的机构；（2）董事会，即公司法人代表机构，行使公司经营决策权；（3）监事会，即公司法人的监督机构，负责监督董事会及其成员和经理层的活动与行为，维护公司及各利益相关者的权益不受侵害；（4）经理层，由董事会聘任，是公司的经营者、董事会决策的执行者；（5）职工代表大会，是职工行使民主管理权力的机构。职工代表大会与股东大会、董事会、监事会各有其法律地位，在主体、性质、职能和职权等方面都不相同，各自发挥着应有的作用，成为现代企业制度中的应有之义。

1. 职工代表大会与股东大会的关系。

股东大会的主体是全体股东，股东按所持股份享有相应表决权。从性质上看，股东大会是公司出资人行使股东权利的机构。从职能上看，股东大会是资产所有者讨论决定与资产有关的重大经营、投资和人事等事项的机构。职工代表大会则是职工行使民主管理权力的机构，是广大职工参与企业管理，依法维护劳动者权益的重要平台。

股东大会与职工代表大会在性质、职能、职权、组成人员等方面有着明显的不同。在建立股东大会的同时，坚持实行职工代表大会制度，可以把公司制企业（以下简称公司）的产权和劳权有机地统一起来，有利于兼顾资本与劳动的利益，实现企业与职工共谋发展、共享成果、互利共赢。同时，职工代表大会依法行使职权，还可以为股东大会决策奠定坚实的民意基础。

2. 职工代表大会与董事会的关系。

董事会的主体是全体董事，主要包括股权董事、劳权董事和独立董事。从性质上看，董事会是公司制企业的经营决策机构。从职能上看，董事会主要是对企业经营管理进行决策和任免的主要经营管理者。董事会对股东会负责。职工代表大会，顾名思义是由劳动者或劳动者代表组成，促进企业发展、维护职工权益是其工作的出发点和落脚点。从职权上看，凡是由董事会在法律法规范围内作出的决定或决策，职工代表大会行使的是审议建议权；凡是应由职工代表大会决定的事项，多不在董事会行使的职权内，二者各司其职、各负其责，互相不能替代。职工代表大会的意见、建议，可为董事会科学决策奠定群众基础；董事会通过吸引采纳职工意见，可使重大决策更好地集中职工智慧、反映职工意愿，得到进一步完善。因此，两者既独立行使各自职权，又需要互相支持、互相尊重。

要发挥职工代表大会在推动董事会民主决策、科学决策方面的积极作用。职工代表大会应当通过职工董事参与董事会的决策过程，充分发挥职工代表大会在了解民心、汇聚民意、形成共识方面的独特作用，真实、充分反映职工的意见建议，使董事会的决策和管理更加符合企业实际，符合大多数职工的意愿，得到广大职工的理解和支持。要督促董事会在经职工代表大会广泛听取职工意见的基础上进行决策。职工代表大会要及时宣传董事会决策精神，推动董事会决策事项的实施。同时，董事会应当接受职工代表大会的监督，支持职工代表大会选举产生的职工代表作为董事会、监事会成员参与公司决策、管理和监督，代表和维护职工合法权益，促进企业健康发展。

3. 职工代表大会与监事会的关系。

依照《公司法》的规定，公司中除一定比例的职工代表进入监事会外，股东推举的股权监事占大多数。从性质上看，监事会是监督检查公司的资本状况、业务活动执行情况以及董事会活动的常设机构。从职能上看，监事会是公司专门设置的监督机构，有权对公司财务和业务状况进行调查和检查，并有权要求经营者作出有关报告。

监事会与职工代表大会都有监督检查的作用，职工代表大会的监督是“全方位”的群众监督，监督的重点是公司依法经营管理、用工和保障职工合法权益；而监事会作为公司法人的监督机构，主要负责监督董事会及其成员和经理层的活动与行为，维护公司及各利益相关者的权益不受侵害。两者的监督相辅相成、各有侧重。

职工代表大会应当充分发挥民主监督的优势和作用，使职工代表大会广泛、深入的群众性监督与监事会专职、专业的权利性监督优势互补、形成合力。要组织职工代表开展调研巡查，通过对经营管理重大事项及董事和高级管理人员的职务行为进行质询，民主评议领导人员等监督检查活动，为监事会及时提供翔实的信息，督促企业执行劳动法律法规和规章，履行社会责任，推动企业健全权力运行的内部民主监督机制，提高监事会监督的效能。职工代表大会还应当通过由其选举产生的职工监事影响监事会的各项活动，督导职工监事在监事会监督的过程中发挥其应有作用。

4. 职工代表大会与经理层的关系。

公司制企业的具体经营管理等经济活动是由经理层按照董事会决议负责组织实施的。经理层的经营管理执行权与职工代表大会的民主管理权力，两者互相依存、互相制约、互相支持、互相尊重，是办好企业缺一不可的两个方面。一方面，职工通过职工代表大会参与企业管理，行使审议、监督等民主权利，使经理层的生产经营管理指令建立在劳动者充分理解和支持的基础之上，得到有效的贯彻执行；另一方面，经理层制定的经营管理规章制度和指令要求，只有充分兼顾和保障职工的权益，才能在职工代表大会上达成广泛共识，劳动者的积极性才能充分发挥出来。

职工代表大会应当监督和支持经营管理者依法将生产经营情况、发展规划和管理办法以及改革发展过程中遇到的问题，通过职工代表大会等形式，向职工报告和说明；在制定、修改或者决定直接涉及劳动者切身利益的规章制度或者重大事项时，必须依法提交职工代表大会审议，集体合同草案必须依法提交职工代表大会审议通过；通过开展“公开解难题、民主促发展”主题活动，广泛征集职工代表提案，组织职工开展劳动竞赛和技术攻关、技术革新、发明创造等科技创新活动，群策群力破解经营管理难题，完善经营管理制度，提高企业市场竞争能力。

（三）职工代表大会与工会委员会的关系

1. 职工代表大会的工作机构是工会委员会。

工会委员会是职工代表大会的工作机构，负责职工代表大会的日常工作。工会是推行民主管理的积极参加者和具体组织者，在长期的工作实践中积累了丰富的经验。通过职工代表大会，工会可以更有效地履行自己的职能，完成自己的任务。法律法规对工会承担职工代表大会工作机构的职责也作出了明确规定，为工会负责职工代表大会日常工作、组织检查督促职工代表大会决议的执行等提供了法律政策依据。

2. 职工代表大会工作机构的具体职责。

根据相关法律法规规章，工会作为职工代表大会的工作机构，应履行好以下职责：

（1）提出职工代表大会代表选举方案，组织职工选举职工代表和代表团（组）长。

（2）征集职工代表提案，提出职工代表大会议题的建议。

（3）负责职工代表大会会议的筹备和组织工作，提出职工代表大会的议程建议。

（4）提出职工代表大会主席团组成方案和组成人员建议名单；提出专门委员会（小组）的设立方案和组成人员建议名单；根据自荐、推荐情况，在充分听取职工意见的基础上提名职工董事、职工监事候选人。

（5）向职工代表大会报告职工代表大会决议的执行情况和职工代表大会提案的办理情况、厂务公开的实行情况等。

（6）在职工代表大会闭会期间，负责组织专门委员会（小组）和职工代表就职工代表大会决议的执行情况与职工代表大会提案的办理情况、厂务公开的实行情况等，开展巡视、检查、质询等监督活动。

（7）受理职工代表的申诉和建议，维护职工代表的合法权益。

（8）向职工进行民主管理的宣传教育，组织职工代表开展学习和培训，提高职工代表素质。

（9）建立和管理职工代表大会工作档案。

（10）根据职工董事、职工监事的要求，向职工董事、职工监事通报有关情况并提供相关资料。

第二节 职工代表大会的职权

一、职工代表大会的职权

（一）知情权

知情权，即职工代表大会的职工代表知悉、获取企业有关情况的权利。知情权的内容主要是：职工代表通过职工代表大会听取企业主要负责人关于企业发展规划、年度生产经营管理情况，企业改革和制定重要规章制度情况，企业用工、劳动合同和集体合同签订履行情况，包括企业劳动报酬、工作时间、休息休假、劳动安全卫生、保险福利、职工培训、劳动纪律以及劳动定额管理等直接涉及劳动者切身利益事项的具体执行情况。

知情权是职工代表大会充分发挥作用的基础权利，如果职工代表不了解、不知晓企业经营管理的理念、规划、目标、规则、流程以及管理过程中的具体情况，特别是涉及职工切身利益的相关事项，职工代表大会就无法讨论任何问题，也无法提出建议意见，或者会提出错误的意见建议，更无法作出正确的表决。职工是企业生产经营的直接参与者、规章制度的执行者，应当对企业重大决策、生产经营管理方面的重要问题，涉及职工切身利益方面的重大问题以及与企业领导班子建设和党风廉政建设密切相关的问题享有知情权。知情权是职工民主权利的根本和基础，只有在充分享有知情权的基础上，职工才能基于正确的信息作出有效的判断和决定。厂务公开制度的出现，就是要解决丰富职工代表大会知情权的问题，而职工代表大会正是厂务公开的主要载体。

知情权之所以成为职工代表大会的独立职权，是因为职工代表大会作为职工行使民主管理权力的机构，需要与企业的经营管理部门各司其职、协调运转。对于企业经营管理的一些专属事项，职工只需知情即可，如大到公司股权构成的变更、上一年度的财务情况和经营业绩，小到某项具体事情的执行结果，一般不需要再进行讨论或者是已经讨论征求意见后通过。职工代表大会的知情权不是被动的，而是可以主动提出知情事项，由企业进行说明的。知情权有积极的作用，职工通过了解企业发展的光明前景，可以提高士气、振奋精神，而了解企业的困难也可以降低自身利益诉求、与企业同舟共济。

（二）建议权

建议权，即职工代表大会的职工代表在充分知情的前提下，就企业经营管理的理念、规划、目标、规则、流程以及管理过程中的具体情况，特别是涉及职工切身利益的相关事项，通过职工代表大会提出相应的意见建议的权利。职工代表大会虽然可以对所有知情权范围内的事项提出意见建议，但其重点是对将要作出决定的事项或者还可以进行修改调整的事项施加有效的影响。

职工代表大会的建议权，有利于保护、调动、发挥职工的积极性，促进企业可持续发展。随着市场经济的发展和生产经营方式的转变，企业和职工之间的利益关系越来越密切，职工参与企业生产经营管理的需求越来越迫切，企业对职工才智的依赖也越来越强烈，给予职工建议权可以充分调动职工的积极性，有利于促进企业决策的民主化、科学化。职工代表在职工代表大会上对企业生产经营决策进行审议，提出相应的意见和建议，可以更好地集中职工的智慧和力量，促使经营方案更加完善，避免或减少企业决策失误，这既是对企业行使生产经营决策权的有力支持，也有利于职工在民主管理的实践中学习企业生产经营管理的知识，提高参与管理的能力，促进企业整体管理水平的提高。

（三）决定权

决定权，即职工代表大会的职工代表有决定涉及职工切身利益重大事项的权利，表现为同意或者否决企业的相关方案、决定，或者职工代表大会直接作出决定。决定权具有鲜明的法定性、权威性、强制性。《劳动法》等法律法规明确规定，集体合同草案应当提交职工代表大会或者全体职工讨论通过。职工代表大会有权审议通过集体合同草案，企业按照国家有关规定提取的职工福利基金使用方案、住房公积金和社会保险费缴纳比例和时间的调整方案，劳动模范的推荐人选等重大事项。一些地方性法规和部门规章还明确规定，企业有关劳动报酬、工作时间、休息休假、劳动安全卫生、保险福利、职工培训、劳动纪律以及劳动定额管理等直接涉及劳动者切身利益的规章制度或者重大事项，必须经职工代表大会审议通过。

决定权是职工代表大会的一项重要职权，是职工主人翁地位的直接体现。必须提交职工代表大会审议通过的事项，没有经过职工代表大会审议通过的，企业管理方不能单方作出决定，单方决定的事项是无效的，不能实行。行使好这项职权，有利于维护职工的切身利益，调动职工生产积极性；有利于强化企业经营管理者的民主意识，明确企业不是投资者的私人财产，而是资本与劳动两大要素、两大投资主体共同组成的经济组织，涉及职工切身利益的企业管理事项应当充分听取职工意见，共同协商作出合理的决定；有利于企业领导干部保持廉洁，防止和克服不正之风。

关于决定权，目前对公有制企业职工代表大会要求得更为明确，范围更加广泛。特别是集体企业的性质决定，集体企业职工代表大会是企业的权力机构，企业所有的重大事项都由职工代表大会决定。《劳动合同法》第四条第二款规定："用人单位在制定、修改或者决定有关劳动报酬、工作时间、休息休假、劳动安全卫生、保险福利、职工培训、劳动纪律以及劳动定额管理等直接涉及劳动者切身利益的规章制度或者重大事项时，应当经职工代表大会或者全体职工讨论，提出方案和意见，与工会或者职工代表平等协商确定。"这是对所有企业的要求，实质上是决定权的指向。

（四）选举权

选举权，即职工代表大会的职工代表在职责范围内，按照规定的程序，根据自己的意愿，选举特定人员担任代表或者某项职务。选举权具有可放弃性、利益性、意志性，具体表现为职工代表有权参加提名候选人，参加讨论、酝酿、协商候选人名单，参加投票选举等活动。随着市场经济体制的建立和现代企业制度的建立健全，职工代表大会的选举权越来越多地体现在选举职工董事、职工监事，选举依法进入破产程序企业的债权人会议和债权人委员会中的职工代表，根据授权推荐或者选举企业经营管理人员等方面。

选举权是职工代表大会的一项重要职权。通过职工代表大会民主选举出的职工董事、职工监事及企业领导人员等，应当向职工代表大会负责，接受职工代表大会的监督，代表职工群众的意志。这实际上是建立健全了企业内部的一种有效监督机制，促使通过职工代表大会选举出的职工董事、职工监事及管理人员在任职期间严格要求自己，联系群众，办事公道，廉洁奉公，不断增强自己的责任意识和服务意识。通过职工代表大会民主选举，也有利于拓宽选拔企业领导人员的渠道，破除了选拔企业领导人员过程中的局限性，有助于保证公平、公正。

（五）监督权

监督权，即职工代表大会的职工代表在职权范围内，按照一定的程序审查监督企业执行劳动法律法规和劳动规章制度情况，民主评议企业领导人员，提出奖惩建议直至罢免的监督权利。监督权是职工代表大会不可或缺的职权，它主要包括检查、批评、控告、罢免等权利。

职工代表大会的监督权，有利于建立和强化企业自我约束机制。随着市场经济体制的建立和完善，企业作为独立自主的经济实体需要建立起一整套有效的自我约束和监督机制。职工代表大会的监督，属于自下而上的群众监督，有利于企业提高法律责任意识和社会责任意识，督促企业依法办事，规范经营；

有利于企业树立尊重职工的平等意识和民主意识，督促企业维护职工合法权益，构建和谐劳动关系；有利于企业加强对领导人员的民主评议和群众监督，督促企业经营管理者廉洁从业，加强企业党风廉政建设和反腐倡廉工作。

二、国有及其控股企业职工代表大会的职权

根据相关法规和政策的规定，国有及其控股企业职工代表大会的职权，除拥有与其他企业一样的职权外，在保障职工的知情权、建议权和决定权方面还有更高、更具体的刚性要求。《中共中央办公厅 国务院办公厅关于在国有企业、集体企业及其控股企业深入实行厂务公开制度的通知》规定："企业重大决策必须通过厂务公开听取职工意见，并提交职代会审议。"监察部、国家经贸委、全国总工会于1998年印发的《关于国有企业实行业务招待费使用情况等重要事项向职工代表大会报告制度的规定》明确要求，"国有企业领导人员应当每年向职代会报告一次上述重要事项"，"职代会应当对报告的事项进行审议并提出意见，对企业裁员、工资、福利等涉及职工切身利益的事项依法作出决定"。《企业民主管理规定》则明确要求："国有企业和国有控股企业职工代表大会除按第十三条规定行使职权外，行使下列职权：（一）听取和审议企业经营管理主要负责人关于企业投资和重大技术改造、财务预决算、企业业务招待费使用等情况的报告，专业技术职称的评聘、企业公积金的使用、企业的改制等方案，并提出意见和建议；（二）审议通过企业合并、分立、改制、解散、破产实施方案中职工的裁减、分流和安置方案；（三）依照法律、行政法规、行政规章规定的其他职权。"国务院国资委《关于进一步加强中央企业职工代表大会制度建设的意见》："职代会对涉及职工切身利益的重大事项有审议通过权，主要包括：审议集体合同草案、按照国家

有关规定提取的职工福利基金使用方案、住房公积金和社会保险费缴纳比例和时间调整方案，职工奖惩办法、劳动模范推荐人选等重大事项；审议企业合并、分立、改制、解散、破产实施方案中职工的裁减、分流和安置方案；企业集团职代会还应审议企业民主管理制度实施办法；审议企业集团专项合同草案、企业年金方案、住房制度改革方案。在审议的基础上，进行投票表决，形成通过或不通过的决议。”

对国有及其控股企业职工代表大会职权作的特别规定，既是职权的增加也是责任的增加，这并不是对国有及其控股企业的优待或不公平对待。因为国有企业是国家的，国有资产监督管理机构是作为国家这一出资人代表对国有企业提出要求的，这与非公有制企业老板对企业提出要求的性质是完全一样的。这个出资人不仅关注资本的保值增值和企业的经济责任，也关心企业的社会责任和政治责任，因此要求公有制企业给予职工代表大会更多的职权，在建立和谐劳动关系方面作出表率。同时，国有及其控股企业有实行民主管理的优良传统，有对民主管理积极作用的切实体验。特别是在改革改制的关键时期，凡是坚持实行厂务公开并规范召开职工代表大会的，改革改制就比较顺利成功；凡是发生群体性事件的，基本都有职工代表大会制度不健全或履行民主程序、实行厂务公开不规范的问题。

三、集体企业职工代表大会的职权

根据《城镇集体所有制企业条例》的规定，集体企业的职工（代表）大会在国家法律、法规的规定范围内行使下列职权：

（1）制定、修改集体企业章程；

（2）按照国家规定选举、罢免、聘用、解聘厂长（经理）、副厂长（副经理）；

（3）审议厂长（经理）提交的各项议案，决定企业经营管理的重大问题；

（4）审议并决定企业职工工资形式、工资调整方案、奖金和分红方案、职工住宅分配方案和其他有关职工生活福利的重大事项；

（5）审议并决定企业的职工奖惩办法和其他重要规章制度；

（6）法律、法规和企业章程规定的其他职权。

由于集体企业性质的特殊性，集体企业的职工代表大会是企业的最高权力机构，而其他性质企业的职工代表大会则是职工行使民主管理权力的机构。

第三节　职工代表大会的组织制度

一、职工代表大会的基本组织形式

职工代表大会与职工大会是职工代表大会制度的两种基本组织形式。职工大会与职工代表大会在性质、任务、职权等方面没有区别，只是在具体的组织制度方面，职工代表大会增加了代表的选举、罢免等内容。《企业民主管理规定》第八条第一款明确规定："企业可以根据职工人数确定召开职工代表大会或者职工大会。"《学校教职工代表大会规定》第十五条第二款规定："学校根据实际情况，可在其内部单位建立教职工代表大会制度或者教职工大会制度，在该范围内行使相应的职权。"第三款规定："教职工大会制度的性质、领导关系、组织制度、运行规则等，与教职工代表大会制度相同。"一些省（区、市）的地方性法规对召开职工大会或者职工代表大会作出了明确的人数规定。

（一）职工大会

职工大会，是与企业建立劳动关系的全体职工，按照一定的组织规则和工作规则，共同召开的会议。职工大会一般适用于人数较少的企业，因为职工人数过少，再推举代表表达利益诉求的意义就不大了，完全可以直接表达。《中华全国总工会办公厅关于规范召开企业职工代表大会的意见》第六条规定，企业职工人数在50人以下的，应当召开职工大会。《学校教职工代表大会规定》规定，不足80人的学校，建立由全体教职工直接参加的教职工大会制度。

（二）职工代表大会

职工代表大会，其参会人员是按一定比例要求选出的职工代表。依照《企业民主管理规定》、《学校教职工代表大会规定》、《国有文化企事业单位职工代表大会实施办法（暂行）》等规章规定，企业、事业单位召开职工代表大会的，职工代表人数按照不少于全体职工人数的5%确定，最少不少于30人。职工代表人数超过100人的，超出的代表人数可以由企业与工会协商确定。

二、职工代表大会的组织构成与任期

（一）职工代表大会代表的构成及比例

《企业民主管理规定》第九条规定："职工代表大会的代表由工人、技术人员、管理人员、企业领导人员和其他方面的职工组成。其中，企业中层以上管理人员和领导人员一般不得超过职工代表总人数的百分之二十。有女职工和劳务派遣职工的企业，职工代表中应当有适当比例的女职工和劳务派遣职工代表。"根据这一规定，职工代表大会的职工代表必须是企业的职工，既包括企业的普通职工，也包括企业的技术人员、管理人员以及领导人员，这是让不同身份的企业职工都有各自的代表反映其利益诉求，以保证职工代表大会具有广泛的代表性。为保证企业的不同利益群体都有自己的职工代表，职工代表应当以班组、工段、车间、科室等为基本选举单位，由职工直接选举产生。这也是确保职工代表大会具有广泛代表性的有效举措。《学校教职工代表大会规定》第十条则明确规定："教职工代表大会代表以学院、系（所、年级）、室（组）等为单位，由教职工直接选举产生。教职工代表大会代表可以按照选举单位组成代表团（组），并推选出团（组）长。"

《企业民主管理规定》第九条还对企业职工代表大会中管理人员、领导人员的比例加以限制，"企业中层以上管理人员和领导人员一般不得超过职工代表总人数的百分之二十"。《国有文化企事业单位职工代表大会实施办法（暂行）》第二十一条规定："职工代表中应当有领导人员、演职人员（工人）、技术人员、管理人员和其他职工；中层以上管理人员不得高于20%；青年职工和女职工应占一定比例；有劳务派遣职工的企事业单位，职工代表中应当有适当比例的劳务派遣职工代表。"《学校教职工代表大会规定》第十一条规定："教职工代表大会代表以教师为主体，教师代表不得低于代表总数的60%，并应当根据学校实际，保证一定比例的青年教师和女教师代表。民族地区的学校和民族学校，少数民族代表应当占有一定比例。"

企业管理人员，主要是指承担企业生产经营指挥职权的中层以上的管理者。企业领导人员，主要是指企业党组织的负责人和企业中负责决策指挥的高级经营管理人员。之所以限制这些人员在职工代表大会中所占的比例，旨在保证职工代表大会充分、广泛地代表广大职工群众，保证职工代表大会不会变成企业管理人员的管理会议。

（二）职工代表大会的每届任期

《企业民主管理规定》明确规定，职工代表大会每届任期为三年至五年。具体任期由职工代表大会根据本单位的实际情况确定。职工代表大会因故需要提前或者延期换届的，应当由职工代表大会或者其授权的机构决定。这既是对职工代表大会的届期和换届的规定，也是对职工代表任期的规定。《中华全国总工会办公厅关于规范召开企业职工代表大会的意见》中也明确规定："企业职代会实行届期制，每三至五年为一届，到期应当及时换届。"

之所以规定职工代表大会届期与职工代表的任期相同，是因为职工代表大会的届期与职工代表的任期是紧密相连的，也参考了我国社会主义民主政治建设实践，如《宪法》规定，全国人民代表大会每届任期五年。而全国代表大会如提前或延期举行，它的任期也相应地改变。同样，职工代表大会的届期与职工代表的任期也保持一致。《企业民主管理规定》规定，职工代表实行常任制，职工代表任期与职工代表大会届期一致，可以连选连任。《国有文化企事业单位职工代表大会实施办法（暂行）》第二十二条规定："职工代表实行常任制，任期与职工代表大会届期相同，一般每三至五年改选一次，可以连选连任。职工代表对选举单位的职工负责。"目前，一些省（区、市）关于企业民主管理的地方性法规也大多规定职工代表实行常任制。

三、职工代表大会的组织机构

（一）职工代表大会主席团

1. 职工代表大会主席团的性质和任务。

职工代表大会主席团并不是职工代表大会的常设机构，也不是职工代表大会的决策机构。《企业民主管理规定》规定，职工代表大会可以设主席团主持会议。《中华全国总工会办公厅关于规范召开企业职工代表大会的意见》也规定，职工代表大会主席团负责处理会议期间的相关事项。职工代表大会主席团的主要任务就是在职工代表大会召开期间，负责会议组织工作，主持会议。主席团可以互推若干人轮流担任会议的执行主席。主席团可以推选常务主席若干人，召集并主持主席团会议。

职工代表大会主席团的主要职责包括：

（1）主持召开职工代表大会，领导大会期间的各项活动，处理大会期间发生的问题；

（2）听取和综合各代表团（组）对各项议题审议的意见，审议通过大会议程；

（3）组织各代表团（组）审议列入大会议程的议案；

（4）决定各代表团和代表在会议期间提出的罢免案、质询案的审议程序；

（5）研究大会议题中需要通过和决定的事项，草拟大会决议；

（6）主持选举；

（7）处理大会期间发生的其他问题。

2. 职工代表大会主席团的组成人员。

《企业民主管理规定》第十九条规定："职工代表大会可以设主席团主持会议。主席团成员由企业工会与职工代表大会各团（组）协商提出候选人名单，经职工代表大会预备会议表决通过。其中，工人、技术人员、管理人员不少于百分之五十。"职工代表大会设立主席团的，其成员的组成也必须有一定的代表性，特别要注意防止主席团成为企业领导人员组成的机构。因此，《企业民主管理规定》明确限定主席团中"工人、技术人员、管理人员不少于百分之五十"，这里所说的管理人员是指不包括企业领导人员在内的中、下级的一般性管理人员。这样的规定可以确保职工代表大会的性质和运行不会发生与其职能作用相悖的变化。《国有文化企事业单位职工代表大会实施办法（暂行）》规定，主席团成员在职工代表中产生。主席团成员应当有领导人员、演职人员（工人）、技术人员、管理人员和其他方面的职工。其中，中层以上管理人员不得超过主席团成员半数。领导人员一般不超过职工代表总数的五分之一。

（二）职工代表大会的专门委员会（小组）

1. 设立专门委员会（小组）的意义和作用。

《企业民主管理规定》第十一条规定："职工代表大会根据需要，可以设立若干专门委员会（小组），负责办理职工代表大会交办的事项。专门委员会（小组）成员人选必须经职工代表大会审议通过。"《国有文化企事业单位职工代表大会实施办法（暂行）》第十三条规定："职工代表大会可以根据需要，设立提案组、职工保险福利组、财务审查组、规章制度监督组、平等协商组、民主评议组等若干专门小组……各专门小组对职工代表大会负责。"专门委员会（小组）是为职工代表大会行使各项职权的专门工作机构。设立专门委员会（小组），可以使职工代表大会更好地开展活动、提高工作效能、发挥应有的作用。

（1）设立专门委员会（小组），有助于职工代表大会各项职权的更好落实。职工代表大会行使各项职权，职工代表大会决议的贯彻落实，有大量的具体工作要做，需要建立一些为职工代表大会服务的工作机构。设立专门委员会（小组），可以做好职工代表大会召开前的准备工作、召开中的服务工作以及会后的监督检查工作，更好地保证职工代表大会决议的贯彻落实。

（2）设立专门委员会（小组），有助于职工代表大会开展经常性的民主管理活动。企业民主管理贯穿于企业生产经营和管理的各项活动之中，在职工代表大会闭会后，仍会遇到一些需由职工代表大会研究解决的问题，检查监督大会决议的贯彻实施，也需要通过日常的民主管理活动去进行。设立专门委员会（小组），可以使其中的许多问题得到及时有效的处理，保证企业民主管理的连续性和经常性。

（3）设立专门委员会（小组），有助于吸收更多的职工代表参加日常的民主管理。职工参与民主管理不仅体现在职工代表大会召开期间，也要体现在日常参与管理的活动中。有些企业的职工代表作用发挥不充分，除自身素质外，还有一个重要原因是在召开职工代表大会期间外，没有日常参加民主管理的机会。设立专门委员会（小组），不仅可以吸收部分职工代表作为成员参加经常性的民主管理活动，而且各委员会（小组）还可以根据需要，临时组织一些职工代表参与有关工作，使更多的职工代表在民主管理实践中提高素质，增长才干。

2. 专门委员会（小组）的设置和人员组成。

专门委员会（小组）的设置，应根据职工代表大会行使职权的需要和企业的实际情况来确定。在设置专门委员会（小组）过程中，一般应注意以下几点：

（1）专门委员会（小组）的设立原则。应根据职工代表大会行使各项职权的客观需要以及企业规模来确定。大型企业可将职工代表大会每项职权的内容加以分解，分别设立专门委员会（小组），提高民主管理的专业化程度；中小型企业可以按照职工代表大会的职权分别设置，或者设置综合性的专门委员会（小组）。一般来说，可以设置劳动法律监督、劳动保护、薪酬福利、评议监督等常设的专门委员会（小组）。除此之外，职工代表大会还可以根据某项临时性任务的需要，设置一些临时性的专门机构，如职工提案审查委员会等。这些临时性的专门机构待工作任务完成后，即可撤销。

（2）专门委员会（小组）的人员组成。专门委员会（小组）人员一般在职工代表中提名产生，一般应由 5 名至 9 名熟悉业务、有一定的组织活动能力、群众威信较高的职工代表组成，也可以聘请非职工代表参加，但必须经职工代表大会表决通过。

常设专门委员会（小组）成员的任期，应与职工代表大会的届期相一致。根据需要，职工代表大会也可以对专门委员会（小组）成员的任期进行调整。

各专门委员会（小组）应设组长 1 名，副组长 1 名至 2 名。业务部门的负责人不宜担任专门委员会（小组）的领导职务。

（3）专门委员会（小组）的产生程序。专门委员会（小组）成员的产生，必须经过职工代表大会的民主程序。一般包括：①由企业工会根据需要，提出各专门委员会（小组）组成的具体方案；②职工代表团（组）根据上述方案，协商推荐各专门委员会（小组）人选，职工代表和非职工代表均可自荐；③经职工代表大会主席团审议后，正式提出各专门委员会（小组）候选人名单；④召开职工代表大会表决通过；⑤各专门委员会（小组）召开会议，民主推选出负责人。

（4）专门委员会（小组）的隶属关系。专门委员会（小组）隶属职工代表大会领导，对职工代表大会负责，其日常活动由企业工会委员会负责组织。专门委员会（小组）进行活动需要占用工作时间的，须经行政领导同意。

3. 专门委员会（小组）的主要职责。

专门委员会（小组）的主要工作职责一般包括：调查研究企业生产经营、制定和执行规章制度、薪酬分配和生活福利、民主评议监督领导干部等方面的情况，了解职工的意见和建议；征集和整理与职工相关的提案，并协助有关方面组织职工开展合理化建议、技术攻关、技术协作等活动；参与企业相关方案的制定，并召开专门委员会（小组）会议，组织有关职工代表进行论证和预审，并提出意见和建议；在职工代表大会闭会期间，根据职工代表大会的授权，审定属本专门委员会（小组）分工范围内需要临时决定的问题，并向职工代表大会报告予以确认；检查、督促有关部门贯彻执行国家政策法规、职工代表大会决议，做好职工提案的处理；督促和协助企业有关部门贯彻执行职工代表大会的有关决议；办理职工代表大会交办的其他事项。各专门委员会（小组）在履行其职责时，应结合所担负的专项业务的特点，将各自的工作职责具体化。

4. 专门委员会（小组）的工作制度。

建立健全专门委员会（小组）的工作制度，是发挥各专门委员会（小组）作用的重要保证。

（1）会议制度。专门委员会（小组）每季度至少召开一次例会，可根据需要随时召开。参加会议的主要是该委员会（小组）成员，也可根据会议内容邀请有关部门的负责人和其他职工代表参加。会议讨论的内容要提前通知与会人员。每次会议均需做记录，讨论处理的问题，应及时通知有关部门。

（2）调研制度。专门委员会（小组）应当经常开展调查研究工作。除专门委员会（小组）成员外，也可根据调查研究的内容，吸收熟悉情况的职工代表参加。调查研究工作要围绕职工反映集中的难点和热点问题进行，调查方式可采用个别交谈、座谈会、民意测验、现场考察等。调查结果一般应形成书面报告，送交本单位工会和党政有关部门。

（3）检查监督制度。专门委员会（小组）应根据需要建立检查监督制度。例行的检查监督活动，由企业工会统筹安排，也可组织不定期的专题性、临时性检查监督。参加检查监督工作的人员除专门委员会（小组）成员外，可吸收有专长的职工代表参加。检查监督主要围绕职工代表大会决议的执行情况和职工提案处理情况进行。检查监督后，应作出合乎实际的评价，并提出整改建议。重大事项，可建议通过召开职工代表团（组）长和专门委员会（小组）负责人联席会议来研究处理。

（三）职工代表团（组）长和专门委员会（小组）负责人联席会议（本节内简称联席会议制度，请注意区别于政府与同级工会联席会议制度）

1. 建立联席会议制度的意义和作用。

《企业民主管理规定》第十二条规定："职工代表按照基层选举单位组成代表团（组），并推选团（组）长。可以设立职工代表大会团（组）长和专门委员会（小组）负责人联席会议，根据职工代表大会授权，在职工代表大会闭会期间负责处理临时需要解决的重要问题，并提请下一次职工代表大会确认。联席会议由企业工会负责召集，联席会议可以根据会议内容邀请企业领导人员或其他有关人员参加。"《国有文化企事业单位职工代表大会实施办法（暂行）》第十八条规定："职工代表大会闭会期间，需要临时解决的重要问题，由工会委员会召集职工代表团（组）长和专门小组负责人联席会议，协商处理，并向下一次职工代表大会报告予以确认。联席会议可以根据会议内容邀请党政负责人及相关人员参加。"

联席会议协商处理日常或是临时性需要职工代表大会解决的重要问题，常常涉及职工切身利益，与职工代表大会职权有重大关系。因此，要高度重视，坚持原则，开好会议。属于企业重大决策的问题，涉及企业改革、改制、重组、撤销、破产等重大事宜，必须提交职工代表大会处理，不能用联席会议代替职工代表大会。联席会议协商解决的重大事项，其结果应向下一次职工代表大会报告，予以确认。联席会议由企业工会委员负责召集，这既是企业工会本身的性质决定的，也是它作为职工代表大会工作机构主持民主管理日常工作的一项重要职责。

2. 联席会议的职权。

联席会议主要是根据职工代表大会的授权，在职工代表大会闭会期间负责处理临时需要解决的重要问题。其包括两个方面的内容：一是职工代表大会职权范围内的重要问题；二是职工代表大会日常工作中的重要问题。

（1）有关职工代表大会职权范围内的重要问题。一是审议属于生产经营中需要临时解决的重要问题，提出意见和建议；二是在协商一致的情况下，可以同意或否决分配制度方案、奖金分配方案、劳动保护措施、有关规章制度等；三是在协商一致的情况下，可以就部分福利基金的使用方案以及涉及部分职工生活福利和重要事项作出决议；四是听取职工代表评议干部的情况，研究提出对干部奖惩和任免的建议，提交职工代表大会审议；五是根据职工代表大会的授权，处理职工代表大会职权范围内的其他重大问题；六是经营者和工会认为需要提交联席会议商定的问题。

（2）有关职工代表大会日常工作中的重要问题。一是讨论制定召开职工代表大会的方案，研究提出大会议题的建议，待大会主席团确定后，提交审定；二是根据职工代表大会授权，处理已经职工代表大会原则同意，又须进一步补充、修改的重大问题的决议和方案；三是协商处理职工代表大会决议执行过程中出现的新情况、新问题；四是听取各专门委员会（小组）的工作汇报，进行检查督促，指导他们更好地开展工作；五是讨论研究企业民主管理工作的有关问题，审议工会主席向职工代表大会所作的有关民主管理工作的报告。

3. 联席会议的组织制度和会议制度。

联席会议必须有完善的组织制度和会议制度才能够正常开展活动，发挥其应有的作用。联席会议的组织制度和会议制度主要内容包括：

（1）联席会议的组成人员。联席会议的成员由三方面的人员组成：一是企业工会委员会委员，二是职工代表团（组）长，三是专门委员会（小组）负责人。联席会议可以根据会议内容，邀请企业党政负责人或其他有关人员参加。被邀请的人员主要包括三个方面：一是企业党政负责人，二是相关事项部门负责人，三是有业务专长的职工代表。联席会议邀请上述人员参加，一方面可以请他们介绍有关情况和政策；另一方面可以听取他们的意见，促进问题解决得更妥当。

（2）联席会议的程序。召开联席会议，要做好必要的准备工作和会议的组织工作，主要包括以下程序：①联席会议协商处理的议题，由企业行政、工会、职工代表团（组）和职工代表大会专门委员会（小组）提出，经企业工会委员会讨论确定；②企业工会将拟审定的议题及有关材料提前发到代表团（组）长和专门委员会（小组）负责人，并由他们征求职工代表和职工群众的意见；③企业工会收集各代表团（组）和专门委员会（小组）的意见后，交有关方面研究形成进一步修改议案；④召开会议时，由提出议案的负责人介绍议案制定的依据、主要内容、目的、要求，然后进行认真讨论，各抒己见，在协商一致的基础上，形成决议；⑤联席会议在讨论问题出现意见分歧时，可以休会，待各方面认识基本一致后，再提交联席会议协商解决；⑥协商处理问题的结果送企业领导人员，由其负责落实，并由职工代表团（组）长传达给职工代表或职工群众。

（3）联席会议的会议制度。联席会议至少每季度召开一次，遇有工作需要，随时召开。每次会议必须有各代表团（组）的代表出席。联席会议由企业工会委员会召集，由企业工会主席主持会议。联席会议实行民主协商制。形成决议前，要尽可能征得企业有关方面同意；联席会议形成的决议与行政有关方面意见不一致时，可请企业党委协调。

第四节　职工代表大会的会议制度

职工代表大会的会议制度是职工代表大会工作制度的核心内容。开好职工代表大会的预备会议、正式会议和临时会议是发挥职工代表大会作用的基本途径。

一、职工代表大会的预备会议

（一）职工代表大会会议筹备

筹备召开职工代表大会的核心是征集和确定职工代表大会的议题议案。职工代表大会的议题议案是列入职工代表大会议程，提交大会讨论审议决定的事项、问题和具体方案。议题和议案的选择是职工代表大会成功与否的关键。恰当的议题和议案可以起到化解矛盾、凝聚人心、鼓舞干劲、促进发展的作用，而不当的议题和议案则可能增加、激化矛盾，影响企业发展。

职工代表大会的议题应当紧紧围绕企业的改革发展规划、生产经营的重大事项、职工群众的切身利益等重要问题提出；议案的内容则应当详细具体，有一定的可操作性。确定职工代表大会议题议案的一般程序是：

（1）由企业工会发出征集的通知，通过各种途径广泛征求、充分听取职工群众的意见和建议，全面了解职工对企业生产经营重大问题、重要规章制度和涉及职工切身利益重大问题的意见和建议。通过召开职工代表团（组）长会议、召开职工代表团（组）长和职工代表大会专门委员会（小组）负责人联席会议等方式进行讨论，初步形成本次职工代表大会议题议案的草案。职工代表大会议题议案应以书面形式提出，内容包括理由、依据、具体要求和解决的办法，并由提议人和附议人署名。

（2）将拟定的职工代表大会议题和议案的草案与企业行政

协商，根据行政的意见和建议补充修改，确定职工代表大会议题和议案的正式意见。

(3) 向职工代表大会预备会议提出大会议题和议案的建议稿，由预备会议进行审议，通过后作为职工代表大会正式议题和议案。《企业民主管理规定》第十八条规定，职工代表大会议题和议案应当在会议召开七日前以书面形式送达职工代表。这一规定的目的是确保职工代表提出和决定职工代表大会议题和议案的权利行使，如有不同意见或建议还可以在预备会议上加以修改。之所以强调书面形式，也是为了保证这一程序的严肃性和规范性。

此外，会前还需征集和处理职工代表提案。企业工会委员会发出征集职工代表提案的通知，职工代表在征集选区职工意见、充分调研的基础上提出提案。提案专门委员会（小组）对提案进行审核、筛选、分类、整理、合并、汇总，予以立案的提案提交企业行政管理方讨论审批，确定相关承办和协办部门，由相关承办和协办部门进行处理和书面答复提案人；已经落实或暂时解决不了的提案，由相关职能部门书面答复提案人；不符合条件的提案退还提案人并进行解释说明。提案专门委员会（小组）汇总提案审理及落实情况，向职工代表大会报告，并对提案落实情况进行整理、登记和归档。

（二）职工代表大会的预备会议

召开职工代表大会前应当先召开预备会议。职工代表大会预备会议是在职工代表大会正式召开前为做好各项准备工作而召开的会议。预备会议只就组织和程序事项作出决定。预备会议一般由企业工会主持召开，全体职工代表参加。职工代表大会预备会议的职责主要包括：

(1) 选举产生大会主席团；

(2) 听取本届（次）职工代表大会的筹备情况汇报，提出大会议题和议程的建议；

（3）通过代表资格审查委员会（小组）作的代表资格审查情况的报告；

（4）通过本届（次）职工代表大会的议题和议程；

（5）决定大会其他准备事项。

为了开好预备会议，应将职工代表大会的有关事项提前向职工代表通报，以便他们充分地考虑和酝酿，也便于职工代表就某些问题进一步征求职工群众的意见。在预备会议上，应让职工代表充分发表意见，根据需要，也可安排职工代表在会上发言，就如何开好职工代表大会统一意见、形成共识，保证职工代表大会顺利进行。

根据《中华全国总工会办公厅关于规范召开企业职工代表大会的意见》、《国有文化企事业单位职工代表大会实施办法（暂行）》等文件的有关规定，企事业单位首次召开职工代表大会前应当成立筹备机构，由党组织、行政、工会等方面人员组成。筹备机构的主要任务是：起草本单位职工代表大会实施办法（细则），组织选举职工代表，起草职工代表大会筹备工作情况报告，研究确定本次职工代表大会主要议题和议程，听取职工的意见和建议，等等。

二、职工代表大会的正式会议

（一）职工代表大会的程序

召开职工代表大会，行使职工代表大会的各项职权，是职工依法行使民主管理权力的重要保证，是职工代表发挥作用的基本途径。因此，职工代表大会必须严格按照预备会议通过的议程，依照规定的民主程序，严格认真、严肃规范地进行。召开职工代表大会的主要程序包括：

1. 宣布开会。

大会执行主席或者主持人核实出席大会的职工代表人数。到会职工代表必须超过全体职工代表总人数的三分之二，方可宣布开会。会议主持人应首先简要讲明本次大会的目的、意义、中心议题和主要任务，宣布大会议程。《中华全国总工会办公厅关于规范召开企业职工代表大会的意见》第十四条规定："职代会可以设列席代表和特邀代表；可以组织职工旁听。"

2. 向职工代表大会作各项报告。

(1) 企业主要负责人作企业工作报告。报告主要内容应包括企业生产经营管理情况、存在的问题及改进措施，发展计划、基本建设和重大技术改造方案，有关改善职工生活福利的情况，等等。工作报告已经在会前发给职工代表进行充分讨论的，可针对职工代表提出的意见作出说明。

(2) 行政有关负责人作专题议案情况报告，就提交职工代表大会审查或审议的专题议案，说明专题议案制定的依据、目的和具体实施办法；针对职工代表提出的意见作出具体说明。

审议建议的议案可包括：企业改革改制方案、发展规划、年度生产经营管理情况，企业用工、劳动合同和集体合同签订履行情况，企业安全生产情况，企业缴纳社会保险费和住房公积金情况，企业制定、修改或者决定有关劳动报酬、工作时间、休息休假、劳动安全卫生、保险福利、职工培训、劳动纪律以及劳动定额管理等直接涉及职工切身利益的规章制度或者重大事项情况等的报告或方案。审议并提出意见和建议。

审议通过的议案可包括：集体合同草案，按照国家有关规定提取职工福利基金使用方案、住房公积金和社会保险费缴纳比例和时间的调整方案，劳动模范推荐人选等重大事项。审议并进行表决，形成同意或不同意的决议。国有及其控股企业中职工的裁减、分流和安置方案也应当经职工代表大会审议通过。

地方法规有相关规定，从其规定。

（3）企业工会主席、职工代表大会专门委员会（小组）负责人就上届（次）职工代表大会决议落实情况、职工代表提案处理情况、集体合同执行情况等作报告。

（4）企业工会主席就职工代表大会闭会期间，职工代表团（组）长和专门委员会（小组）负责人联席会议处理的重大事项，向大会作出说明，提请大会确认。

3. 民主评议。

被评议人员在职工代表大会上做述职述廉报告，接受职工代表质询。大会组织职工代表进行无记名测评后，汇总测评结果和评议意见，向职工代表和被评议人员反馈测评结果，并按照干部管理权限将民主测评结果报人事主管部门。民主评议对象包括：职工董事、职工监事，国有、集体及其控股企业领导班子成员，法律法规规定或企业行政管理方与企业工会协商确定应当接受职工代表大会民主测评的其他人员。

4. 分组讨论并发言。

以职工代表团（组）为单位，就以上报告、议案、草案分组进行讨论，同时对大会的各项决议草案和须经大会选举的候选人进行酝酿。大会主席团成员分别参加本代表团（组）的讨论。各代表团（组）应指定专人认真记录职工代表的讨论发言，整理归纳后，将讨论意见向主席团汇报。

5. 主席团会议。

职工代表大会主席团会议听取各代表团（组）讨论情况，研究需要审议决定的相关事项，草拟大会决议。

6. 选举和表决。

（1）选举。职工代表大会依据职权，选举或者罢免职工董事、职工监事，选举依法进入破产程序企业的债权人会议和债权人委员会中的职工代表，根据授权选举企业经营管理人员等。

（2）表决。一般包括职工代表根据大会主席团的提名，表决通过职工代表大会专门委员会（小组）的人选；表决通过其他需要经过职工代表大会选举的人员；表决大会决议、决定和有关议案的草案。

7. 致闭幕词，大会执行主席或主持人宣布大会结束。

（二）职工代表大会的选举和表决

职工代表大会的一项重要内容就是选举和表决，这是职工代表行使民主管理权力的具体体现。职工代表大会选举和表决的事项应当是职工代表大会职权范围内的事项。职工代表大会选举和表决需要最大限度地保证其结果是职工代表真实意愿的表达，必须遵循一定的原则和规则。《企业民主管理规定》第二十条规定："职工代表大会选举和表决相关事项，必须按照少数服从多数的原则，经全体职工代表的过半数通过。对重要事项的表决，应当采用无记名投票的方式分项表决。"

1. 表决原则。

职工代表是由各基层单位选举产生的，在职工代表大会选举和表决任何事项时，应当根据职责如实反映和代表本单位职工的意见和建议。职工代表如果有不同意见，为能够形成选举结果、作出决定，必须按照少数服从多数的原则进行表决。当职工代表大会按照少数服从多数的原则作出决议以后，无论是否符合本单位每一位职工的意愿和要求、是否符合职工代表的个人意愿，职工代表和职工都应积极拥护和认真贯彻执行，不应消极对待，更不能拒绝执行，这是职工代表大会依法审议通过的决议和事项具有约束力的内在要求和具体体现。

2. 表决方式。

职工代表大会选举和表决时，理论上可以有口头表决、鼓掌或举手表决、无记名投票和有记名投票等方式，其中，无记名投票的方式能够更好地体现职工代表的真实意愿，保证结果的公平公正。

对重要事项的表决应当采用无记名投票的方式，这在企业民主管理实践中已被广泛应用，是职工代表大会制度的完善和发展。当然，这并不是要求所有的表决都采用无记名投票方式进行，对于简单的、程序性的问题，可以采用口头表决、鼓掌或举手表决等方式。职工代表大会进行选举和对重要事项进行表决时，则应当采用无记名投票方式，并且要分项进行表决。因为职工代表大会有时需要对多个事项进行表决，而对不同事项，职工代表的意见并不一定是一致的。如果不采取分项表决的方式，职工代表则无法准确表达自身对各项重要议题的意见和决定。因此，除职工代表大会表决的事项是单一的内容外，都必须分项进行表决。

3. 表决效力。

《企业民主管理规定》第二十一条规定："职工代表大会在其职权范围内依法审议通过的决议和事项具有约束力，非经职工代表大会同意不得变更或撤销。企业应当提请职工代表大会审议、通过、决定的事项，未按照法定程序审议、通过或者决定的无效。"这一规定体现了职工代表大会的权威性、严肃性，表明职工代表大会的决议对企业和企业的全体职工均具有约束力，决议所涉及的相关人员必须按照决议的要求执行。

职工代表大会审议通过的决议和事项，首先必须是在其职权范围内的决议和事项，超出其职权范围审议通过的决议和事项并不具有约束力；其次必须是依照法定程序审议通过的决议和事项，违反法定程序，如职工代表参会人数不足全体代表三分之二的，应当无记名投票却以举手方式进行表决的，等等，这样审议通过的决议和事项也是不具有约束力的。

职工代表大会审议通过的决议和事项具有合法的约束力，除职工代表大会以外的任何组织和个人都不能够变更或者撤销。

如确实需要变更或者撤销职工代表大会审议通过的决议和事项，只有再次召开职工代表大会，按照法定的程序对原审议通过的决议和事项重新进行审议。

三、职工代表大会的临时会议

《中华全国总工会办公厅关于规范召开企业职工代表大会的意见》第二十六条规定："职代会闭会期间遇有重大问题，可由企业行政、工会或三分之一以上的职工代表联名，提议召开职代会，并按照规范程序进行。"也就是说，职工代表大会闭会期间如遇有重大问题需要通过职工代表大会讨论或决定，可由企业行政、工会或三分之一以上的职工代表联名，提议召开职工代表大会，并按照规范程序进行，即召开职工代表大会临时会议。召开职工代表大会临时会议的程序等要求与正常召开职工代表大会的规定是一致的。

四、职工代表大会的工作制度

职工代表大会的工作制度是为保证职工代表大会有章可循、规范运行而制定的各种工作规则、具体程序和实施办法。

（一）组织召开会议的工作制度

职工代表选举会议、职工代表大会预备会议、代表团组长会议、主席团会议、职工代表大会正式会议、代表团组长和专门委员会（小组）联席会议、专门委员会（小组）会议等各项会议都应建立相应的工作规则和程序标准。

（二）征集和确定提案的工作制度

包括提案征集制度、提案审查制度、提案反馈制度等。

（三）选举和表决的工作制度

包括职工代表的选举规则，程序事项的表决规则，重大事项的表决规则，职工代表的辞职、罢免规则等。

（四）职工代表的工作制度

包括职工代表巡视、检查、质询等监督制度，职工代表申诉、保护制度，职工代表培训制度，职工代表大会工作档案管理制度等。

五、推进互联网技术在职工代表大会工作中的运用

近年来，各地各单位主动适应规模扩大、跨地区跨产业运行给工作带来的变化和问题，适应职工利益诉求、思想观念、行为方式等方面的新特点，加快推进互联网技术在职工代表大会工作中的运用，使“互联网+”职工代表大会成为线下工作的重要补充，保证了工作的有效开展。各地各单位围绕互联网技术在职工代表大会中的实践做了很多有益探索，目前较为突出的包括以下几种：一是采用线上/网络职代会平台系统，为参与各方提供专门的运行平台，建设统一、规范、相对成熟和固定的工作流程。如上海市总工会率先出台了《上海市企事业单位网络职工代表大会工作规程（试行）》，建立全流程线上职代会平台系统。二是采用无纸化职代会模式，运用电子设备完成会议材料发布、收集、阅读等各环节工作，确保会议材料更新和传输的及时性、一致性，职工代表参会方式更为灵活。如某公司通过配置硬件设备、开发软件系统、设置手机客户端等，实现职代会全流程电子模块化，推行无纸化职代会。三是通过线上方式运作部分职代会工作，如通过互联网发布职代会相关信息、传输发布会议相关材料、组织职工代表和有关人员进行在线讨论等。

企事业单位每年应当至少召开一次现场职代会，对因客观情况，或遇到突发性临时性紧急性事项无法召开现场会的，可以通过召开网络职工代表大会履行相应民主程序，但应把握以

下几个原则：一是确保信息安全。如是自行开发的系统，开发运行维护等应当符合国家有关网络数据安全保护的相关标准和要求，确保上传的企业信息、职工代表个人信息以及各类表决信息不被篡改或是泄露。二是确保流程规范。按照职代会工作各项要求，科学设置线上职代会系统或是合理安排线上线下相结合的流程，确保职代会运行的规范性和有效性。比如相关材料要提前7天通过网络系统发给职工代表审议；涉及表决，严格把控好程序，等等。以此保障职代会所通过的各项方案草案和决议所具有的法律效力。三是流程可溯。确保召开线上职代会所产生的数据信息全过程客观真实记录，并在具备法定条件时可以调取查用。

第五节 职工代表

一、职工代表的选举与罢免

职工代表大会的职工代表（以下简称职工代表），是按照一定民主程序选举产生的，代表本单位职工通过职工代表大会参与管理，共同行使民主权力的职工。职工代表是职工代表大会的基本组成要素，是行使职工代表大会职权的主体。

（一）职工代表的资格和人数

1. 职工代表的资格。

《企业民主管理规定》第二十三条明确规定："与企业签订劳动合同建立劳动关系以及与企业存在事实劳动关系的职工，有选举和被选举为职工代表大会代表的权利。依法终止或者解除劳动关系的职工代表，其代表资格自行终止。"根据这一规定，当选为职工代表最基本的条件是必须与企业建立劳动关系。

顾名思义，职工代表大会是职工代表反映职工意志意愿的会议，职工代表必须是与选举单位职工有着相同切身利益的职工，否则难以保证真实、直接地代表反映选举单位职工的利益诉求。同理，当职工代表与企业依法终止或者解除了劳动关系，其代表资格自行终止。但是，在企业没有正当理由、没有履行法定程序而解除职工代表劳动关系的情况下，该职工代表的代表资格依然有效。

2. 职工代表的人数。

职工代表大会作为民主管理的基本形式，参与的职工范围越广泛越好，因此有条件的单位应当尽可能采取职工大会制度，使企业所有的职工都能够直接参与企业管理。但是，由于具体条件所限，考虑成本和效率，强制要求所有的企业都建立职工大会制度并不符合实际。因此，《企业民主管理规定》结合实际，采取了按一定比例提出要求，规定底线的方式，即先按照“不少于全体职工人数的百分之五”的比例确定职工代表人数，同时对职工代表的人数作了“最少不少于三十人”的刚性规定，对按此比例选举的职工代表人数偏高的情况作了开放性规定，即“职工代表人数超过一百人的，超出的代表人数可以由企业与工会协商确定”。

各地方性法规对企业召开职工代表大会的人数规定略有差异，有的以100人为标准，职工在100人以上的召开职工代表大会，职工在100人以下的召开职工大会；有的则以50人为标准，等等。这些规定都符合“职工代表人数按照不少于全体职工人数的百分之五确定，最少不少于三十人”的原则要求，均为有效，这些地区的企业应当按照本地的地方性法规规定执行。

（二）选举、罢免职工代表的一般程序

《企业民主管理规定》第二十四条规定：“职工代表应当以班组、工段、车间、科室等为基本选举单位由职工直接选举产生。规模较大、管理层次较多的企业的职工代表，可以由下一

级职工代表大会代表选举产生。”《中华全国总工会办公厅关于规范召开企业职工代表大会的意见》规定，“各选区按照分配名额，由工会负责组织职工直接选举职工代表”，“企业领导（高级管理）人员应当在相应的选区，参加职工代表的选举”，“管理层级较多的企业，参加上一级职代会的职工代表，可以在下一级职代会职工代表中选举产生，也可以由全体职工直接选举产生”。

上述规定表明，除人数极少的企业无法也无须划分选区外，企业选举产生职工代表一般应当按照一定的规则划分选区。企业选举产生职工代表都应当根据企业职工人数和单位设置状况，以班组、工段、车间、科室等为基本选举单位，由职工直接选举产生，大型企业也可以分厂、子公司、分公司为单位。企业领导（高级管理）人员应当在相应的选区，参加职工代表的选举。在不能召开职工大会的前提下，职工代表大会应当有企业各个方面的利益代表，只有这样才能体现公平公正，才能保证企业民主管理是真实有效的。

企业的职工代表一般应当由基层选举单位的职工直接选举产生。直接选举产生职工代表最能够真实、直接地表达民意，能够保证选举出职工利益的最佳代表人。因此，职工代表不仅应当由职工直接选举产生，还应按照选区分配的代表名额，最好采用无记名投票的方式差额选举，以充分体现选举人的意志，不允许有任何“当然代表”、“指定代表”。参加集团职工代表大会的职工代表可以在企业集团内部和各所属基层单位职工代表大会的职工代表中选举产生，也可以在企业集团全体职工中直接选举产生。

选举、罢免企业职工代表都要按照规定的程序进行，即召开选举单位全体职工会议，会议应有选举单位全体职工三分之二以上的人员参加。选举、罢免职工代表时，由实际参加会议的职工进行投票表决，应经全体职工的过半数通过方为有效。

职工代表资格审查委员会（小组）对选出的职工代表要进行资格审查。重点了解是否与本企业建立劳动关系；是不是有选举单位三分之二以上的职工参加，严格按照民主程序经选举单位职工过半数同意产生；是否有不正当的参选行为，等等。对不符合规定的，应取消其代表资格。《中华全国总工会办公厅关于规范召开企业职工代表大会的意见》第十五条规定："工会应当按照企业职代会实施办法（细则）制定职工代表选举方案；负责对职工代表条件、产生程序、人员构成比例等进行审核，并将职工代表名单进行公示，接受职工监督。"

（三）职工代表的罢免和补选

《企业民主管理规定》第二十六条第二款规定："职工代表出现缺额时，原选举单位应按规定的条件和程序及时补选。"《国有文化企事业单位职工代表大会实施办法（暂行）》第二十三条规定："职工代表在任期内因跨选区工作岗位变动或者单位与其终止、解除劳动关系，其代表资格自行终止，缺额应当由原选举单位按照规定补选。职工代表任期未满，在单位内部调动工作，代表资格保留；职工代表与企事业解除劳动关系，代表资格自行终止，由原选举单位按法定程序替补。"

1. 职工代表的罢免。

《全民所有制工业企业职工代表大会条例》规定，选举单位的职工有权监督或者撤换本单位的职工代表。职工代表因岗位变动、离职退休、解除或终止劳动合同等原因无法履行代表职责，代表资格自行终止。对无故不履行代表职责或严重失职，失去选区职工信任、严重违反本单位规章制度或因违法犯罪受到刑事处罚等原因难以胜任职工代表的，应当予以罢免。

企业工会应及时掌握职工代表动态信息，发现需要罢免的情况，及时核实调查，并组织原选区履行罢免程序，一般为：

（1）组织原选区对需要罢免的职工代表的情况进行讨论，视情况需要，被罢免的职工代表可参加会议并进行申辩。

（2）经原选区全体职工半数以上同意，可以作出罢免决定。

（3）原选区将罢免职工代表的决定报告企业工会。

2. 职工代表的补选。

职工代表因罢免、岗位变动、离职退休、解除或终止劳动合同等原因出现缺额时，企业工会依照规定的民主程序，组织原选区按原比例结构补选职工代表，补选的民主程序与选举的民主程序相同。

一般程序是：

（1）由原选区代表团（组）向企业工会提出补选职工代表的要求。

（2）企业工会对补选代表的要求及时进行研究，作出同意补选意见后，由原选区按民主程序补选。

（3）由原选区的全体职工按照原来选举职工代表时的相同条件和程序进行。补选会议由选区职工代表团（组）长主持。补选也必须有选举单位全体职工三分之二以上的人员参加会议，得到选举单位全体职工总数一半以上同意票者方为当选。

（4）补选结果报企业工会备案并张榜公布。

职工代表罢免、补选制度的设立，有利于加强对企业职工代表的督促和监督，有利于保证企业职工代表的质量和工作效率，使企业职工代表队伍始终充满生机和朝气，更好地代表广大职工行使参与企业管理的民主权力。

二、职工代表的权利和义务

（一）职工代表的权利

职工代表是由企业职工按照民主程序选举产生的，负有代表选举单位全体职工参与企业管理，行使民主管理权力的重要责任和使命。为保证职工代表能够有效地发挥作用，必须赋予其相应的权利。

根据《企业民主管理规定》第二十八条的规定："职工代表享有下列权利：（一）选举权、被选举权和表决权；（二）参加职工代表大会及其工作机构组织的民主管理活动；（三）对企业领导人员进行评议和质询；（四）在职工代表大会闭会期间对企业执行职工代表大会决议情况进行监督、检查。"

（1）选举权、被选举权和表决权。职工代表的选举权和被选举权，主要是指有权利选举和有权利当选为职工代表团（组）长、职工代表大会专门委员会（小组）成员、职工代表大会主席团成员、公司制企业的职工董事、职工监事等。表决权是指在职工代表大会的各种会议上对各项决议、议案草案行使和表达自己的真实意愿，进行投票、参与决策的权利。

（2）参加职工代表大会及其工作机构组织的民主管理活动。职工代表有权参加职工代表大会的各项会议，参加职工代表大会及其工作机构组织的各项活动，在会议上享有发言权，可以充分表达自己的意见，提出各种工作建议，包括职工代表大会的提案建议。

（3）对企业领导人员进行评议和质询。职工代表有权对企业领导人员提出批评意见；有权在职工代表大会上提出质询，要求相关人员予以回答；有权参加对领导人员的民主评议。

（4）在职工代表大会闭会期间对企业执行职工代表大会决议情况进行监督、检查，包括提议并参加调研、巡视、检查等活动。这是职工代表的监督权利，但应在职工代表大会及其工作机构的组织下进行，不是职工代表个人的随意行为。

（二）职工代表的义务

职工代表所享有的权利与应履行的义务是辩证统一的。如职工代表应全面真实地反映和代表职工群众的意愿，这既是其权利也是其义务。作为一名职工代表，不但要依照法律、法规和制度的规定，正确行使自己的权利，还必须以高度负责的精神，完成职工群众委以的重任。只强调职工代表的义务而不保障其权利的正常行使，或者只强调权利而不承担应尽的义务，都是错误的。只有把行使权利和履行义务两者统一起来，才能更好地发挥职工代表应有的作用。职工代表应当履行下列义务：

（1）遵守法律法规、企业规章制度，提高自身素质，积极参与企业民主管理。

（2）依法履行职工代表职责，听取职工对企业生产经营管理等方面的意见和建议，以及涉及职工切身利益问题的意见和要求，并客观真实地向企业反映。

（3）参加企业职工代表大会组织的各项活动，执行职工代表大会通过的决议，完成职工代表大会交办的工作。

（4）向选举单位的职工报告参加职工代表大会活动和履行职责情况，接受职工的评议和监督。

（5）保守企业的商业秘密和与知识产权相关的保密事项。

（三）职工代表在职代会会前、会中、会后应做的工作

具体地说，职工代表通过参加职工代表大会的各项活动行使权利，履行义务，发挥作用。

1. 在召开职工代表大会之前，职工代表要做好必要的准备工作。

（1）认真阅读提前发给企业行政领导的工作报告（讨论稿）和各项方案（草案）等文件，了解和掌握大会中心议题。

（2）进行调查研究，广泛听取周围职工群众对工作报告（讨论稿）和各项议案（草稿）等文件的意见和建议。

（3）将综合整理好的意见和建议以口头或书面形式反映给所在的职工代表团（组）。

（4）在征集群众意见基础上，提出职工代表的提案。

2. 在职工代表大会会议期间，职工代表要认真参加各项工作。

（1）根据通知要求，做好准备，按时参加职工代表大会的预备会议和正式会议。

（2）参加预备会议，听取并审议职工代表大会主席团名单、大会秘书长名单、职工代表资格审查委员会关于职工代表资格的审查报告（换届大会）、大会议程和其他需要确认的事项。

（3）认真听取本单位领导或有关负责人在职工代表大会上所作的工作报告、议案说明。

（4）做好讨论发言的准备，积极参加对工作报告和各项议案的讨论，畅所欲言、充分发表意见。

（5）根据职工代表大会议程，认真行使表决权和选举权。

3. 职工代表大会闭会期间，职工代表要积极宣传贯彻大会的各项决议、决定，做好有关工作。

（1）向所在单位职工汇报、宣传职工代表大会通过的决议或作出的决定，对职工群众不清楚的问题做好解释工作。

（2）收集周围职工对职工代表大会通过的各项决议、决定的意见，向所在职工代表团（组）反映。

（3）以实际行动影响和带动周围职工群众贯彻落实职工代表大会的决议和决定。

（4）参加日常的民主管理活动，包括积极组织职工参加合理化建议活动，参加职工代表团（组）组织的职工代表视察活动，参加职工代表大会有关专门委员会（小组）组织的民主质询、民主对话及其他活动。

三、职工代表的保护

对职工代表履职的保护有广义保护和狭义保护之分。对职工代表的广义保护包括：提供职工代表履行职责所需要的充分必要条件，对职工代表在职权意义上的知情权、参与权、表达权、监督权，以及特定的选举权、决定权等权益的保障。对职工代表的狭义保护包括：对其在法律、法规和制度规定的范围内，依照法定程序行使职权的行为，企业不能阻挠限制，更不能因对职工代表行使职权所产生的结果不满，而对职工代表进行打击报复。同时，企业还要承认职工代表履行职责的正当性，不得因其占用工作时间而降低其工资福利待遇。

《企业民主管理规定》第三十条明确规定："职工代表履行职责受法律保护，任何组织和个人不得阻挠和打击报复。职工代表在法定工作时间内依法参加职工代表大会及其组织的各项活动，企业应当正常支付劳动报酬，不得降低其工资和其他福利待遇。"这一规定主要侧重对职工代表履职的狭义保护，具有以下两层含义和要求：一是职工代表履行职责受法律保护，任何组织和个人不得阻挠和打击报复。所谓受法律保护是法律承认职工代表履行职责的行为是有法律根据的，是具有合法性、正当性的，因此法律规范是准许、鼓励、支持和保护这样的行为的。职工代表有权充分发表意见、开展活动，任何组织和个人都不能限制职工代表依法履行职责，对职工代表行使职权、履行义务进行阻挠、限制和打击报复属于违法行为。当职工代表的履职行为受到侵犯时，无论是什么样的组织、什么样的个人，法律的执行机构都将进行干预，排除非法侵害，追究相关违法行为人经济责任、行政责任直至刑事责任。二是职工代表因参加职工代表大会及其工作机构组织的各项活动而占用生产或者工作时间的，企业必须予以支持和配合，要视其为正常参加了生产劳动，而不能视其为缺勤，更不能因此停发、迟发、减发甚至不发职工代表的劳动报酬以及按照正常出勤所应当享有的其他福利待遇。

四、职工代表的素质和责任

（一）职工代表的素质

职工代表大会及其工作机构应当着力培育和提高职工代表的责任意识、基本素养和工作能力。

1. 职工代表的责任意识。

责任意识是职工代表素质的集中表现，是职工代表必须具备的基本条件。作为职工代表，应当认真学习领会习近平新时代中国特色社会主义思想，深刻领悟“两个确立”的决定性意义，增强“四个意识”、坚定“四个自信”、做到“两个维护”，始终在思想上政治上行动上同以习近平同志为核心的党中央保持高度一致，树立全心全意为职工服务的思想，在参加民主管理和完成各项生产工作任务中，把职工代表作为神圣的使命，而不是个人的权利和荣誉，尽心尽力地履行职责。

2. 职工代表的基本素养。

职工代表行使民主管理权力，必须认真贯彻执行党的路线方针政策和国家有关法律法规规定。这要求职工代表必须熟练掌握党的路线方针政策和国家有关法律法规规定，善于把党的路线方针政策和国家有关法律法规规定与职工群众的利益诉求结合起来，使职工代表大会的各项决议、决定既符合法律法规，又切合企业的实际，满足职工要求。职工代表要努力开阔视野、转变观念，使自己的思想认识适应不断发展的新形势。

3. 职工代表的工作能力。

职工代表参加民主管理，需要不断学习和掌握生产经营管理知识，否则，在审议企业重大问题时，就没有发言权，或者提不出有分量的建设性意见，无法有效地参与、表达、决策、监督。因此，必须学习企业管理知识，了解市场条件下劳动关系的规律、特点和调整机制，熟练掌握和运用劳动法律法规，知晓企业民主管理的理论和基本规则。

企业的民主管理活动就是一个大课堂，职工代表可以在实践中学习知识，增长才干，积累经验。随着民主管理制度的发展，民主管理的方法和手段也在不断进步，职工代表必须不断提高自身的工作能力，推动企业民主管理健康发展。

（二）职工代表的责任

职工代表受职工群众的委托参加企业民主管理，行使民主权利，应当努力反映和表达职工群众的意愿和要求。同时，还要向职工群众传达、解释职工代表大会的决议和决定，并以实际行动带头认真贯彻落实职工代表大会的决议和决定。职工代表应充分发挥作用，履行下列责任：

1. 坚持原则。

职工代表在参加企业管理的各项活动时，要牢记自己是群众的代表，是在代表职工群众行使民主管理的权力，自己的一言一行要对职工群众负责，不能以个人意见和见解来代替群众的意见；要如实、全面地表达和反映职工群众的意见和要求，坚持以事实为根据来说话；要如实、全面地传达职工代表大会的决议和决定，力戒片面的宣传和解释。

2. 敢于讲话。

职工代表作为群众的代言人，在重大原则问题上要出于公心，敢于坚持真理，坚持正义，敢于代表群众说话，不怕打击报复，不怕挫折，不计较个人得失。

3. 讲求方法。

职工代表要在参与决策和管理中发挥更大的作用，就必须注意工作方法，努力提高参与管理的能力。要处理好企业与职工、整体与局部、长远与近期等各种利益关系；要注意变被动参与为主动参与，变事后维护为事先主张；要解决好理想与现实、动机与结果、目标与手段、公平与效率等平衡问题，勤于动脑，注意观察，注重调查研究，认真分析、比较，去粗取精，去伪存真，准确把握事物的本质，从而作出正确的判断。

4. 联系群众。

职工代表是职工群众中的一员，必须同群众保持密切的联系，取得群众的信任和支持，从群众中得到智慧和力量。如果脱离群众，听不到群众的呼声，不掌握真实的情况，就不可能发挥职工代表应有的作用。

职工代表要保持同群众的密切联系，一要以身作则，处处为大家作出榜样，得到群众的信任和尊重；二要同群众讲真话，只有自己同群众推心置腹，才能让人把心里话亮出来，从而得到真实的情况；三要广泛地接触群众，先进、中间、落后的群众都要接触，要团结大多数，不能只从个人感情和兴趣出发同少数人联系；四要热心为群众办实事，要想群众之所想，急群众之所急，真心实意为群众排忧解难。

5. 服从大局。

作为民主选举产生的职工代表，要如实反映和代表本单位职工的意见。当职工代表大会作出决议以后，无论是否符合本单位职工的意愿和要求，都应积极拥护和认真贯彻执行，不能采取消极态度，这是作为职工代表必须具备的品质和必须遵守的纪律。

第六节　职工代表大会的特殊形式

一、区域（行业）职工代表大会制度

（一）区域（行业）职工代表大会的概念

区域（行业）职工代表大会，是指县级以下一定区域或性质相近的行业内，若干尚不具备单独建立职工代表大会制度条件的中小企业，通过民主选举代表联合召开会议，组织职工参

与企业管理，行使民主管理权力，协调解决区域（行业）内劳动关系共性问题的民主管理制度，也是区域（行业）实行厂务公开的有效渠道。区域（行业）职工代表大会在本质上是一种通过代表制、联合制，在一定行政区域和行业范围内职工行使民主管理权力的创新民主形式。

区域（行业）职工代表大会所覆盖的企业，可以是互不隶属，各自经济独立，不同经营方式、不同所有制、不同经营水平或是不同行业的企业。以代表制、联合制的方式将这些企业聚集在区域（行业）职工代表大会之中，共保区域（行业）职工民主权利，共促区域（行业）内企业和地区（行业）的健康可持续发展。

《企业民主管理规定》第十五条规定："县级以下一定区域内或者性质相近的行业内的若干尚不具备单独建立职工代表大会制度条件的中小企业，可以通过选举代表联合建立区域（行业）职工代表大会制度，开展企业民主管理活动。工会负责组织建立区域（行业）职工代表大会制度。区域（行业）工会作为区域（行业）职工代表大会的工作机构承担日常工作。"这样规定，一是明确了区域（行业）职工代表大会的基本范围，即在县级以下的区域（行业）内；二是明确了区域（行业）职工代表大会以代表制、联合制的方式组织起来；三是明确了代表联合的主要是不具备单独建立职工代表大会制度条件的中小企业；四是明确了组建这一会议制度的目的是开展中小企业民主管理活动；五是明确了工会承担着推动建立区域（行业）职工代表大会制度的责任。

（二）建立区域（行业）职工代表大会制度的必要性及其重要意义

随着非公有制经济的迅速发展，中小企业已经成为国民经济和社会发展的重要力量，成为吸纳劳动力、扩大和稳定就业的主渠道。适应新形势新任务，一些地区和行业创造了区域（行业）职工代表大会制度。大力推行区域（行业）职工代表大会制度，对于认真贯彻落实党的全心全意依靠工人阶级的根本方针，扩大职工参与民主管理的覆盖面，充分调动、发挥区域（行业）内中小企业职工投身改革发展的积极性和创造性；对于畅通职工理性合法表达利益诉求的渠道，加强企业民主管理制度建设，切实维护职工合法权益，构建和谐稳定的劳动关系；对于促进企业健康发展，推动所在地区经济社会的协调发展，等等，具有十分重要的意义。

区域（行业）职工代表大会在组织形态上超出了企业的范围，参加职工代表大会的企业之间没有隶属关系或资产关系，因而在适用范围、职权行使、组织制度、工作制度等方面都应与企业职工代表大会制度有所不同，这主要表现在三个方面：

第一，区域（行业）职工代表大会的组织领导有其特殊性。由于区域（行业）职工代表大会超出企业范围，在组织领导上，要发挥地方党委领导、地方政府指导及地方工会组织协调的作用，需要相应企业的经营者和职工参与，与企业职工代表大会相比较就复杂得多。

第二，区域（行业）职工代表大会的企业代表差异较大。由于区域（行业）职工代表大会的代表来自不同经济效益、不同经营方式，甚至是不同行业的不同所有制的企业，因此达成共识的难度更大。

第三，区域（行业）职工代表大会决议在执行时涉及多个企业，各企业情况不一，落实职工代表大会决议的程度还有差异。

虽然区域（行业）职工代表大会仍处于发展阶段，理论上还要深入研究，实践上还要进一步完善，还有很多具体问题要解决，但它的发展方向是正确的，方法是可行的。各级工会要从全局高度，充分认识推行区域（行业）职工代表大会制度的重要性和紧迫性，采取有效措施，大力推行区域（行业）职工代表大会制度，探索解决工作中存在的新情况新问题，促进区域（行业）职工代表大会健康持续发展，为众多中小企业加强民主管理工作开辟出一条重要的实践途径。

（三）区域（行业）职工代表大会的职权

1. 区域（行业）职工代表大会的任务。

（1）组织区域（行业）内企业职工参与企业管理，保障职工民主管理权力，推进厂务公开。

（2）促进区域（行业）内企业经营管理者与职工进行有效沟通协调，推动平等协商、集体合同制度的建立与实施，维护职工民主权利、劳动经济利益和精神文化权益，构建和谐稳定的劳动关系，促进企业改革发展和所在地区经济社会协调发展。

2. 区域（行业）职工代表大会的职责。

（1）听取区域（行业）执行国家有关劳动法规政策情况的报告、区域（行业）劳动关系状况的报告，并提出意见和建议。

（2）讨论区域（行业）内企业有关劳动报酬、工作时间、休息休假、劳动安全卫生、保险福利、职工培训、劳动纪律以及劳动定额管理等直接涉及职工切身利益的重大问题，提出意见和建议。

（3）讨论通过区域（行业）集体合同草案和专项集体合同草案。

（4）审议监督区域（行业）内企业执行劳动法律法规和区域（行业）职工代表大会决定事项情况，签订和履行劳动合同、集体合同情况，缴纳社会保险费情况，实行厂务公开情况等。

（5）审议决定区域（行业）职工代表大会的其他事项。

(四) 区域(行业)职工代表大会的组织制度

1. 区域(行业)职工代表大会职工代表的产生。

经过区域(行业)工会组织与有关方面协调,形成区域(行业)职工代表大会职工代表的推选方案后,由区域(行业)内的企业职工民主选举产生。

2. 区域(行业)职工代表大会的职工代表构成。

区域(行业)职工代表大会的职工代表应当有充分的代表性。区域(行业)职工代表大会的职工代表应在企业经营管理者、工人、技术人员和区域(行业)工会组织、企业代表组织以及管理部门中合理分配代表名额,企业工人代表人数不得少于代表总人数的百分之五十。

3. 区域(行业)职工代表大会的届期。

根据《中华全国总工会关于推行区域(行业)职工代表大会制度的意见(试行)》的规定,区域(行业)职工代表大会届期为三年至五年,具体届期由区域(行业)职工代表大会确定。如需要提前或者延期换届的,应当由区域(行业)职工代表大会决定。区域(行业)职工代表大会的职工代表任期与区域(行业)职工代表大会届期相同。

4. 区域(行业)职工代表大会的会议制度。

区域(行业)职工代表大会每年至少召开一次。区域(行业)职工代表大会每次会议必须有全体职工代表总数的三分之二以上出席。区域(行业)职工代表大会正式召开前,应当召开预备会议,选举产生主席团。主席团负责主持召开大会,协调处理有关事宜。

5. 区域(行业)职工代表大会专门委员会(小组)制度。

区域(行业)职工代表大会根据需要,可以设立若干专门委员会(小组),负责办理区域(行业)职工代表大会交办的事项。

6. 区域（行业）职工代表大会的选举和表决制度。

区域（行业）职工代表大会进行选举和表决时，实行少数服从多数的原则，以无记名投票方式经全体职工代表过半数通过。

（五）区域（行业）职工代表大会与区域（行业）工会组织的关系

根据《企业民主管理规定》和《中华全国总工会关于推行区域（行业）职工代表大会制度的意见（试行）》的规定，工会负责组织建立区域（行业）职工代表大会制度，区域（行业）工会组织作为区域（行业）职工代表大会的工作机构承担日常工作。区域（行业）工会组织作为区域（行业）职工代表大会的工作机构，要认真负责地做好区域（行业）职工代表大会的日常工作，其主要包括：

（1）征集职工代表提案，提出区域（行业）职工代表大会议题的建议。

（2）负责区域（行业）职工代表大会的筹备工作和组织工作，提出大会的议程和日程建议。

（3）提出区域（行业）职工代表大会主席团、专门委员会（小组）的设立方案和组成人员建议名单。

（4）在区域（行业）职工代表大会闭会期间，负责组织职工代表开展巡视、检查、质询等活动，监督区域（行业）职工代表大会决议的执行情况。

（5）对职工代表进行劳动法律法规和民主管理方面知识的宣传教育，组织职工代表开展学习和培训，提高职工代表素质。

二、企业集团职工代表大会制度

《企业民主管理规定》第十六条规定："集团企业的总部机关和各分公司、分厂、车间以及其他分支机构可以按照一定比例选举产生职工代表，召开集团企业职工代表大会，实行企业民主管理。集团企业的总部机关和各分公司、分厂、车间以及其他分支机构，按照本规定建立职工代表大会制度，在各自的职权范围内分别开展民主管理活动。”这一规定有两层含义：一是集团企业可以建立集团级的职工代表大会制度；二是集团企业的分支机构依然应当依照相关规定建立企业职工代表大会制度。这里所说的集团企业，泛指包括企业集团和多个子公司、分公司组成的多层级管理的大型企业在内的集团性质的企业。

（一）企业集团职工代表大会的概念

2020年，全国总工会下发了《中华全国总工会关于推行企业集团职工代表大会制度的意见》，对集团职工代表大会作出了专门规定：“本意见所指集团职代会是指企业集团总部和所属基层单位按照一定比例选举产生职工代表，对涉及企业集团改革发展和职工权益有关事项履行民主程序、行使相应职权的职代会。”

企业集团职工代表大会，是企业集团实行民主管理的基本形式，其特点是可按照行政管理的分工建立多层级的职工代表大会，在各自的职权范围内分别开展民主管理活动，行使民主管理的权力。企业集团职工代表大会的职权，与各层级行政管理的职权相对应。集团各层级的职工代表大会，是职工参与相应范围内民主管理的途径和行使对相应范围民主管理权力的机构。按照相应范围开展民主管理，是企业集团职工代表大会的显著特点。

（二）建立企业集团职工代表大会的由来与作用

为应对社会化大生产对企业的有限经营规模提出的严峻挑战，以及日趋激烈的市场竞争对企业抵御风险能力提出的挑战，企业集团应运而生。集团是现代企业的高级组织形式，是以一个或多个实力强大、具有投资中心功能的大型企业（母公司）为核心，以若干个在资产、资本、技术上有密切联系的企业、单位为外围层（子公司、参股公司及其他成员企业或机构等），共同组成为共同目标通过产权安排、人事控制、商务协作等纽带所形成的一个稳定的多层次经济组织，是具有一定规模的企业法人联合体。事业单位法人、社会团体法人也可以成为集团成员。母公司应当是依法登记注册，取得企业法人资格的控股企业。子公司应当是母公司对其拥有全部股权或者控股权的企业法人。集团的其他成员应当是母公司对其参股或者与母子公司形成生产经营、协作联系的其他企业法人、事业单位法人或者社会团体法人。

除企业集团外，一些大型企业虽然尚未成为规范的集团，但也与集团性质的企业有许多共同的特征和相近的管理方式。如银行企业这样的大型企业及连锁经营性质的企业，都存在着总部、总公司制定相应的规章制度，包括劳动纪律、绩效薪酬标准等，决定涉及职工切身利益等重大问题。按照《劳动合同法》等法律法规的规定，用人单位在制定、修改或者决定直接涉及劳动者切身利益的规章制度或者重大事项时，应当经职工代表大会或者全体职工讨论。这就面临要经过哪一层级职工代表大会讨论的问题。显然，子公司、分公司、企业分支机构的职工代表大会是无权对母公司、总公司职权范围内的事项进行讨论审议的，但如果仅仅是由集团总部机关召开职工代表大会、职工大会进行讨论审议，由于总部机关职工的利益与子公司、分公司职工的利益可能一致也可能完全不一致，这样的审议也不能够保证公平公正。一些企业集团为适应企业集团的特点，加强民主管理，探索建立集团职工代表大会制度，在实践中对加强企业集团民主管理工作、保障企业集团广大职工的民主权利、促进企业集团健康发展等发挥了积极作用，积累了有益的经验。

（三）正确把握加强企业集团职工代表大会制度建设的基本原则

1. 坚持加强党的领导。

要坚持以习近平新时代中国特色社会主义思想为指导，认真贯彻落实党的基本理论、基本路线、基本方略，坚持党委统一领导，坚持重大问题事前请示，坚持全心全意依靠职工办企业，在党组织的统筹协调下推进企业集团和所属基层单位职代会制度建设，确保集团职代会制度建设沿着正确的方向发展。

2. 坚持依法有序推进。

要依照相关法律法规，推动对所属基层单位在重大决策、经营管理、干部任免、薪酬福利、人力资源等方面拥有管控权限的企业集团建立职代会制度，保证职工通过企业集团和所属基层单位等多层级职代会行使民主管理权力。不能以企业集团总部职代会替代集团职代会。在此基础上积极推进制度化规范化建设，使集团职代会制度更加健全、运行程序更加规范、作用发挥更加有效。

3. 坚持融入公司治理。

要推动企业集团在制订公司章程时，落实职代会在公司治理结构中的地位，明确其主体权责，并与其他公司治理主体有效衔接。要以集团职代会为牵引，建立与企业管控模式相适应、上下配套、层次清晰、各司其职、独立运行的企业集团内部多层级职代会制度体系，把民主管理制度融入企业生产经营管理活动之中，推动加快完善中国特色现代企业制度。

4. 坚持协同联动推进。

集团职代会的内容要更加侧重涉及企业集团改革发展的全局性、根本性、指导性的重大事项，以及涉及职工切身利益的带有普遍性、倾向性的重大问题。所属基层单位要在遵循集团职代会基本原则的基础上，从本单位实际出发，细化和完善本单位职代会制度。要准确把握和处理上下级职代会之间的关系，充分发挥企业集团内各层级职代会的职能作用。

（四）企业集团职工代表大会的组织制度

企业集团职工代表大会制度的组织制度和组织形式为多层级的职工代表大会。企业集团建立的集团职工代表大会制度，并不能够替代和取消子公司、分公司以及其他企业集团的分厂、车间以及其他分支机构的职工代表大会。企业集团的总部机关和各分公司、分厂、车间以及其他分支机构仍然有权按照法律法规确定的条件和程序，选举产生职工代表，在企业集团的总部机关和各子公司、分公司、分厂、车间以及其他分支机构内建立职工代表大会制度，在各自的职权范围内分别开展民主管理活动。组织层次的多层级性，是企业集团职工代表大会组织形式的重要特点。

（五）企业集团职工代表大会的职工代表

《企业民主管理规定》对企业集团职工代表大会职工代表的产生作了原则性的规定，即总部机关和各分公司、分厂、车间以及其他分支机构可以按照一定比例选举产生职工代表，召开企业集团职工代表大会。《中华全国总工会关于推行企业集团职工代表大会制度的意见》则作出更明确的规定："集团职代会职工代表的名额数量应以企业集团职工人数为基数，依据《企业民主管理规定》第八条有关规定确定。其中，集团中层以上管理人员和领导人员，原则上不超过职工代表总数的20%，所属单位多、分布广的集团中层以上管理人员和领导人员一般不超过代表总数的35%。职工代表中应有适当比例的劳模先进、高技能领军人才、女职工、青年职工、农民工的代表。参加集团职代会的职工代表可以在企业集团总部和各所属基层单位职代会的职工代表中选举产生，也可以在企业集团全体职工中直接选举产生。”这是为了保证有一定比例直接从事生产服务、专业技术的普通职工代表参加职代会，防止集团职代会演变成为另一类领导干部和管理人员大会，保证职工代表的广泛性和代表性。

(六) 企业集团职工代表大会与工会的关系

按照法律法规的规定，企业的工会是职工代表大会的工作机构。企业集团一级的职工代表大会的工作机构是企业集团工会。企业集团各分公司、分厂、车间以及其他分支机构工会是企业集团各分公司、分厂、车间以及其他分支机构职工代表大会的工作机构，应承担同级职工代表大会日常工作的职责。

(七) 切实发挥集团与所属基层单位职工代表大会等民主管理制度的整合联动作用

加强企业集团职工代表大会制度建设，必须立足集团和所属基层单位实际，促进集团系统内多级职工代表大会制度的有效联动、作用互补。工会要切实加强对职工代表大会制度建设的推动，针对集团系统特点，强化工作力度，推动集团系统民主管理工作取得切实成效。

1. 推动职工代表大会制度纳入集团公司管理体系。

职工代表大会等民主管理制度作为企业管理制度应当进入企业管控制度体系。要积极推动明确职工代表大会等民主管理制度在本单位治理结构和管理构架中的应有地位。要组织制定企业集团职工代表大会的实施办法，明确职工代表大会的组织制度、职工代表、职权内容、议事规则和工作制度等。同时，还要推动职工代表大会制度与职工董事制度、职工监事制度、厂务公开制度、平等协商和集体合同制度以及劳动争议调解制度的有机结合，共同发挥作用。

2. 把握好集团内不同层级职工代表大会的职权重点。

一要重点规范改革调整中的各级职工代表大会民主程序。

凡涉及集团系统改革调整的事项，企业集团职工代表大会应当按照职工代表大会职权要求履行相应的民主程序。涉及的基层单位，必须按照企业集团职工代表大会的决议，细化本单位的方案，提交本级职工代表大会审议并履行相应的民主程序。对分步实施改革调整的单位，企业集团职工代表大会必须就下一阶段基层单位改革履行职工代表大会民主程序等事项进行规制，以稳妥推进改革。二要重点规范涉及职工切身利益事项的职工代表大会的审议通过程序。凡集团公司制定的涉及整个系统的薪酬福利等制度以及工资增幅、企业年金、补充公积金、职工股权激励等方案，应根据基层实际，提出分类指导和规范的要求，并提交集团公司职工代表大会表决提交后实施。基层单位则应结合各自实际，细化本单位方案，提交本级职工代表大会审议通过后实施。三要重点规范职工代表大会民主评议工作。要在集团公司党委的组织领导下，定期开展职工代表大会民主评议工作，督促领导人员不断增强群众意识、强化群众观念。

3. 夯实职工代表大会闭会期间民主管理和日常沟通制度。

要通过组织集团公司职工代表对基层的巡视检查，督促职工代表大会决议的贯彻落实；通过开展职工代表大会质量评估工作，督促基层就职工代表大会制度建设开展相互学习交流，取长补短；要发挥职工代表大会专门委员会（小组）的作用，并通过建立适合集团公司领导层与基层一线职工的定期沟通制度，有针对性地及时解决各类劳动关系和职工利益诉求问题，推动集团公司民主管理工作更好地为企业发展和职工队伍稳定服务。

三、车间民主管理

（一）车间（分厂、分公司或其他二级单位，下同）民主管理的概念

车间民主管理，是车间职工通过以职工代表大会或职工大

会为基本形式的组织形式，对车间职权范围内的事务依法行使民主管理权力的活动，是车间管理的重要组成部分，是企业民主管理的中间环节。加强车间民主管理，对保证企业职工代表大会各项决议贯彻落实，影响、带动和指导班组民主管理，调动和发挥广大职工的积极性，健全企业民主管理制度体系具有重要的作用。

（二）车间民主管理的主要形式和职权

1. 车间民主管理的形式。

车间可以根据具体情况，采取职工代表大会或职工代表组（团）等形式，对本单位权限范围内的事务行使民主管理的权力。主要形式有：

（1）车间职工代表大会。这种形式适用于职工人数较多的车间，与企业职工代表大会相似。代表是由车间职工民主选举产生的，他们代表车间全体职工，在车间职权范围内行使民主管理权力。

（2）车间职工大会。这种形式适用于职工人数较少的车间，是车间全体职工直接参加的民主管理形式。它不同于车间召开的传达文件、布置工作的职工大会，为了与之相区别，也可以称其为车间职工民主管理大会。车间职工民主管理大会的职权和车间职工代表大会的职权相同。

（3）车间职工代表组（团）。这种形式适用于职工人数不多的车间或科室，是车间民主管理可以选用的一种形式。这种形式既是代表车间职工参加厂级职工代表大会的组织，又是行使车间民主管理权力的机构。

2. 车间职工代表大会的职权。

车间职工代表大会的职权一般包括：

（1）听取和审议车间负责人的工作报告，并对完成生产计划的措施、技术改造措施、车间经济责任制方案等重大事项提出意见和建议。

（2）审查同意或者否决车间的工资调整方案、奖金分配方案、劳动组合方案、劳动保护措施、奖惩办法，以及其他重要规章制度。

（3）审议决定本车间有关职工生活福利方面的重要事项。

（4）民主评议、监督车间领导干部，提出奖惩和任免的建议。

（5）根据企业的部署，民主推荐或民主选举车间主任。

（三）车间民主管理的其他形式

车间民主管理除通过车间职工代表大会外，还可以通过以下形式开展日常的民主管理活动，主要有：

（1）职工恳谈会、民主对话会、民主咨询会等活动。

（2）群众性的合理化建议和发明创造活动、最佳提案活动、献计献策活动等。

（3）职工代表专题检查、民主审计等活动。

车间民主管理其他形式的活动，是对车间职工代表大会的必要补充和完善，能够促进车间职工代表大会决议的贯彻落实。

思考题：

1. 职工代表大会有哪些形式？
2. 职工代表大会有哪些职权？
3. 职工代表有哪些权利与义务？

第八章　厂务公开制度

第一节　厂务公开概述

一、厂务公开的概念

厂务公开，是指企事业单位依照有关法律法规的规定和相关政策要求，将与本单位改革发展稳定和职工切身利益密切相关的重大问题和重要事项，通过职工代表大会和其他适当形式向广大职工公布、告知，为组织职工参与决策、管理和监督创造前提条件的办事规程或行动准则。

厂务公开是对所有企事业单位的公开制度的简称。这里讲的“厂”，泛指包括工业、交通、建筑、金融、财贸等各行各业各种类型和形式的公司、工厂在内的企业和事业单位。在教育、科技、文化、卫生、体育等事业单位，也称为校（院、所、馆、团）务公开（以下统称厂务公开）。这里讲“公开”，是通过一定的形式向职工公布、公示和告知，组织职工参与公开活动，同时还要听取意见，接受职工民主监督。厂务公开的事务，并不是企事业单位的所有事务，公开的重点应该是职工关心的，同时与广大职工切身利益密切相关的各类事务。这类事务的公开并不是一个简单的公布、告示，而是包括办理事务的依据、标准、过程、结果的全面公开。

二、厂务公开的意义

厂务公开是发展基层民主、保障广大职工知情权的有效形式和重要制度，也是企事业单位管理制度中的一项重要内容，贯穿各项民主管理制度之中。厂务公开的实质是保障广大职工的知情权，推动企事业单位有效地实行民主管理。其主要有两方面的意义：

第一，实行厂务公开是保证职工知情权的有效途径，是企事业单位实行民主管理的基本保障和前提条件，更是一种有效的民主监督。公开的直接目的是让职工知情，企事业单位需要根据不同情况，采取适当形式，让职工及时了解本单位生产经营管理活动中的真实情况。同时，公开本身就可以解决一些问题。比如，公开企业经营的利好消息和发展规划，可以增强职工信心、鼓舞职工士气；公开企业经营管理面临的问题和困难，可以让职工理性面对，降低诉求，从而消解疑虑、化解矛盾，为企业发展献计献策；公开企业干部考核、任免、职称评聘，招录、收费，工程招投标、大宗物资采购等重要事项，可促进科学决策、民主决策，形成良好的监督环境和氛围。另外，公开本身也是一种很好的监督形式。公开可以促进公平、减少贪腐、增强公信力。

第二，厂务公开与企事业单位其他民主管理制度相结合，能够使其他民主管理制度更加有效地发挥作用。公开后要认真听取职工的意见和建议，并依照相关规定将有关重大问题和重要事项提交职工代表大会审议、通过或决定，组织职工参与管理，接受职工民主监督，全面保障职工的知情权、参与权、表达权和监督权。通过厂务公开，可以促进企业建立规范有序、公正合理、互利共赢、和谐稳定的中国特色劳动关系，调动和发挥职工投身改革发展的劳动热情与创造活力，组织职工、动员职工、依靠职工解决改革发展过程中的热点、难点问题，不断完善经营管理制度，提高经营管理水平，提高自主创新能力和市场竞争力，推动企业和职工共建共治共享。

三、厂务公开的由来与发展

（一）厂务公开的由来

厂务公开是广大职工群众的一个创举，是根据党中央要求在全国推行的一项重要基层民主制度。20世纪90年代，我国经济体制改革进入攻坚阶段，一些企业在经营管理中遇到了前所未有的困难，广大职工了解企业改革进展情况、参与企业生产经营管理的要求越来越迫切。顺应时代发展要求，石家庄天同拖拉机有限公司、抚顺特殊钢（集团）有限责任公司、天津国际经济技术合作公司等企业率先实行厂务公开，积极推行民主管理，依靠职工办企业，促进了企业的发展。厂务公开这一源于基层实践的重要创举，得到了党中央、国务院的高度重视和充分肯定。

1998年8月至10月，胡锦涛同志、尉健行同志、吴邦国同志对石家庄拖拉机厂等单位实行厂务公开的经验和全国总工会的相关报告作出了一系列重要批示。时任中共中央政治局常委、书记处书记胡锦涛指出，"'石拖'的经验有普遍意义。它不仅使企业基层民主政治建设上了新台阶，而且调动了广大职工当家作主的积极性，使企业的管理和效益达到了新水平。建议全国总工会派人调查并认真加以总结。总结时要实事求是，'石拖'的变化是全面深化改革的结果，不要仅归于厂务公开这一点上"，"实行厂务公开、民主监督是加强企业基层民主政治建设的好形式，应总结经验，逐步推开。现在就制定一个指导性文件的条件尚不成熟。为推动工作，建议纪委牵头，有关部门先作出部署，要求各地扩大试点，然后再总结经验，加以完善”。时任中共中央政治局常委、中华全国总工会主席尉健行指出：“职工行使民主监督和民主管理的权利，首先必须知情。厂务公开是前提条件和基础。厂务公开着眼于调动广大职工当家作主的积极性，依靠广大职工办好企业，推进改革、发展、稳定的大局。实行这项制度要和进一步健全职工代表大会制度结合，要和建立现代企业制度有关机制统一起来。”时任中共中央政治局委员、国务院副总理吴邦国也作出批示：“请经贸委配合全国总工会落实锦涛同志批示意见。”党中央领导同志的批示，揭示了厂务公开的深刻内涵，阐述了实行厂务公开的重要意义与作用，明确了推行厂务公开工作的指导思想、组织领导和总体部署。

根据党中央领导同志的批示精神，1999 年 1 月，经中央纪委、国家经贸委、全国总工会协商决定，成立“全国厂务公开协调小组”。协调小组成员由中央纪委、国家经贸委、全国总工会等部门的领导同志组成。协调小组下设“全国厂务公开协调小组办公室”，负责推行厂务公开制度的日常工作，办公室设在全国总工会。此后，中央纪委、国家经贸委、全国总工会等有关部门联合下发文件，召开会议，在全国推行厂务公开制度，指导企业全面推行厂务公开工作。

（二）厂务公开的发展状况

经过 20 多年的发展，厂务公开从无到有、由点到面，呈现出全面推进、逐步规范、不断深化的良好势头，厂务公开的基本形式得以确立，内容进一步丰富，制度逐步完善，领导体制和工作机制基本形成，已成为国有企业普遍实行、非公有制企业积极推行、职工广泛参与的基层民主实践活动。

党中央对推行厂务公开工作高度重视，通过召开会议、下发文件对推行厂务公开作出部署、提出要求。2002 年 6 月，中共中央办公厅、国务院办公厅印发了《关于在国有企业、集体企业及其控股企业深入实行厂务公开制度的通知》（以下简称《两办通知》），对厂务公开的重要意义、指导原则、总体要求、主要内容、实现形式和组织领导作出了具体规定，明确要求国有企业、集体企业及其控股企业都要实行厂务公开，其他企业可依照法律规定，采取与本单位相适应的形式实行厂务公开，推进民主管理工作。2004 年，党中央把厂务公开与村务公开、政务公开作为我国基层民主政治建设的重要形式加以肯定和推广。2015 年，《中共中央 国务院关于构建和谐劳动关系的意见》明确提出："推进厂务公开制度化、规范化。进一步提高厂务公开建制率，加强国有企业改制重组过程中的厂务公开，积极稳妥推进非公有制企业厂务公开制度建设。完善公开程序，充实公开内容，创新公开形式，探索和推行经理接待日、劳资恳谈会、总经理信箱等多种形式的公开。"

全国厂务公开协调小组领导力量进一步壮大、工作制度不断健全完善。2018 年 5 月，人力资源和社会保障部加入全国厂务公开协调小组。全国厂务公开协调小组制定了《全国厂务公开协调小组及其办公室工作规则》，每年召开会议，听取办公室工作汇报，研究和部署工作，每年初下发工作指导意见，两年进行一次调研检查，三年进行一次先进单位表彰，形成了比较完善的工作制度。全国厂务公开协调小组成员单位结合部门工作实际，各司其职、紧密配合、通力合作，一起研究问题、总结工作、下发文件、部署任务、调研检查等，形成了共同推进厂务公开的工作机制。

各级党委、政府高度重视厂务公开工作，将这项工作纳入本地区经济社会发展总体规划，作为地方党政领导班子工作实绩的考核内容，统一部署、统一检查。许多省（区、市）由省委、省政府领导担任厂务公开领导小组组长，保持高规格的领导机构，大力推进成立工会的企事业单位建立厂务公开领导机构和各项工作制度，明确目标任务和工作责任，形成了“党委统一领导、党政共同负责、有关方面齐抓共管、职工广泛参与”的组织领导体制，以及“党委是第一责任人、行政是第一执行人、纪检是第一监督人、工会是第一运作人、职工是第一评价人”的工作格局。

各级厂务公开协调领导机构加强政策指导，完善相关立法，大力推动厂务公开工作深入发展。每年全国厂务公开协调小组都下发工作意见，紧紧围绕经济社会发展形势，指导厂务公开工作。从 2001 年开始，一些地方通过立法的形式明确规定了非公有制企业要实行厂务公开。全国厂务公开协调小组下发的《关于做好 2002 年厂务公开工作的通知》对非公有制企业实行厂务公开提出了明确要求。2012 年 2 月，中央纪委、中央组织部、国务院国资委、监察部、全国总工会、全国工商联联合下发《企业民主管理规定》，以部门规章的形式设专章对企业实行厂务公开作出详细规定，并且打破了企业所有制界限，明确要求包括非公有制企业在内的所有企业都应实行厂务公开。这些明确要求，为全国企业推行厂务公开指明了方向，提供了有力的政策指导、规章依据和工作动力。很多地方性法规对企业推行厂务公开也提出了更切合地方实际的明确要求。截至 2021 年底，全国有 8 个省（区、市）出台了有关厂务公开工作的单项地方法规。

各地根据不同类型企业的特点，有针对性地进行分类指导，充分发挥厂务公开在推进改革发展中的积极作用。一是普遍加大了在国有企业改革中推行厂务公开工作的力度。不断健全完善以职工代表大会为基本形式的企业民主管理制度，推行平等协商集体合同制度，在源头上把好制定政策参与关，在操作上把好改制方案审议关，在程序上把好职工代表大会审议通过关。做好职工代表大会民主评议国有企业领导人员工作，推动国有企业规范决策行为，提高决策水平。二是把厂务公开融入公司制企业经营管理制度中，进一步理顺职工代表大会、厂务公开、职工董事、职工监事等企业民主管理制度与“新三会”的关系，明确民主管理在公司法人治理结构背景下的地位和作用，使之成为现代企业制度的有机组成部分。三是通过推动贯彻落实《劳动合同法》关于用人单位在制定、修改或者决定有关“直接涉及劳动者切身利益的规章制度或者重大事项时，应当经职工代表大会或全体职工讨论，提出方案和意见”的明确规定，推进非公有制企业职工代表大会制度建设。运用宣传教育、先行试点、典型示范、分类指导、逐步推广的方法，加强了对非公有制企业厂务公开工作的研究和指导，使厂务公开在非公有制企业迅速拓展。四是推动事业单位将改制和绩效工资改革等重大问题提交职工代表大会审议，确保事业单位改制改革顺利进行。同时推动事业单位将内部事务公开与社会事务公开结合起来，使之相互协调、相互促进。

第二节　厂务公开的主体与原则

一、厂务公开的主体及其职责

企业是实行厂务公开的主体。企业应当建立由党组织、行政和工会负责人组成的厂务公开领导机构，负责指导和推行厂务公开工作。企业厂务公开领导机构的责任包括：制定本企业实行厂务公开的实施办法和具体措施，建立相应的工作制度，审定重大公开事项，及时研究、指导、协调和解决公开事项实施中存在的问题，制定厂务公开岗位责任制度、责任追究制度和检查考核办法，工作责任落实到人，并且加强监督检查，抓好厂务公开工作的贯彻落实。

企业各方在厂务公开中的职责如下：

（一）企业党组织的职责

企业党组织是企业开展厂务公开工作的直接领导者，负责从政治上、政策上加强对厂务公开工作的领导，做好思想政治工作，对本单位开展厂务公开工作进行综合协调。一些没有建立党组织的企业，所在地党组织、工会组织和企业代表组织要帮助、指导和督促企业开展好厂务公开工作。

（二）企业经营管理方的职责

企业经营管理方是企业开展厂务公开工作的主要责任者，负责企业贯彻执行各项厂务公开制度。企业法定代表人是企业实施厂务公开制度的第一责任人。企业经营管理方应定期、不定期通过职工代表大会和其他形式，将企业生产经营管理的重大事项、涉及职工切身利益的重要事项等，及时、真实地向职工进行公开，听取职工的意见建议，接受职工监督。

（三）企业工会的职责

企业工会是企业开展厂务公开工作的具体工作者，负责厂务公开领导机构的日常工作，督促、配合行政落实厂务公开制度，同时要动员组织职工广泛参与厂务公开工作，全面了解并及时反映职工对厂务公开工作的意见、建议和要求，组织职工代表对厂务公开情况进行评议和监督，围绕企业改革发展稳定，积极协助企业各方做好厂务公开工作。

（四）职工的职责

广大职工是厂务公开的参与者、监督者和评价者。职工的广泛参与是厂务公开发展的不竭动力。通过职工的参与活动，可以拆除企业与职工之间的心理“篱笆”，有效地消除职工对企业经营管理活动的各种怀疑和误会，有效地改善干群关系，增强经营管理层与职工间的信任，促进企业劳动关系和谐。一方面，企业要尊重和保护职工的参与积极性，引导职工参与企业厂务公开活动；另一方面，广大职工要不断提高自己的参与能力，从有利于企业的健康发展出发，充分发表意见，贡献自己的智慧，理性、有序地提出自己的主张，在企业厂务公开工作中做好参与者，当好评价人，发挥好群众监督作用。

（五）企业内部监督机构的职责

企业应成立由纪检、工会有关人员和职工代表组成的厂务公开监督机构，负责监督检查厂务公开内容是否真实全面、公开是否及时、程序是否符合规定，并根据厂务公开岗位责任制度、责任追究制度，对违反职工代表大会决议和厂务公开有关规定的相关责任人，提出责任追究的意见和建议，形成规范有效的监督、问责和制约机制。

二、厂务公开的原则

（一）厂务公开的指导原则

（1）必须坚持以邓小平理论、“三个代表”重要思想、科学发展观、习近平新时代中国特色社会主义思想为指导，认真贯彻党的二十大精神，坚定不移地贯彻落实党的全心全意依靠工人阶级的方针。

（2）必须遵循国家法律、法规和党的方针政策，实事求是、注重实效，有利于企业发展稳定和保护商业秘密。

（3）必须坚持党委统一领导、党政共同负责、有关方面齐抓共管、职工广泛参与。

（4）必须与企业党的建设、领导班子建设、职工队伍建设结合起来，与建立现代企业制度结合起来。

依据这些指导原则，各地和企业必须从各自实际情况出发，在确立工作指导思想、建立组织、制定制度和计划以及研究解决实际问题中，具体地贯彻、体现和落实指导原则。

（二）厂务公开的工作原则

《企业民主管理规定》第三十三条规定：“企业实行厂务公开应当遵循合法、及时、真实、有利于职工权益维护和企业发展的原则。实行厂务公开应当保守企业商业秘密以及与知识产权相关的保密事项。”根据这一规定，企业在实行厂务公开时应遵循以下原则：

1. 依法公开。

企业要依法进行厂务公开，这是对公开依据的要求。要按照《宪法》、《工会法》、《公司法》、《劳动法》、《劳动合同法》、《全民所有制工业企业职工代表大会条例》等国家法律法规和相关地方性法规，依照《两办通知》和《企业民主管理规定》、《学校教职工代表大会规定》、《国有文化企事业单位职工代表大会实施办法（暂行）》、《国务院办公厅关于进一步完善国有企业法人治理结构的指导意见》等政策规章的具体规定，以合法的方式和程序实行厂务公开。

2. 及时公开。

企业必须及时进行厂务公开，这是对公开时间的要求。既要事前公开，让职工了解公开事项的背景、相关政策和实施方案，广泛征求职工意见建议，不断完善实施方案，争取职工的理解和支持；又要事中公开，让职工知道公开事项的实施进展情况，方便职工监督实施过程中的每一个环节，动员职工积极参与；还要事后公开，让职工知道实施结果，接受职工对实施结果的评议监督。

3. 真实公开。

企业必须实事求是地公开，这是对公开内容的要求。既不能假公开，人为隐瞒公开事项的真实情况，误导职工对公开事项的判断，给日后实施过程和结果留下隐患，给企业改革发展和职工队伍稳定留下不安定因素；也不能半公开，只将无关痛痒的小事公开，而对企业的重大决策、重要人事任免、重大项目安排和大额度资金运作情况，企业领导人员廉洁从业情况，涉及职工切身利益的重要规章制度、重大事项的决策及执行情况等不敢真公开、全公开，进行暗箱操作，规避职工监督。厂务公开工作流于形式，容易导致权力失控，发生贪污腐败行为，有的企业甚至酿成大规模职工群体性事件，对职工队伍和社会稳定造成很大的不良影响，这些教训应当吸取。

4. 科学公开。

厂务公开要有利于维护职工合法权益和促进企业可持续发展，这是对公开目的的要求。一方面，要通过实行厂务公开，尊重职工的主体地位，树立以职工为本的经营管理理念，培育先进企业文化，增强职工对企业的归属感。支持职工参与管理，畅通职工利益表达渠道，依法监督企业遵守国家有关劳动法律法规情况，充分保障职工对企业经营管理中的重大决策和涉及职工切身利益的重大事项的知情权、参与权、表达权和监督权。推动解决职工生产生活中的实际困难，维护好职工劳动经济权益、民主权利和精神文化需求。另一方面，要通过实行厂务公开，发展和谐劳动关系，为企业经营管理营造良好、稳定、和谐的环境。充分调动职工投身企业改革发展的积极性和创造力，依靠职工、组织职工解决企业技术创新、技术攻关和技术改造中的难题。进一步完善经营管理制度，提高经营管理水平，提高企业自主创新能力和市场竞争力，促进企业可持续发展。

实行厂务公开，并不是要求企业对所有的经营管理事项都百分之百地公开，而是根据不同企业的实际情况，按照法律法规和政策的要求公开。一些事项要全面彻底公开，一些事项要在一定的范围内公开，而涉及企业商业秘密以及与知识产权相关的保密事项则不但不公开，且知情的职工还应当保守秘密。

第三节　厂务公开的主要内容和实现形式

一、厂务公开的主要内容

根据《两办通知》和《企业民主管理规定》等相关规定，企业实行厂务公开的内容主要涉及企业经营管理的重大事项、劳动关系的具体情况，重点是涉及职工切身利益的规章制度和经营管理人员廉洁从业的相关情况。厂务公开的内容，在不同的法律法规规章中也有直接或者间接的要求，可以梳理概括为以下三个方面。

（一）企业重大决策和企业生产经营管理的重要问题

其主要内容包括：企业发展规划、年度生产经营管理情况、企业改革和制定重要规章制度情况等企业经营管理的基本情况。

公有制企业的公开内容中涉及企业重大决策的问题还包括：投资和生产经营管理重大决策方案等重大事项；企业改革、改制方案，兼并、破产方案，重大技术改造方案，职工裁员、分流、安置方案等重大事项；企业中长期发展规划；年度生产经营目标及完成情况，企业担保，大额资金使用、大额资产处置情况，工程建设项目招投标，大宗物资采购供应，产品销售和盈亏情况，承包租赁合同履行情况，企业内部经济责任制落实情况，重要规章制度制定等重大事项。

（二）企业涉及职工切身利益方面的问题

其主要内容包括：企业制定、修改或者决定的有关劳动报酬、工作时间、休息休假、劳动安全卫生、保险福利、职工培训、劳动纪律以及劳动定额等直接涉及劳动者切身利益的规章制度或者重大事项方案；招用职工及签订劳动合同的情况；集体合同文本和劳动规章制度的内容；奖励处罚职工、单方解除劳动合同的情况以及裁员的方案和结果，评选劳动模范和优秀职工的条件、名额和结果；劳动安全卫生标准、安全事故发生情况及处理结果；社会保险及企业年金的缴费情况；职工教育经费提取、使用和职工培训计划及执行情况；劳动争议及处理结果情况。

此外，公有制企业的公开内容中涉及职工切身利益方面的问题还包括：职工提薪晋级、工资奖金收入分配情况和专业技术职称的评聘情况。

（三）与企业领导班子建设、党风廉政建设和廉洁从业密切相关的问题

其主要内容包括：中层领导人员、重要岗位人员的选聘和任用情况，企业领导人员薪酬、履职待遇和业务支出情况、兼职情况，以及出国出境费用支出等廉洁自律规定执行情况，职工代表大会民主评议企事业单位领导人员的结果；依照国家有关规定应当公开的其他事项。这是对公有制企业的更高要求。非公有制企业也可以公开上述事项，但是不作强制性要求。

二、厂务公开的实现形式

（一）选择厂务公开实现形式的依据

要根据厂务公开的内容和要求，依照制度规定选择不同的形式。选择厂务公开形式，应依据以下几点：

（1）法律法规和制度有具体规定的，要按规定办。《工会法》、《劳动法》、《公司法》、《全民所有制工业企业职工代表大会条例》、《企业民主管理规定》和政府颁发的各项专项法规，《两办通知》以及本单位的厂务公开实施细则（办法）等有明确规定的，应按规定的公开形式办理。

（2）能够运用市场经济办法解决的问题，尽量按市场经济

的办法解决，如物资采购供应招投标、管理人员的招聘等。

（3）其他厂务公开的内容，包括职工临时提出需要公开的事项，由企业厂务公开领导小组研究决定采取适当形式加以公开。

（二）厂务公开的实现形式

厂务公开的形式一般有四种：

1. 基本形式。

职工代表大会是企事业单位民主管理制度的基本形式，也是厂务公开的主要载体。实行厂务公开后，企业经营管理的许多重大事项和问题需要通过职工代表大会这一制度平台告知广大职工，职工代表大会审议通过各种决定或者事项，本身就是对职工知情权的制度化、规范化的保障。因此，职工代表大会是厂务公开的基本载体，也是厂务公开的主要实现形式。

2. 专用形式。

包括专门用于公开厂务的厂务公开栏、厂情发布会、厂务公开网络，以及为公开某些事项而召开的各种会议等。这些形式的特点是直接面向广大职工，及时、直观，方便职工随时了解相关情况。其缺点是单向性，本身不具备反馈机制。因此，应当注意通过意见箱、监督电话等及时收集和了解职工的意见。

3. 特有形式。

职工董事、职工监事参加董事会、监事会制度，工会参加党委和经理办公会制度，以及党政工联席会制度等，这些既是职工参与企业管理的重要制度，也是职工间接了解企业经营管理情况的有效渠道。这类公开形式的特点是公开的范围小，参与人数少，对公开事项可以深入讨论研究，对一些还处于酝酿阶段、需要听取各方面意见的事项，特别是在一段时间内需要保密的事项比较适合。这种形式的缺点在于参与人数少，因此职工董事、职工监事和工会主席在代表职工参加相关会议前，应注意广泛听取职工意见，会后要在遵守有关规定的前提下，采取适当形式向职工传达。

公司制企业除了职工董事、职工监事制度外，还有信息披露制度，主要是指物资采购供应和基建项目的招投标，人才公开招聘、选任，上市公司依照有关规定公开披露财务报表，等等。这种公开形式比较规范，公开的范围广，适用于需要向社会广泛公告的事项，这也是广大职工知情的一个渠道。这种公开形式的主要缺点是滞后性。采取这种形式应事先向职工公开有关的政策和制度，方便职工监督，事后要注意听取职工意见，改进工作中存在的问题。

4. 媒体形式。

包括企业的广播、电视、厂报、微信公众号等。经职工代表大会审议通过的，或经过其他形式公开以后需要在更大范围宣传的厂务公开事项，都可以通过媒体形式进一步公开。但这种公开也具有单向性的缺点。顺应网络时代职工生活方式的变化，可以充分运用“互联网+”，通过微信群、QQ 群、微信公众号等形式，建立网上公开平台，增强公开的时效性和广泛性，实现企业与职工间有效的互动沟通，使厂务公开贯穿企业经营管理活动的全过程。

三、厂务公开的拓展和深化

（一）厂务公开要在深化国有企业改革中巩固发展

党的十八届三中全会审议通过的《中共中央关于全面深化改革若干重大问题的决定》，提出积极发展混合所有制经济，推动国有企业完善现代企业制度。党的十九大提出深化供给侧结构性改革，深化国有企业改革，发展混合所有制经济。党的二十大提出深化国资国企改革，加快国有经济布局优化和结构调整，推动国有资本和国有企业做强做优做大，提升企业核心竞争力。2020年开始，实施国企改革三年行动，完善国资监管体制，深化混合所有制改革，聚焦国企主责主业，健全市场化经营机制，提高核心竞争力。深化国有企业改革涉及国家、企业和职工各方面利益，关系改革发展稳定的大局。要通过厂务公开，广泛组织和动员广大职工理解改革、支持改革、积极投身改革。特别是在推进供给侧结构性改革及化解钢铁、煤炭行业过剩产能的过程中，要指导督促相关企业加强厂务公开工作，按照国家有关法律法规和政策制定并落实职工安置方案，依法履行民主程序，充分听取职工意见。必须按照《两办通知》规定，将企业改革、改制、兼并、破产方案等重大决策提交职工代表大会审议，职工裁员、分流、安置方案提交职工代表大会审议通过。为确保国有企业改革规范进行，防止国有资产流失，应依照有关规定并通过适当形式，及时公开企业清产核资、财务审计、资产评估及其交易情况，接受广大职工监督。

深化企业改革过程中，要坚持职工代表大会民主评议企业领导干部、企业领导干部贯彻执行党风廉政建设准则的情况向职工代表大会报告制度，加大对企业领导干部监督的力度。凡是向本企业管理层转让国有产权的，应该做到受让者名单、离任审计结果、资金来源及交款情况四公开。经职工代表大会评议不称职的，或在厂务公开中被反映有严重问题没有搞清楚的，经营者不能参与收购国有资产。

改制企业解决拖欠职工工资、医疗费和挪用职工住房公积金以及企业欠缴社会保障基金等问题的政策规定、具体办法及解决情况要向广大职工公开，接受广大职工监督。改制后的企业要按照有关规定按时足额缴纳社会保障基金，及时为职工接续养老、失业、医疗、工伤、生育等各项社会保险关系，其情况要向职工代表大会报告，如实公开。

（二）厂务公开要在促进非公有制企业高质量发展中逐步深化

要适应形势的发展，不断探索非公有制企业推进厂务公开的新途径和新办法。党的二十大报告提出，“优化民营企业发展环境，依法保护民营企业产权和企业家权益，促进民营经济发展壮大。完善中国特色现代企业制度，弘扬企业家精神，加快建设世界一流企业”，“完善劳动者权益保障制度，加强灵活就业和新就业形态劳动者权益保障”。非公有制企业实行厂务公开，建立职工代表大会制度，要从企业实际出发，在完善规章制度、规范科学管理的基础上，认真加以推行。根据《企业民主管理规定》和各地相关法规规章确定厂务公开、职工代表大会的内容、职权、形式和方法，有条件的可以参照公有制企业的做法。要努力探索适合非公有制企业性质、组织形式、管理模式的具体办法。要从企业实际出发，着眼于落实职工的知情权、参与权、表达权和监督权，维护职工的切身利益，把职工的积极性引导到共谋企业发展上来，努力做到共建共治共享。要重点推进企业规章制度公开，对职工辞退和处分情况及理由，职工社会保险金缴纳情况，劳动安全卫生保护情况，集体合同及工资协议的签订、修订、续订和履行情况，企业经营者和工会经过协商同意公开的事项，以及涉及职工合法权益的其他事项，都要及时公开。推动新业态企业将制定或修订平台进入退出、订单分配、计件单价、抽成比例、报酬构成及支付、工作时间、奖惩等直接涉及劳动者权益的制度规则和平台算法，向劳动者公开，充分听取工会或劳动者代表的意见和建议。

（三）厂务公开要不断伴随事业单位改革拓展

根据《中共中央 国务院关于分类推进事业单位改革的指导意见》和《中共中央办公厅 国务院办公厅印发〈关于进一步深化事业单位人事制度改革的意见〉的通知》的精神，我国事业单位改革正在分类推进，事业单位人事制度改革也在进一步深化。厂务公开应当与事业单位改革同步推进，通过公开民主的方法切实维护职工权益。要监督事业单位将改革的目标任务、进展情况和人事制度、收入分配制度、社会保障制度的方案草案等及时进行公开，提交职工代表大会审议；重大事项或方案等应争取提交职工代表大会审议通过后实施。职工代表大会制度健全的，应严格履行相关民主程序；职工代表大会制度不健全的，如未及时换届、职工代表人数不符合法定要求的，应在完善职工代表大会制度后，再履行相关民主程序；未建立职工代表大会制度的事业单位应当建立健全职工代表大会制度或召开专题职工大会。召开职工代表大会时，出席职工代表大会的职工代表应不少于全体职工代表的三分之二；对重要事项的表决，应采用无记名投票的方式分项表决，经全体职工代表的过半数通过方为有效。事业单位工会要切实承担起职工代表大会工作机构的职责，努力推动健全和完善职工代表大会制度，严格按照召开职工代表大会、实行厂务公开的要求履行民主程序，在事业单位改革中充分发挥民主管理的作用。

（四）厂务公开要不断向企业经营管理领域延伸

《两办通知》规定公开的内容很多，当前厂务公开已经进入企业经营管理领域，但有的进入得还不够深入，有的领域还没进入。要注意总结企业重大决策、工程建设项目招投标、大宗物资采购供应、产品销售和盈亏情况、劳动安全卫生、民主评议企业领导人员等方面厂务公开的经验，使这些领域的公开继续深入。同时要积极推行在财务预决算，企业担保，大额资金使用，企业中层领导人员、重要岗位人员的选聘和任用，企业领导人员工资（年薪）、奖金、兼职、补贴、住房、用车等与领导班子建设和党风廉政建设密切相关的问题，以及职工养老、医疗、工伤、失业、生育等社会保障基金缴纳情况，职工招聘、专业技术职称评聘，安全生产和劳动保护措施，职工培训计划等领域的厂务公开。不断巩固和扩大厂务公开的成果，使厂务公开进一步融入企业管理的机制体制和制度之中，成为包括经营管理者在内的企业全体职工的自觉行动。

第四节　厂务公开与基层民主建设、民主管理的关系

一、厂务公开与基层民主建设的关系

厂务公开是加强基层民主政治建设的重要基础。党的二十大报告将发展全过程人民民主作为中国式现代化的本质要求之一，特别强调人民民主是社会主义的生命，是全面建设社会主义现代化国家的应有之义，全过程人民民主是社会主义民主政治的本质属性，是最广泛、最真实、最管用的民主。基层民主是全过程人民民主的重要体现。企事业单位实行厂务公开，是我国基层民主建设的重要组成部分。没有企事业单位厂务公开，我国的基层民主建设将缺乏坚实的基础。因此，厂务公开作为基层民主的一项基础性工程，对基层民主建设至关重要，是加强基层民主建设的重要基石和有效途径。

厂务公开是加强基层民主建设的具体实践。职工代表大会是厂务公开的主要载体，党的十六大、十七大、十八大、十九大、二十大报告在阐述发展基层民主、完善基层民主制度时都强调要坚持、完善、健全以职工代表大会为基本形式的企事业单位民主管理制度。党的十六大报告强调："坚持和完善职工代表大会和其他形式的企事业民主管理制度，保障职工的合法权益。"党的十七大报告强调："全心全意依靠工人阶级，完善以职工代表大会为基本形式的企事业单位民主管理制度，推进厂

务公开，支持职工参与管理，维护职工合法权益。”党的十八大报告强调：“全心全意依靠工人阶级，健全以职工代表大会为基本形式的企事业单位民主管理制度，保障职工参与管理和监督的民主权利。”党的十九大报告强调：“完善基层民主制度，保障人民知情权、参与权、表达权、监督权。”推进企事业单位健全职工代表大会制度，是完善基层民主制度、加强基层民主政治建设的一项重要任务。职工代表大会是企事业单位实行民主管理的基本形式，也是厂务公开的主要载体。党的十九届四中全会通过《中共中央关于坚持和完善中国特色社会主义制度 推进国家治理体系和治理能力现代化若干重大问题的决定》，要求“全心全意依靠工人阶级，健全以职工代表大会为基本形式的企事业单位民主管理制度，探索企业职工参与管理的有效方式，保障职工群众的知情权、参与权、表达权、监督权，维护职工合法权益”。党的二十大报告强调：“全心全意依靠工人阶级，健全以职工代表大会为基本形式的企事业单位民主管理制度，维护职工合法权益。”因此，厂务公开是基层民主建设的重要内容和具体实践。

厂务公开与基层民主建设是相辅相成、互为表里的关系。我们应当通过大力推进厂务公开制度建设，保障职工的知情权，为职工依法实行民主选举、民主协商、民主决策、民主管理、民主监督创造良好的条件，服务和促进基层民主建设，夯实我国社会主义民主政治的制度基础。

二、厂务公开与企业民主管理的关系

厂务公开是企业民主管理的重要组成部分。企事业单位实行民主管理，就是要落实职工的民主权利。厂务公开最主要的功能是让广大职工知情，进而为实现职工参与权、表达权、监督权以及职工依法实行民主选举、民主协商、民主决策、民主管理、民主监督创造条件。通过“公开”，让广大职工知情，不是民主管理的全部，“公开”后还应采取适当的形式，认真听取职工的意见和建议，接受他们的监督，并依照有关规定提交职工代表大会审议通过或决定。因此，厂务公开只是企业民主管理中的一项重要制度。

厂务公开是企事业单位其他民主管理形式的前提。厂务公开首先强调的是让广大职工知情，这是职工通过职工代表大会、职工董事、职工监事等民主管理制度，实现职工民主监督和民主管理的必备前提和重要环节。公开的关键是真实。实行厂务公开，让职工及时了解真实情况、有效地参与企业的管理，才能切实从政治上保证职工的主人翁地位，从制度上落实职工当家作主的权利，切实维护好职工的合法权益，并使职工在参与企事业单位改革和管理的实践中不断地提高自己的政治、文化、业务等方面的素质。

三、厂务公开与职工代表大会的关系

厂务公开不是在职工代表大会制度之外另搞一套，而是职工代表大会的基本前提。职工代表大会是厂务公开的主要载体，这是由厂务公开的目的、任务以及职工代表大会的宗旨和性质决定的。

（一）厂务公开和职工代表大会的实质都是促进企业实行民主管理

厂务公开的目的不仅仅是公开而已，而且要吸收广大职工参与决策、管理和监督，其实质同职工代表大会一样，是企业民主管理。职工代表大会是企业民主管理的基本形式，制度比较科学，有广泛的代表性和较高的权威性，能更好地体现厂务公开的本质特征。因此，职工代表大会是厂务公开的主渠道。

（二）职工代表大会依法行使职权、发挥作用是厂务公开的可靠保证

按照有关法律法规和制度规定，企业重大决策问题、企业经营管理方面的重要问题、涉及职工切身利益方面的重要问题，以及民主评议企业领导人员等相关情况必须在职工代表大会上进行公开，并由职工代表大会依法行使职权。职工代表大会闭会期间由职工代表团（组）长和专门小组负责人联席会议形成的决议，事后必须按规定向职工代表大会报告，请予确认，从而通过职工代表大会制度的落实，保障广大职工及其代表对企业重要事项和重大决策的知情权、监督权。

（三）职工代表大会相关制度规定也是实行厂务公开的有效形式

为切实保证职工代表大会行使职权、发挥作用，《全民所有制工业企业职工代表大会条例》对建立职工代表大会专门小组（或专门委员会）、职工代表团（组）长与专门小组联席会议以及车间班组民主管理作出规定。这些既是职工代表大会的重要补充形式和辅助形式，也是厂务公开的有效形式。相关配套制度还有职工代表大会民主评议企业领导人员制度，集体合同草案提交职工代表大会讨论通过制度，企业业务招待费使用情况、企业领导人员廉洁自律情况、集体合同履行情况等企业重要事项向职工代表大会报告制度等。这些配套制度既是职工参与管理的重要制度，也是厂务公开的有效形式，应当根据需要充分选择运用这些形式实行厂务公开。

（四）正确处理厂务公开的内容与职工代表大会职权的关系

厂务公开的内容与职工代表大会的各项职权不是一一对应的关系。厂务公开有关企业重大决策问题、生产经营管理方面的重要问题，其中较多属于职工代表大会审议建议权的范围，

但也有些内容，如企业兼并、破产方案中有关职工裁员、分流、安置方案等重大事项，必须经过职工代表大会通过，而不是只经职工代表大会审议。对于企业改革、改制方案，兼并、破产方案等企业重大决策公开的要求，也与职工代表大会关于审议建议权的规定有程度上的不同。职工代表大会不是仅仅提出意见和建议，而是必须通过厂务公开听取职工意见，并提交职工代表大会审议，未经职工代表大会审议的不应实施。因此，在执行过程中，不应简单化地把企业重大决策和生产经营管理方面的厂务公开内容笼统地作为职工代表大会审议建议权的内容来处理。

第五节　厂务公开的机制建设

厂务公开工作是一个系统工程，涉及企业的方方面面，牵涉诸多部门，是党政和工会的共同任务。必须坚持“党委统一领导、党政共同负责、有关方面齐抓共管、职工广泛参与”的组织领导体制和工作格局，这是做好这项工作的重要保证。

一、厂务公开的领导机制

经过多年发展，厂务公开工作已形成在党委领导下，党委、行政、纪检、工会等各有关方面齐抓共管的领导机制。全国厂务公开协调小组和各级厂务公开协调领导机构都是按照这一机制组成的。许多地方都将推进厂务公开工作作为加强党的执政能力、加强基层民主政治建设的重要抓手，列入各级党政班子绩效管理内容，统一部署、统一检查、统一考核，进一步强化了各级党委政府的责任。

（一）各级厂务公开协调领导机构的主要职责

各地各企业推行厂务公开都应按照“党委统一领导、党政共同负责、有关方面齐抓共管、职工广泛参与”的原则建立组织领导、运行和监督机制。

各级厂务公开协调领导机构的工作职责是学习宣传、贯彻落实党中央关于厂务公开工作的精神，指导厂务公开工作，其主要包括以下几项内容：一是研究部署本地区厂务公开的方针政策、目标任务和工作规划。二是推动本地区立法机关出台与厂务公开相关的法律法规，联合制定下发推进工作的指导意见等文件，不断推进厂务公开工作开展和制度化、规范化、法治化、程序化建设。三是定期对本地区厂务公开工作进行调研检查，适时召开地区性会议或成员单位的系统性会议，进行工作交流、经验总结、理论研讨、先进表彰。四是广泛利用媒体渠道，深入宣传厂务公开的理论、政策、法律和实践经验。五是定期听取协调领导机构办公室的情况汇报，领导办公室的工作。六是定期向党政领导同志汇报工作进展情况。

（二）各级厂务公开协调领导机构成员单位的主要职责

厂务公开协调领导机构一般由党委、人力资源和社会保障部门、政府国有资产监督管理机构、工会、企业代表组织等组成。各级厂务公开协调领导机构的成员单位不尽相同，但都应结合本部门职能，明确工作责任，发挥各自优势，加强协调配合，共同推进厂务公开工作。

1. 各级党委的主要职责。

各级党委应加强对推行厂务公开工作的统一领导，建立健全厂务公开协调领导机构，充实工作力量，为推行厂务公开提供坚实的组织保证。要把推行厂务公开工作与全面从严治党、开展党群共建结合起来，加强对企业领导班子和领导人员廉洁从业行为的监督，完善企业领导班子和领导人员向职工代表大会述职述廉等制度。对企业开展厂务公开工作情况进行监督检查，及时查处厂务公开工作中反映出的违法违纪问题，充分发挥职工在企业生产经营管理活动中的民主监督作用。

2. 各级人力资源和社会保障部门的主要职责。

各级人力资源和社会保障部门，应将建立健全厂务公开民主管理制度作为完善劳动关系协商协调机制的重要内容。落实《工会法》和劳动法律的执法主体责任，督促企业在制定、修改或者决定直接涉及劳动者切身利益的规章制度或者重大事项时，向职工公开，并经职工代表大会讨论通过。把厂务公开民主管理与协调劳动关系三方机制工作结合起来，发挥三方协商协调作用，形成深化厂务公开民主管理、构建和谐劳动关系的合力。

3. 各级人民政府国有资产监督管理机构的主要职责。

各级人民政府国有资产监督管理机构应负责指导各级国有资产监督管理机构，将国有企业开展厂务公开的工作情况作为监督管理国有企业工作的重要内容。指导和监督国有企业建立健全职工代表大会制度，把贯彻党中央关于“三重一大”事项决策制度的执行情况、企业领导人员的廉洁从业情况、涉及职工切身利益重大事项的决策及执行情况、重要规章制度的制定及执行情况、实行厂务公开情况等作为职工代表大会民主评议的重要内容，把民主评议结果作为奖惩、任免企业领导人员的重要依据。指导和监督国有公司制企业建立健全职工董事、职工监事制度，将职工代表大会与法人治理机构相结合，完善企业法人治理结构，建立规范有效的内部监督和约束机制，规范决策行为，防范决策风险，提高企业管理水平。

4. 各级工会领导机关的主要职责。

各级工会领导机关应负责指导下级工会组织推动企业建立和完善以职工代表大会为基本形式的民主管理制度，推进厂务公开；指导企业建立和规范厂务公开和职工代表大会制度，落实好职工代表大会提案制度、职工代表大会报告制度、职工代表工作制度、厂务公开内容和工作流程及考核标准，在公司制企业中建立和完善职工董事、职工监事制度及职工董事、职工监事履职办法，将各项民主管理制度有效融入企业经营管理活动之中，组织、动员广大职工积极参与企业管理；监督企业履行民主程序，及时向职工公开，听取职工意见，落实职工代表大会决议，推动健全和完善党政主导的职工利益协调机制、诉求表达机制、矛盾调处机制、权益保障机制，维护职工合法权益，构建和谐劳动关系，促进职工队伍和社会和谐稳定。

5. 各级企业代表组织的主要职责。

各级工商业联合会等企业代表组织应负责指导各级企业代表组织在各类企业中大力推行和完善厂务公开制度。加强工作指导和调研检查，引导企业经营管理者树立依靠职工发展企业、共建共享的理念，构建和谐企业文化，自觉履行社会责任，不断健全职工代表大会等企业民主管理制度，支持职工民主参与管理，加强人文关怀，促进职工和企业共同发展。

二、厂务公开的工作机制

（一）开展厂务公开先进单位表彰

从 2003 年开始，全国厂务公开协调小组定期对全国厂务公开工作先进单位和推动厂务公开工作先进单位进行表彰，已形成每三年表彰一次的工作机制。截至 2021 年，累计表彰 2741 家全国厂务公开民主管理工作先进单位和 627 家全国推动厂务公开民主管理工作先进单位。各级厂务公开协调领导机构也开展了厂务公开先进单位表彰活动，认真总结各地开展企业民主管理工作的经验做法，充分发挥典型引领示范作用，不断推进企业民主管理制度化、规范化、法治化、程序化。目前，厂务公开先进单位表彰活动已成为推动厂务公开工作深入发展的重要抓手。

（二）开展“公开解难题、民主促发展”主题活动

从2012年开始，全国厂务公开协调小组指导各地在全国企事业单位中广泛开展“公开解难题、民主促发展”主题活动。要求各企事业单位围绕改革发展的目标任务，以“公开解难题、民主促发展”为主题，通过职工代表大会这一基本形式，辅以职工代表提案、职工民主管理委员会、民主议事会、民主协商会、劳资恳谈会等形式，组织发动职工代表广泛征集职工的意见和建议，普遍开展内容丰富、特色鲜明、形式多样的民主管理活动。一方面，引导企事业单位尊重职工主体地位，激发和调动职工工作热情和创造活力，鼓励和支持职工为促进企事业单位科学管理与可持续发展建言献策；另一方面，引导广大职工树立和强化主体责任意识，与企事业单位同呼吸、共命运，立足岗位、爱岗敬业、攻坚克难、争创一流，为推进企事业单位改革发展贡献智慧和力量。

（三）创建厂务公开民主管理示范单位

从2011年开始，全国厂务公开协调小组办公室在全国开展创建厂务公开民主管理示范单位活动（以下简称创建活动），充分发挥先进典型的引领示范作用，以点带面，大力推进厂务公开制度化、规范化建设，切实提高工作实效。各级厂务公开协调领导机构认真选树和培养示范单位，在指导企事业单位建立职工代表大会和厂务公开制度及公司制企业建立职工董事、职工监事制度的基础上，积极推进制度化、规范化建设，使企事业单位民主管理工作做到“组织健全、制度完善、内容丰富、程序规范、形式多样、运行良好、成效显著”。创建活动已成为推进厂务公开制度化、规范化建设的有效抓手。截至2020年底，全国厂务公开协调小组共选树命名300家全国厂务公开民主管理示范单位。

（四）组织厂务公开调研检查

全国厂务公开工作调研检查一般每两年开展一次，调研检查活动一般按照各地自检、省际互检和协调小组领导带队抽检三个阶段进行。在各地自检、省际互检后，由全国厂务公开协调小组成员单位有关领导分别带队，对各地厂务公开工作开展情况进行调研检查，形成调研报告。厂务公开工作调研检查的主要内容包括：厂务公开工作在推动企事业单位改革发展、维护职工合法权益、发展和谐劳动关系、促进党风廉政建设和领导班子建设等方面取得的创新经验和实际成效，工作中存在的突出问题以及推动厂务公开工作创新发展的对策建议。调研检查采取听取工作情况介绍、实地考察企业、召开不同形式座谈会、走访职工等方式，及时了解和掌握各地开展厂务公开工作的真实情况，发现并解决问题，总结基层创新经验。各级厂务公开协调领导机构可以根据工作情况和安排，定期进行本地区的厂务公开调研检查，自主确定调研检查的内容、方式和范围。

三、对厂务公开责任主体的考核监督

加强对厂务公开责任主体的考核监督，是搞好厂务公开的重要环节。

（一）考核监督的形式

对厂务公开工作的考核监督可以采取多种形式。比较普遍采用的考核监督形式有以下几种：一是建立健全分工负责制、责任考核制和责任追究制，健全落实问责机制，自上而下地对厂务公开工作进行监督。二是在人力资源和社会保障部门开展劳动监察活动时，对厂务公开工作进行监督检查。三是通过政协委员视察，对厂务公开工作进行民主监督。四是有地方法规的地区通过人大执法检查推动厂务公开相关条例法规的贯彻落实。五是新闻舆论监督，扩大厂务公开工作的社会影响。

（二）考核监督的标准

各级厂务公开协调领导机构制定的考核标准一定要尽可能明确、具体，能对比、可操作。检查考核标准可以是阶段性的，根据不同时期的情况提出具体要求，并根据情况的发展变化及时修订。例如，上一级厂务公开协调领导机构对下一级厂务公开协调领导机构的检查考核标准至少应包括以下内容：一是组织机构健全，切实发挥作用，工作制度完善，能够认真执行；二是在推动改革、促进发展、维护稳定方面成效明显；三是经职工代表大会测评，职工满意或基本满意率在85%以上；四是厂务公开、职工代表大会的建制率达到地区标准。

（三）考核监督的内容

对企业开展厂务公开工作进行考核，可以包括以下内容：一是企业党政领导对厂务公开制度高度重视，建立了行之有效的厂务公开、职工代表大会制度和措施，形成了强有力的领导体制和工作机制；二是推动了企业领导干部的廉洁自律，绝大多数企业职工对领导干部表示满意，民主评议领导干部、厂领导班子成员优秀率在80%以上；三是干群关系更加融洽，职工对本单位领导干部无重大违纪问题的信访举报；四是有利于调动经营管理者的积极性，保证企业依法行使经营管理权；五是企业改革成效显著，职工情绪稳定，经济效益增长；六是职工合法权益得到保障。

许多地方在开展厂务公开监督考核工作中，都因地制宜地进行了有益探索。有的地方结合“诚信”建设，将厂务公开、职工代表大会等民主管理制度纳入“企业劳动关系信用信息管理系统”或政府公共信用信息服务系统，对企业开展民主管理工作情况进行实时监测和监管；有的地方在企业中开展了“厂务公开民主管理标准化工作”；有的地方制定了厂务公开质量评估办法，细化各项评估标准，确定评估范围和主体，并将考核、评估和评优工作结合起来；有的地方将厂务公开工作纳入非公有制经济组织构建和谐劳动关系情况考核评价体系中，制定了详细的评价标准。

思考题：

1. 建立厂务公开制度的原因是什么？
2. 厂务公开与职工代表大会是什么关系？

第九章　职工董事制度、职工监事制度

第一节　职工董事制度、职工监事制度概述

一、职工董事制度、职工监事制度

（一）职工董事和职工监事

职工董事，是指依照法律规定，通过职工代表大会民主选举产生，作为公司董事会正式成员进入公司董事会，代表职工行使决策权利的职工代表。

职工监事，是指依照法律规定，通过职工代表大会民主选举产生，作为公司监事会正式成员进入公司监事会，代表职工行使监督权利的职工代表。

职工董事、职工监事以职工代表的身份进入董事会和监事会，具有双重身份。作为职工代表，其必须要对全体职工负责；作为董事监事，则必须对公司负责。职工董事、职工监事在代表职工利益的同时，必须维护公司的整体利益，公司的发展与职工的根本利益是休戚相关的，维护公司利益与维护职工根本利益并不矛盾。职工董事、职工监事在享有与公司其他董事、监事同等权利和承担相应义务的同时，还应履行反映职工合理诉求、代表和维护职工合法权益的特别职责。职工董事、职工监事通过职工代表大会选举产生、受职工的委托参与公司的决策管理和监督。职工董事、职工监事应经常或定期深入职工群

众中听取意见和建议；在董事会、监事会研究决定公司重大问题时，应认真履行职责，代表职工行使权利，充分发表意见。特别是涉及职工切身利益的问题，职工董事、职工监事应事先听取职工代表大会的意见，属于职工代表大会职责范围内的事项，必须先提交职工代表大会审议、通过或决定。

（二）职工董事制度、职工监事制度

职工董事制度、职工监事制度，是指通过职工代表大会选举产生公司董事会、监事会中的职工代表，作为董事会、监事会正式成员依法参与公司董事会决策和监事会行使监督权利的一系列工作程序、权利义务规定和履行职责要求等规则的总称。职工董事制度、职工监事制度主要包括以下四个方面：

一是公司章程对设立职工董事、职工监事以及对其参与公司决策和管理、行使监督权利所作出的明确规定。应当包括根据公司治理结构确定是否依法设立职工董事、职工监事，规定职工董事、职工监事在公司董事会和监事会中的比例或具体的人数、名额的预留和确认等。

二是有关职工董事、职工监事通过职工代表大会民主选举、罢免和监督的资格条件、提名办法和程序规则。

三是与职工董事、职工监事职责、权利和义务等相关的各项规定。包括对职工董事、职工监事应享有的权利和待遇、应负的义务和责任等的相关规定，为职工董事、职工监事参加各种会议、查阅文件资料、调查研究提供条件而建立的各项工作制度，为提高职工董事、职工监事的业务素质和参与监督能力而建立的学习培训等方面的制度。

四是职工董事、职工监事向职工代表大会负责，在职工代表大会上述职，接受职工代表评议监督，以及职工董事、职工监事与工会开展维权活动等相互关系的规定等。

二、我国职工董事制度、职工监事制度的由来与发展

20 世纪 90 年代，随着社会主义市场经济体制的建立，现代企业制度逐步发展，针对法人治理结构中缺乏对职工权益维护的制度设计这一情况，得益于中国企业民主管理制度的巨大影响力及生命力，我国职工董事制度、职工监事制度应运而生并不断发展。1993 年 11 月，党的十四届三中全会通过的《关于建立社会主义市场经济体制若干问题的决定》明确提出，建立适应市场经济要求，产权清晰、权责明确、政企分开、管理科学的现代企业制度；建立现代企业制度，是发展社会化大生产和市场经济的必然要求，是我国国有企业改革的方向；国有企业实行公司制，是建立现代企业制度的有益探索；实行公司制的企业，要按照有关法规建立内部组织机构；工会要组织职工通过职工代表大会参与企业民主管理，维护职工的合法权益。这为职工董事、职工监事工作的开展及其制度的建立提供了政策支持。

1994 年，国务院决定选择百家国有企业进行现代企业制度试点，提出了建立现代企业制度的企业改革方向，为职工董事、职工监事工作的开展及制度建立提供了有利契机。全国总工会于 1995 年下发了《关于加强现代企业制度试点企业工会工作和职工民主管理的若干意见》，明确要求“必须在企业董事会、监事会中有工会组织职工民主选举产生的职工代表，并逐步形成充分发挥职工代表作用的制度”。1996 年，中共中央办公厅和国务院办公厅转发了全国总工会与国家经贸委、国家体改委联合下发的《关于国务院确定的百家现代企业制度试点中工会工作和职工民主管理的实施意见》，对做好董事会和监事会中职工代表的选举工作，建立相应的工作制度提出明确要求，体现了党中央和国务院对探索建立职工董事制度、职工监事制度的

高度重视。特别是1999年党的十五届四中全会通过的《中共中央关于国有企业改革和发展若干重大问题的决定》，明确要求国有独资和国有控股公司董事会和监事会都要有职工代表参加，为进一步建立职工董事制度、职工监事制度提供了有力的政策依据，推动了这项工作的快速发展。

现行的《公司法》于2018年10月26日第十三届全国人民代表大会常务委员会第六次会议进行第四次修正，规定了所有的公司制企业要依照宪法和有关法律的规定，通过职工代表大会或者其他形式，实行民主管理；明确了职工董事、职工监事的选举产生程序，扩大了职工董事的设置范围，同时规定了职工监事的比例。此外，2006年3月国务院国有资产监督管理委员会印发了《国有独资公司董事会试点企业职工董事管理办法（试行）》；2006年5月，全国总工会下发了《中华全国总工会关于进一步推行职工董事、职工监事制度的意见》；2009年3月，国务院国有资产监督管理委员会印发了《董事会试点中央企业职工董事履行职责管理办法》，都对健全完善职工董事制度、职工监事制度提出了更加明确、更加具体的要求。2012年的《企业民主管理规定》专章规定职工董事制度、职工监事制度，对所有公司制企业建立职工董事制度、职工监事制度提出明确要求。为贯彻落实党的十八大关于完善基层民主制度的有关精神，促进公司制企业健全以职工代表大会为基本形式的民主管理制度，促进公司制企业民主管理工作融入法人治理结构。2012年12月，全国总工会下发了《中华全国总工会关于加强公司制企业民主管理工作的意见》，对进一步发挥职工代表大会制度、厂务公开制度、职工董事制度、职工监事制度在完善公司法人治理结构中的积极作用，做好公司制企业民主管理工作，提出了明确的目标要求。2016年，全国总工会下发了《中华全国总工会关于加强公司制企业职工董事制度、职工监事制度建设的意见》，依法分类指导和推动所有建立董事会的公司制企业建立职工董事制度，将建立职工董事制度、职工监事制度写入公司章程，从源头保障职工董事、职工监事的地位和作用。2017 年 5 月，国务院办公厅印发的《国务院办公厅关于进一步完善国有企业法人治理结构的指导意见》明确要求，国有独资、全资公司的董事会、监事会中须有职工董事和职工监事，对于进一步推动职工董事制度、职工监事制度，完善国有企业法人治理结构具有重要意义。

职工董事制度、职工监事制度建设在探索中前进，并取得了实质性的进展。一是工会通过源头参与，配合党委、政府及其有关部门，制定、出台了一系列有关职工董事制度、职工监事制度的政策、文件。二是许多公司制企业制定了一批工作制度，规范了运作程序，创造了有价值的经验。三是突破国有独资和国有控股公司的范围，在一批非国有控股的公司也建立了职工董事制度、职工监事制度。

三、建立职工董事制度、职工监事制度的法律政策依据

《公司法》、《企业民主管理规定》、《中华全国总工会关于进一步推行职工董事、职工监事制度的意见》、《中华全国总工会关于加强公司制企业民主管理工作的意见》等，为公司制企业建立职工董事制度、职工监事制度提供了明确的法律政策依据。

《公司法》第十八条规定，公司依照宪法和有关法律的规定，通过职工代表大会或者其他形式，实行民主管理。公司研究决定改制以及经营方面的重大问题、制定重要的规章制度时，应当听取公司工会的意见，并通过职工代表大会或者其他形式听取职工的意见和建议。明确公司制企业必须实行民主管理。《公司法》第四十四条、第六十七条和第一百零八条规定，两

个以上的国有企业或者两个以上的其他国有投资主体投资设立的有限责任公司、国有独资公司的董事会成员中必须有职工董事，其他有限责任公司、股份有限公司董事会成员中可以有职工董事。《公司法》第五十一条、第七十条和第一百一十七条规定，有限责任公司、国有独资公司和股份有限公司设立监事会的，必须设立职工监事，其中职工监事的比例不得低于监事会成员的三分之一，具体比例由公司章程规定。

1999 年，党的十五届四中全会通过的《中共中央关于国有企业改革和发展若干重大问题的决定》明确了国有独资和国有控股公司董事会和监事会都要有职工代表参加，为建立职工董事制度、职工监事制度提供了明确的政策依据。

《国有独资公司董事会试点企业职工董事管理办法（试行）》第四条规定：公司董事会成员中，至少有 1 名职工董事。

《中华全国总工会关于进一步推行职工董事、职工监事制度的意见》中提出：凡依法设立董事会、监事会的公司都应建立职工董事、职工监事制度。职工董事的人数一般应占公司董事会成员总数的四分之一；董事会成员人数较少的，其职工董事至少 1 人。职工监事的人数不得少于监事会成员总数的三分之一。

《企业民主管理规定》明确要求，公司制企业应当依法建立职工董事制度和职工监事制度，支持职工代表大会选举产生的职工代表作为董事会、监事会成员参与公司决策、管理和监督，代表和维护职工合法权益，促进企业健康发展。

《中华全国总工会关于加强公司制企业民主管理工作的意见》中规定：要推动所有设立董事会、监事会的公司制企业建立职工董事、职工监事制度。国有独资公司设立董事会的，以及两个以上的国有企业或者其他两个以上的国有投资主体投资设立的有限责任公司设立董事会的，必须依照《公司法》的规定设立职工董事；同时要督促其他设立董事会的公司制企业建立职工董事制度。设立监事会的各类公司制企业都必须设立职工监事，职工监事的比例不得低于监事会成员的三分之一。要坚持职工董事、职工监事必须依法由职工代表大会选举产生。职工董事、职工监事的候选人应当“经职工代表大会全体代表过半数通过方可当选”。明确了公司制企业职工代表大会与职工董事、职工监事的关系，强化了职工董事、职工监事应当对职工代表大会负责的要求。

《中华全国总工会关于加强公司制企业职工董事制度、职工监事制度建设的意见》（以下简称《意见》）依法分类指导和推动所有建立董事会的公司制企业建立职工董事制度。《意见》提出，要推动国有及其控股公司依法设立职工董事，并积极引导、支持其他性质的公司建立职工董事制度。《意见》要求，将建立职工董事制度、职工监事制度写入公司章程，从源头保障职工董事、职工监事的地位和作用。《意见》明确了职工董事、职工监事候选人人选，要求公司工会主席、副主席一般应当作为职工董事、职工监事候选人人选。《意见》进一步规范了对职工董事、职工监事的管理，明确要求职工董事、职工监事由职工代表大会选举并向职工代表大会负责。

《国务院办公厅关于进一步完善国有企业法人治理结构的指导意见》明确要求，国有独资、全资公司的董事会、监事会中须有职工董事和职工监事，对于进一步推动职工董事制度、职工监事制度，完善国有企业法人治理结构具有重要意义。

伴随国家法律法规和中央有关精神的深入贯彻落实，一些地方性法规和规章也不断健全，通过地方性法规对公司制企业建立职工董事制度、职工监事制度的专门规定，进一步丰富了推动公司制企业建立职工董事制度、职工监事制度的法律和政策依据。

四、职工董事、职工监事与公司法人治理机构、职工代表大会及工会的关系

（一）职工董事、职工监事与公司法人治理机构的关系

职工董事、职工监事作为职工代表大会选举产生的职工代表，代表职工进入公司法人治理机构参与管理监督。公司法人治理机构是指包括股东会、董事会、经理层、监事会、党组织和职工代表大会等在内的，组成经营管理公司制企业的系统组织结构中的相关机构。职工董事、职工监事与法人治理机构的关系，具体是指职工董事、职工监事与股东会、董事会、监事会及经理层的关系。

1. 职工董事、职工监事与股东会的关系。

职工董事、职工监事是公司董事会、监事会成员中的一部分。根据《公司法》的有关规定，董事会、监事会要向股东会负责。职工董事、职工监事作为董事会、监事会成员，与其他董事、监事成员一样，也应向股东会负责，但不是由个人来直接向股东大会负责，而是通过向推选他们的职工代表大会负责，通过在董事会和监事会中依法行使职权，最终通过董事会、监事会集体向股东会负责。因为职工董事、职工监事是由职工代表大会选举产生的，所以职工董事、职工监事实际上是通过向职工代表大会负责进而向股东会负责的，即职工董事、职工监事向职工代表大会负责，在董事会和监事会中依法行使职权和履行应有职责，这符合公司根本利益和长远发展方向，与向股东会负责是完全一致的。

2. 职工董事、职工监事与董事会的关系。

根据《公司法》对董事会职权的规定，董事会的主要职责是负责公司经营方面重大事项的决策，主要是决定公司的经营计划和投资方案，制定财务预决算和利润分配方案，决定公司

机构设置和管理层人事及其报酬，等等。职工董事的主要职责是要代表职工在董事会研究决定公司重大问题时、在董事会讨论涉及职工切身利益的重要决策时，从表达和维护职工合法权益的角度，代表职工行使建议权、表决权。职工监事有权代表职工依法对董事会成员等高级管理人员履行职责情况实行监督。职工董事、职工监事与董事会之间的关系，实际上就是董事会、监事会中的职工方代表所代表的公司职工利益与董事会股权董事所代表的公司股东利益之间的关系，职工董事、职工监事要起到职工代表大会与董事会之间联系、沟通的作用和发挥职工代表大会民主参与、民主管理和民主监督的作用。为此，许多公司采取先将董事会决策草案（商业秘密的除外）经职工代表大会预备会议审议听取意见，再由职工董事将意见带到董事会上参与决策的方式，使职工董事的作用得以充分发挥。

3. 职工董事、职工监事与监事会的关系。

监事会作为公司法人的监督机构，主要任务是监督企业的经营状况，以及董事会、经理层是否存在违法违纪行为。职工监事的职责是代表职工在监事会中依法行使监督权利，主要体现在对董事会成员和高级管理人员的监督以及对企业经营和财务活动的监督等方面。职工董事作为董事会成员，应当依法接受监事会的监督。职工监事依法行使的权利和职责主要是代表职工，在参与监事会的会议和活动中积极反映职工意见、发表意见建议、充分发挥职工群众的监督作用，如通过职工代表大会民主评议企业经营管理人员，由职工监事将评议结果在监事会上进行反映，并由监事会向董事会、股东会进行通报，为董事会、股东会在用人方面提供参考。职工监事还可以通过对董事会和高级管理人员履行职责情况及企业经营管理情况进行监督，以及检查职工代表大会决议落实情况，等等，从而实现对企业生产经营和职工权益维护等多方面的监督，使监事会的监督更具群众基础。职工代表大会选举职工代表进入监事会，虽然与监事会在实施监督方面的总体目标一致，但工作渠道并不完全相同，二者相辅相成、互为补充。

4. 职工董事、职工监事与经理层的关系。

职工董事、职工监事主要是通过参与董事会、监事会的工作来对经理层的经营管理工作施加影响的。由于经理层根据董事会的授权负责公司的具体经营管理，执行董事会决议，向董事会负责，同时也接受监事会的监督，因此，职工董事、职工监事分别通过参与董事会和监事会的决策、提出质询意见建议，以董事会和监事会决议形式间接地对经理层的经营管理工作实施相应的影响和监督。职工董事、职工监事也可以在职权范围内约见高级管理人员，提出意见建议。此外，职工董事、职工监事还可以通过列席与其职责相关的公司行政办公会议和有关生产经营工作的重要会议等，代表职工代表大会和职工反映对经理层的意见和对其实施监督。

5. 职工董事、职工监事与其他董事、监事的关系。

依据相关法律法规规定，职工董事、职工监事作为董事会、监事会中的职工代表，与其他董事、监事在董事会、监事会中具有相同的权利和义务。《企业民主管理规定》第四十七条明确规定："职工董事、职工监事与公司的其他董事、监事享有同等的权利，承担相应的义务。"这表明职工董事、职工监事与公司的其他董事、监事一样，同为董事会、监事会的平等成员，享有同等的权利，承担相应的义务，法律地位是平等的。

鉴于职工董事、职工监事是由职工代表大会选举产生并对其负责，在享有与公司其他董事、监事同等权利，承担相应义务的同时，职工董事、职工监事与公司的其他董事、监事在权利义务方面又有所不同，其还必须履行关注和反映职工合理诉求、代表职工利益和维护职工合法利益的特别职责。最主要的差异是职工董事、职工监事首先是职工的代表，其次才是董事、监事。职工董事、职工监事在董事会、监事会上发表的意见，反映的情况和问题，并不是职工董事、职工监事个人的意见和建议，必须是公司职工的意见和建议，特别是大多数职工的意见和建议，并对少数职工的意见和建议也应当如实反映，这也是职工董事、职工监事可以在公司决策失误时个人不承担经济责任的依据和理由。如果职工董事、职工监事在认真履行了代表反映职工利益诉求的职责后，本人与职工代表大会等民主方式形成的大多数职工的意见不一致时，其作为董事、监事可以申明个人意见。

6. 职工董事、职工监事与党组织的关系。

习近平总书记在全国国有企业党的建设工作会议上强调，坚持党对国有企业的领导是重大政治原则，必须一以贯之。党对国有企业的领导是政治领导、思想领导、组织领导的有机统一。坚持全心全意依靠工人阶级的方针，是坚持党对国有企业领导的内在要求。全心全意依靠工人阶级要在政治上保证，制度上落实，素质上提高，权益上维护。职工董事制度、职工监事制度正是落实“依靠”方针，确保职工群众真正参与到企业管理、监督和决策之中的重要措施。职工董事制度、职工监事制度体现了坚持党对国有企业领导的重大政治原则，体现了党和工人阶级血肉相连、休戚与共的密切关系，体现了党组织引领职工推动企业发展的核心作用。这对于巩固党的执政基础，推动企业党建工作深入基层、深入职工，把更多的职工团结在党的周围，听党话、跟党走，具有十分重要的作用。职工董事、职工监事要接受公司党组织的思想政治领导，公司党组织担负着加强公司民主管理的制度建设、引领公司依靠职工办企业的政治责任，支持职工董事、职工监事依法履行职责。

7. 职工董事、职工监事与职工代表大会的关系。

职工董事、职工监事与职工代表大会的关系，是一种被选举者向选举者负责的关系。《企业民主管理规定》、《中华全国总工会关于进一步推行职工董事、职工监事制度的意见》、《中华全国总工会关于加强公司制企业民主管理工作的意见》、《中华全国总工会关于加强公司制企业职工董事制度、职工监事制度建设的意见》等文件中都明确规定，职工董事、职工监事的候选人应当经职工代表大会全体代表过半数通过方可当选。《中华全国总工会关于加强公司制企业民主管理工作的意见》还规定，“要坚持职工董事、职工监事必须依法由职工代表大会选举产生”，“职工代表大会还应当通过由其选举产生的职工董事、职工监事影响和监督董事会、监事会的各项活动，督导职工董事、职工监事在董事会决策、监事会监督的过程中发挥应有作用”，“必须明确职工董事、职工监事是职工代表，对职工代表大会负责，在董事会、监事会会议上，要按照职工代表大会的有关决议发表意见，全面真实准确地反映职工代表大会的意见和建议，表达和维护职工合法权益和利益诉求；要定期向职工代表大会报告工作，接受职工代表大会的质询和监督”。

职工董事、职工监事不履行职责或者有严重过错的，经三分之一以上的职工代表联名提议，职工代表大会全体代表的过半数通过，可予以罢免。职工董事、职工监事应积极参加职工代表大会的有关活动，认真执行职工代表大会的有关决议，在董事会、监事会会议上按照职工代表大会的相关决定发表意见，应定期向职工代表大会报告工作，接受职工代表大会的质询。职工代表大会每年对职工董事、职工监事履行职责情况进行民主评议，对民主评议不称职的予以罢免。由于职工董事、职工监事是由职工代表大会选举产生，进入董事会、监事会参与高层次决策和监督的职工代表，因此职工董事、职工监事应对职工代表大会负责，接受职工代表大会的领导和管理。职工董事、职工监事应当定期向职工代表大会报告履职情况，职工代表大会可就职工董事、职工监事的工作进行民主评议，并提出奖惩意见或建议。董事会研究涉及职工利益的重大问题时，职工董事有权要求召开职工代表大会有关会议进行讨论，并形成决议。职工董事、职工监事在董事会、监事会会议上应如实反映职工代表大会的相关决定和意见，如果违背了职工代表大会决议、出现严重过错或者不履行职责的，职工代表大会可提出警告或依照民主程序进行罢免并重新选举。

同时，职工代表大会对职工董事、职工监事履职活动负有提供支持和帮助的责任。职工代表大会及其各专门工作委员会，应当按照职工董事、职工监事的要求，协助职工董事、职工监事开展专题调查研究和巡视检查，全面及时地向职工董事、职工监事反映职工的有关意见和建议。在国务院国有资产监督管理委员会下发的《董事会试点中央企业职工董事履行职责管理办法》第十二条中，对公司职工代表大会支持职工董事履职提出了以下要求：

（1）职代会的工作机构应及时向职工董事提供每次职代会的议题、议案、建议和决议情况等书面材料。

（2）职代会下设的各专门工作委员会，应当协助职工董事开展专题调查研究和巡视检查。

（3）职代会各代表团（组）、职工代表应协助职工董事的履职工作，按照职工董事的要求，全面、及时地向职工董事反映职工的有关意见和建议。上述规定，值得所有公司制企业在处理职工董事、职工监事与职工代表大会关系时参考借鉴。

（二）职工董事、职工监事与工会的关系

职工董事、职工监事同企业工会组织有着密切的关系，企业工会在产生、管理、服务职工董事、职工监事等方面有重要

职责。工会是职工利益的表达者和维护者，又是职工代表大会的工作机构，因此对工会来说，推进职工董事制度、职工监事制度建设责无旁贷，应成为职工董事、职工监事开展工作、履行职责的坚强后盾。工会作为职工代表大会的工作机构，承担着组织开展企业民主管理工作的责任，并肩负着推进建立职工董事制度、职工监事制度，做好相关组织、服务和协调工作的责任。其职责主要包括以下几个方面：一是公司工会根据自荐、推荐情况，在充分听取职工意见的基础上负责职工董事、职工监事候选提名，组织召开职工代表大会选举职工董事、职工监事，并报上一级工会组织备案。二是协调有关方面建立职工董事制度、职工监事制度及其各项工作制度，承担职工董事、职工监事的日常联系工作，并积极为职工董事、职工监事参与公司的决策提供有关法律法规、政策文件等信息资料和咨询等服务，根据职工董事、职工监事的要求通报有关情况并提供相关资料。三是在涉及职工切身利益的重要规章制度的制定、重大事项决议以及执行过程中，向职工董事、职工监事提供职工群众的相关意见。四是为职工董事、职工监事召开座谈会、走访职工、开展调查研究活动等做好组织工作和提供相应的服务。五是公司工会要认真了解职工董事、职工监事履行职责的工作情况，组织职工代表对职工董事、职工监事履职情况进行无记名投票测评，主要内容应包括出席董事会监事会会议、就相关决议事项开展调查研究、反映职工诉求和意愿等履职活动的记录，勤勉尽职程度和履行职责的能力等方面的情况。

《董事会试点中央企业职工董事履行职责管理办法》第十三条对公司工会为职工董事履职提供服务作出如下规定：

（1）为职工董事提供有关维护职工合法权益方面的法律法规、政策文件等信息资料。

（2）在涉及职工切身利益的重要制度的制订、重大事项决议的执行过程中，向职工董事提供职工群众的相关意见。

（3）为职工董事收集、整理和提供职工权益诉求和民主管理方面的信息，包括职工对劳动用工、薪酬制度、劳动保护、休息休假、安全生产、培训教育、生活福利及对公司生产经营方面的倾向性意见或合理化建议等。

（4）为职工董事召开座谈会、走访职工等调查研究活动做好组织工作和提供相应的服务。

（5）董事会在听取或研究涉及职工利益的通报事项时，公司工会应在董事会会议召开前（一般不少于10个工作日），为职工董事起草书面报告提供条件和资料。

以上规定说明，工会对建立和实行职工董事制度、职工监事制度，应该起到组织、服务、协调的作用。特别是在企业转制时，工会就应提出并着手准备建立职工董事制度、职工监事制度；转制后，工会应督促企业依法同步建立职工董事制度、职工监事制度，并帮助职工董事、职工监事克服困难，做好工作，积极发挥作用；职工董事、职工监事工作中与有关方面发生矛盾时，工会应积极与有关方面协调。职工董事、职工监事也应经常与工会沟通情况，交换意见，尤其是在有关企业发展和职工利益等重大问题上，双方必须协调彼此立场，取得一致意见。这方面也应建立相应的工作制度。

第二节　设立职工董事、职工监事的意义与原则

一、公司制企业法人治理的民主特质和要求

（一）公司制是现代企业制度的主要组织形式

公司制企业是依照法定程序设立，以营利为目的，具有法人资格并以其全部财产承担有限责任的经济组织形式。公司制

企业与传统企业相比，具有如下基本特征：它是以营利为目的的法人，以利润最大化为经营目标，是一个独立于出资者的自然人形式的经济、法律实体，从理论上讲，它有一个永续的生命；它独立于出资者的自然人形式，从根本上实现了股东所有权与法人财产权的分离，股份可以自由地转让；公司制企业实行有限责任制，股东以其出资额为限对公司债务承担有限责任，公司以其全部财产对公司债务承担责任；公司制企业应当依法经营、承担社会责任、实行民主管理。

现代企业制度以公司制为代表，有着一套完整、科学的治理结构。其最明显的特征是：所有者、经营者、生产者之间，通过公司的权力机构、决策和管理机构、监督机构形成各自独立、权责分明、相互制约的关系。这些关系以法律和公司章程加以确立和保证。公司制企业的治理结构特征是指企业内部建立起来的约束机制和激励机制，既可以保障所有者的权益，又赋予经营者以充分的经营自主权，同时还能够调动生产者的积极性。

（二）公司制企业实行民主管理是建立中国特色现代企业制度的应有之义

传统的公司治理架构，即股东大会、董事会负责决策，监事会负责监督，经理层负责执行，彼此相互监督、相互制约。这对于防止个人权力失控、决策失误、行为失范有着其合理性，但传统公司的法人治理架构无论多么严谨、有效，也只是对资本负责的工具，在理论和实际上都强调以资本为中心，旨在实现股东利益最大化和资本利益最大化。这样的治理架构是无力也无意解决劳资平衡问题的。

企业是由资本和劳动构成的经济组织，其生产经营的过程也应当是劳动与资本结合的过程，是劳动与资本共同创造的过程，是劳动与资本的价值共同增值的过程。现代企业法人治理结构中应当确立劳动和劳动者的地位，现代企业制度除了产权清晰、权责明确、政企分开，还应当管理科学，实行民主管理，这是提高科学管理水平的题中应有之义。

建立具有中国特色的现代企业管理制度，就是要建立企业内部所有权、经营权、监督权相互制衡，投资者、经营者、劳动者相互制约，实行股东大会、董事会、监事会、经理层和党组织、职工代表大会、工会相辅相成、相互促进、相互监督、相互完善的组织管理制度。

企业管理具有自然属性和社会属性，既要有专业技术管理，也要有民主科学管理，是两种管理的有机统一。随着社会化大生产的高速发展，现代企业资本越来越多、规模越来越大、技术越来越复杂，单凭管理者的个人经验和能力已经无法维持快速、精准、高效的企业管理，让劳动者参与公司管理和公司治理，是降低公司营运成本和风险的有效途径，也是构建公司和谐劳动关系、提高企业内生动力的重要举措。因此，现代企业必须科学决策、民主决策，实行民主管理。建立职工董事制度、职工监事制度和职工代表大会制度，是现代企业实行民主管理的有效途径。

二、建立和完善职工董事制度、职工监事制度的意义

（1）建立和完善职工董事制度、职工监事制度，选举职工代表进入董事会、监事会，是我国社会主义市场经济发展过程中，深化企业改革、建立现代企业制度的产物，是公司制企业实行民主管理的重要途径，是职工参与企业高层次决策和监督的重要形式。

（2）建立和完善职工董事制度、职工监事制度对于完善公司法人治理结构，保障职工民主决策、民主管理、民主监督的权利，建立和谐稳定的劳动关系，促进企业健康发展，形成具

有中国特色的现代企业制度起着至关重要的作用。

（3）建立和完善职工董事制度、职工监事制度，有利于董事会在决策时、监事会在监督时直接听取劳动者群体的意见和建议，使董事会决策更加科学、监事会监督更加有效，有利于企业平衡好劳资关系。

职工董事制度、职工监事制度一方面可以完善公司法人治理结构，另一方面可以更好地维护职工合法权益，是企业调动和发挥职工的积极性和创造性，促进企业改革发展稳定的内在需要。

三、设立职工董事、职工监事应当遵循的规定

公司制企业设立职工董事、职工监事应当根据《公司法》及相关法律法规政策的规定进行。《企业民主管理规定》第三十七条明确规定："公司应当依法在公司章程中明确规定职工董事、职工监事的具体比例和人数。"职工持股会选派到董事会、监事会的董事、监事，一般不占职工董事、职工监事的名额。

（一）关于公司制企业设立职工董事、职工监事的规定

公司制企业按照《公司法》等法律法规和规范性文件规定，建立健全职工董事制度、职工监事制度。公司结合实际情况，制定职工董事、职工监事工作实施办法（细则）。国有公司制企业按照中共中央办公厅、国务院办公厅关于深化国有企业监事会改革的要求，完善监督制度建设。

按照《中华全国总工会关于进一步推行职工董事、职工监事制度的意见》要求，设立职工董事、职工监事的，职工董事、职工监事的人数和具体比例应依法在公司章程中作出明确规定。

（二）关于职工董事、职工监事产生的规定

职工董事、职工监事候选人由公司工会根据自荐、推荐情

况，在充分听取职工意见的基础上提名，经职工代表大会全体代表过半数通过方可当选。未担（兼）任工会主席或副主席的公司高级管理人员和监事不得兼任职工董事，未担（兼）任工会主席或副主席的公司高级管理人员、公司财务人员和董事不得兼任职工监事；公司高级管理人员的近亲属，《公司法》及其他政策文件规定不得担任公司董事、监事、高级管理人员的，同样不得兼任职工董事、职工监事。这些限制性规定对于保障职工董事和职工监事依法履行应有职责提供了制度保障。

职工代表按一定比例依法进入董事会、监事会，对公司的管理与发展有着十分积极的意义。因此，公司应尽快建立和完善职工代表大会制度，选举产生职工董事、职工监事。至于职工董事在董事会中的比例和具体数额，《公司法》未作明确规定，但应酌情安排。职工监事的人数则应严格按照《公司法》的规定，不得少于监事会成员总数的三分之一。

第三节　职工董事、职工监事的选举与任免

一、职工董事、职工监事的任职资格

（一）职工董事、职工监事任职的基本条件

职工董事、职工监事必须依法由职工代表大会选举产生。职工董事、职工监事的候选人应当由公司制企业工会在充分听取职工意见的基础上提名，经职工代表大会全体代表过半数通过方可当选，并报上一级工会组织备案。公司制企业应当依法在公司章程中明确职工董事、职工监事在董事会、监事会中的具体比例和人数，并明确工会主席、副主席作为职工董事、职工监事候选人人选。职工董事、职工监事候选人应当来自本公司，应当与公司有劳动关系。根据《中华全国总工会关于加强

公司制企业职工董事制度、职工监事制度建设的意见》的规定，职工董事、职工监事人选的基本条件是：与公司存在劳动关系；能够代表和反映职工合理诉求，维护职工和公司合法权益，为职工群众信赖和拥护；熟悉公司经营管理或具有相关的工作经验，熟知劳动法律法规，有较强的协调沟通能力；遵纪守法，品行端正，秉公办事，廉洁自律；符合法律法规和公司章程规定的其他条件。遵循职工董事、职工监事任职回避原则，坚持公司高级管理人员和监事不得兼任职工董事，公司高级管理人员和董事不得兼任职工监事。公司高管的近亲属，不宜担（兼）任职工董事、职工监事。

根据《国有独资公司董事会试点企业职工董事管理办法（试行）》的规定，担任国有独资公司董事会职工董事应当具备下列条件：经公司职工民主选举产生；具有良好的品行和较好的群众基础；具备相关的法律知识，遵守法律、行政法规和公司章程，保守公司秘密；熟悉本公司经营管理情况，具有相关知识和工作经验，有较强的参与经营决策和协调沟通能力；《公司法》等法律法规规定的公司董事、公司监事应具备的条件。

根据有关法律法规政策的规定，职工董事、职工监事人选应当具备以下几方面条件：

（1）具有较高的政治素质和较好的群众基础，有一定的权威性和影响力，能够代表和反映职工群众的意见、要求。

（2）具有一定的经营管理知识，掌握相关的法律政策、专业知识和工作经验，对本公司生产经营管理的各个环节比较熟悉，有较强的参与决策和实施监督的能力，有一定的协调沟通能力。

（3）公道正派，坚持原则，敢于为职工群众说话办事，能够抵制违纪行为和不正之风，在职工意见与企业管理层意见不一致时，能够从企业发展和职工利益双赢的角度出发，坚持正确的意见和主张。

(4) 为本公司制企业的职工。

公司工会的主席、副主席无论专职还是兼职，作为职工权益的代表者、维护者都是最符合上述条件的人选，所以公司工会的主席、副主席应作为职工董事、职工监事候选人的当然人选，这符合设立职工董事、职工监事以全面真实地反映公司制企业职工的利益诉求和意见建议的初衷。

(二) 职工董事、职工监事任职的禁止性规定

为防止职工代表与其所代表的利益群体发生角色冲突，《公司法》中规定的不能担任或兼任董事、监事的人员，不得担任职工董事、职工监事。《企业民主管理规定》要求，公司高级管理人员和监事不得兼任职工董事，公司高级管理人员和董事不得兼任职工监事。《国有独资公司董事会试点企业职工董事管理办法（试行）》规定，公司党委（党组）书记和未兼任工会主席的党委副书记、纪委书记（纪检组组长）以及公司总经理、副总经理、总会计师不得担任公司职工董事。《中华全国总工会关于加强公司制企业职工董事制度、职工监事制度建设的意见》规定，遵循职工董事、职工监事任职回避原则，坚持公司高级管理人员和监事不得兼任职工董事，公司高级管理人员和董事不得兼任职工监事。公司高管的近亲属，不宜担（兼）任职工董事、职工监事。

二、职工董事、职工监事的提名与产生

依据有关法律政策规定，职工董事、职工监事应当从公司同级工会负责人和本公司其他职工代表中产生。职工董事、职工监事候选人的产生，应当在广泛听取职工群众意见的基础上，由公司工会提名，公司党委（党组）审核并报告上级工会，没

有党组织的公司可由上一级工会组织审核。职工董事、职工监事的候选人，可以由公司工会根据自荐、推荐情况，在充分听取职工意见的基础上提名，也可以由三分之一以上的职工代表或者十分之一以上的职工联名推举，还可以由职工代表大会联席会议提名。公司工会主席、副主席一般应作为职工董事、职工监事候选人人选。

职工董事、职工监事应当依照相关法律法规和工作程序，由公司职工代表大会民主选举产生。公司应建立健全职工代表大会制度，尚未建立的，应组织职工或职工代表选举产生职工董事、职工监事，并在企业党组织的领导和上级工会的指导下，积极筹建职工代表大会制度。职工董事、职工监事由本公司职工代表大会以无记名投票方式差额选举产生。职工董事、职工监事选举产生后，应进行任前公示，公司工会应做好向上级工会报备的相关工作。职工董事、职工监事的选举一般可参照下列程序进行：

（1）由公司工会根据公司章程中关于职工董事、职工监事的规定比例和任职条件制定出选举、产生方案。

（2）由本公司的职工自荐或者推荐参选职工董事、职工监事人选，公司工会根据自荐、推荐的情况组织职工进行讨论，可以采用投票测评方式，在广泛征求职工意见的基础上，由公司工会委员会提出候选人名单，并经公司党委（党组）审核，报有关部门。

（3）召开职工代表大会，介绍候选人简历，采取无记名投票的方式进行选举。

（4）候选人必须获得全体职工或全体职工代表过半数通过方可当选。

（5）职工董事、职工监事选举产生后，应进行任前公示，报上级工会、有关部门和机构备案，并与其他内部董事、监事一同履行有关手续。

三、职工董事、职工监事的任期、罢免与补选

（一）职工董事、职工监事的任期

（1）职工董事、职工监事的任期应当与公司其他董事、监事的任期相同。任期届满，可连选连任。这主要是保证职工董事、职工监事与股权董事、股权监事等其他董事、监事在法律地位上平等，也有利于保持其在董事会、监事会中与其他董事、监事的工作协调性和连续性。

（2）工会主席、副主席作为职工董事、职工监事，若任期长于其工会主席、副主席的任职期限的，职工董事、职工监事的任期可以任满，也可以根据公司工会换届选举的结果，按照法定程序进行替换。

（3）职工董事、职工监事任期届满时，如果符合条件可以连选连任，但是必须按照原选举程序，经过职工代表大会选举通过。

（4）职工董事、职工监事与公司终止、解除劳动合同的，其任职资格自行终止。

（二）职工董事、职工监事的罢免

《企业民主管理规定》第四十一条规定："职工董事、职工监事不履行职责或者有严重过错的，经三分之一以上的职工代表联名提议，职工代表大会全体代表的过半数通过可以罢免。"

罢免职工董事、职工监事是严肃、严重的事件，对于职工董事、职工监事不履行职责或者有严重过错的，职工代表大会有权罢免，但是罢免议案必须由三分之一以上的职工代表联名提出。罢免职工董事、职工监事必须有充分的罢免理由。罢免议案只能由职工代表大会召开会议进行审议，职工董事、职工

监事有权在会前或会上提出申辩理由或者书面提出申辩意见。职工代表大会必须采用无记名投票的表决方式进行表决，职工代表大会全体代表的过半数通过才可以罢免。表决结果应当及时向与会的职工代表进行通报，并报有关部门备案。

罢免职工董事、职工监事应当参考下列因素，根据情节轻重慎重作出决定：

（1）公司职工代表大会或者职工大会对其年度工作考核不称职的。

（2）不按公司职工代表大会或者职工大会的决议、决定，在董事会、监事会会议上行使表决权或者监督权，损害职工合法权益的。

（3）对公司的重大违法违纪问题隐匿不报或者参与公司编造虚假报告的。

（4）泄露公司商业秘密或董事会、监事会工作秘密，给公司造成重大损失或严重影响董事会、监事会工作的。

（5）以权谋私，收受贿赂，或者为自己及他人从事与本公司利益有冲突的商业行为，损害公司合法权益的。

（6）未定期向公司职工代表大会或职工大会报告工作，或者无正当理由连续两次未能出席董事会、监事会会议，也不委托其他董事、监事代为反映意见的。

（7）因犯罪被判处刑罚，或出现其他违反法律、行政法规应予罢免的行为。

职工董事、职工监事被罢免后，公司工会应当向上一级工会组织备案。国有独资公司的职工董事、职工监事的罢免程序，应当依照国家和地方的有关规定执行。

（三）职工董事、职工监事的补选

职工董事、职工监事出现空缺时，需及时进行补选，应当由公司工会依照选举职工董事、职工监事的规定条件和程序提出替补人选，提请职工代表大会民主选举产生。职工董事、职工监事空缺时间一般不得超过三个月。

第四节　职工董事、职工监事的权利、义务与履职保障

一、职工董事、职工监事的权利

（一）职工董事的权利

根据有关法律政策的规定，职工董事与公司其他董事享有同样的权利，在董事会进行决议表决时，职工董事与其他董事一样，一人一票。

此外，职工董事的权利还应包含以下方面：

（1）有权就涉及职工利益问题、涉及职工切身利益的规章制度或者重大事项提请召开董事会会议，反映职工的合理要求，维护职工合法权益。董事会应当充分尊重职工董事的有关意见，凡涉及职工重大利益调整事项的决策，职工董事有不同意见的，董事会应当暂缓表决，监事会应及时介入。

（2）在涉及职工利益问题的决策过程中，如果职工董事有不同意见，有权要求董事会在充分听取职工意见或与工会充分协商后再作出决定。

（3）职工董事有权要求公司工会、公司有关部门和机构提供履行职责的必要条件，包括通报有关情况并提供相关资料，有权调阅公司有关文件和资料，参加有关会议和列席与其职责相关的公司行政办公会议和有关生产经营工作的重要会议。

（4）职工董事因故不能出席董事会会议，可以书面委托除受限者之外的其他董事代为出席会议，委托书中应载明授权范围，也可委托派员列席其他有关会议，反映职工的意见。

（5）职工董事有权向上级工会、有关部门和机构反映情况。

（6）法律法规和公司章程规定的职工董事享有的其他权利。

（二）职工监事的权利

根据有关法律政策的规定，职工监事与公司其他监事享有同样的权利，此外，职工监事的权利还应包括以下方面：

（1）职工监事有权就涉及职工利益问题、涉及职工切身利益的规章制度或者重大事项提请召开监事会会议，反映职工的合理要求，维护职工合法权益。监事会应当充分尊重职工监事的有关意见，凡涉及职工重大利益调整事项的决策，职工董事、职工监事有不同意见的，监事会应及时介入。

（2）职工监事有权监督公司的财务情况和公司董事、高级管理人员执行公司职务的行为，监督检查公司对涉及职工切身利益的法律法规、公司规章制度的贯彻执行情况及劳动合同和集体合同的履行情况，列席董事会会议，并对董事会决议事项提出质询或者建议。

（3）职工监事有权要求公司工会、公司有关部门和机构通报有关情况并提供相关资料，有权调阅公司有关文件和资料，有权列席与其职责相关的公司行政办公会议和有关生产经营工作的重要会议。

（4）公司应当为职工监事履行职责提供必要的条件。职工监事因履行职责，调查了解情况，收集职工意见和建议等占用工作时间时，有权按照正常出勤享受应得的待遇。经职工代表大会考核评定，对业绩突出的职工监事，可以建议企业董事会给予奖励。

（5）职工监事因故不能出席监事会会议或因故不能列席董事会会议，可以书面委托除受限者之外的其他监事代为出席会议，委托书中应载明授权范围。亦可委托派员列席其他有关会议，反映职工的意见。

（6）职工监事有权向上级工会、有关部门和机构反映情况。

（7）法律法规和公司章程规定的职工监事享有的其他权利。

二、职工董事、职工监事的义务

按照有关法律政策的规定，职工董事、职工监事与公司的其他董事、监事一样，都应当遵守法律、行政法规和公司章程，对公司负有忠实义务和勤勉义务。不得利用职权收受贿赂或者获取其他非法收入，不得侵占公司的财产，不能有下列行为：挪用公司资金；将公司资金以其个人名义或者以其他个人名义开立账户存储；违反公司章程的规定，未经股东会、股东大会或者董事会同意，将公司资金借贷给他人或者以公司财产为他人提供担保；违反公司章程的规定或者未经股东会、股东大会同意，与本公司订立合同或者进行交易；未经股东会或者股东大会同意，利用职务便利为自己或者他人谋取属于公司的商业机会，自营或者为他人经营与所任职公司同类的业务；接受他人与公司交易的佣金并归为己有；擅自披露公司秘密；违反对公司忠实义务的其他行为。董事、监事执行公司职务时违反法律、行政法规或者公司章程的规定，给公司造成损失的，应当承担赔偿责任。

此外，职工董事、职工监事还应履行以下义务：

（1）努力学习、掌握党和国家的有关方针政策和法律法规，不断提高履职能力和专业知识水平，遵守法律法规，遵守公司章程及各项规章制度。

（2）定期听取职工的意见和诉求，在董事会、监事会上全面、真实、准确地反映职工群众的意见和建议，代表和维护职工的合法权益，参与决策和监督。

（3）及时了解企业管理和发展状况，树立全局观念。在依法维护职工合法权益的同时，应充分考虑出资人、公司和职工的利益关系。

（4）执行职工代表大会的有关决议，定期向职工代表大会述职和报告工作，接受职工代表大会监督、质询和考核。在董事会、监事会会议上，对职工代表大会作出决议的事项，应当按照职工代表大会的相关决议发表意见，行使表决权。

（5）执行股东会、董事会、监事会的决议，维护公司利益和经营者的管理权威，保守公司秘密，不以权谋私。

（6）法律法规和公司章程规定的其他义务。

三、职工董事、职工监事的履职保障

职工董事、职工监事在履行职责时，应得到以下保障：

（1）公司应当保障职工董事、职工监事依照法律法规和公司章程开展工作，为职工董事、职工监事履行职责提供必要的工作条件，这包括提供必要的工作场所、企业经营管理的信息资料，及时通知职工董事、职工监事参加相关会议并保证其发言和表决的权利，提供相应的经济待遇，等等。

（2）职工董事、职工监事在任职期内劳动合同期满，劳动合同自动延长至职工董事、职工监事任期结束。

（3）职工董事、职工监事在任职期间，除个人严重过失或者丧失劳动能力外，公司不得以其履行职务的原因与其解除劳动合同或作出对其从业条件不利的岗位变动。公司依法单方面解除职工董事、职工监事劳动合同时，应当事先将理由通知工会。工会认为公司存在违反法律法规和合同规定情形的，有权要求重新处理，公司应当研究工会提出的意见，并将处理结果书面通知工会，否则公司不得解除其劳动合同。

（4）职工董事因履行职责占用工作时间的，有权按照正常出勤，享受应得的待遇。

第五节 职工董事、职工监事的工作制度

一、建立职工董事、职工监事工作制度的意义

职工董事、职工监事要发挥应有的作用，需要企业及其工会给予积极的支持，为职工董事、职工监事开展工作创造条件，通过建立相应的制度来保证职工董事、职工监事切实有效地履行职责。职工董事、职工监事工作制度是职工董事、职工监事履行职责、发挥作用的重要保证。

二、职工董事、职工监事工作制度

按照《公司法》等法律法规和相关政策规定，公司制企业应当建立健全职工董事、职工监事工作制度，其一般包括意见征集制度、信息沟通制度、咨询服务制度、工作报告制度、评议监督制度、学习培训制度等，并通过这些工作制度保障和激励职工董事、职工监事依法履行职责，规范有序、务实高效地开展工作。

（一）意见征集制度

职工董事、职工监事在参与董事会、监事会决策前，应围绕会议议题内容，深入职工群众之中，充分听取广大职工和工会的意见和建议，广泛收集职工代表反映的情况，保证如实反映工会、职工代表大会或代表团（组）长和专门委员会（小组）联席会等方面形成的意见。

企业工会组织应当建立健全职工董事、职工监事意见征集制度，通过调研巡视等途径，及时向职工董事、职工监事提供职工代表大会的议题、议案、建议和决议的有关材料，协助职工董事、职工监事广泛听取和收集职工意见建议，畅通职工董

事、职工监事了解职工意愿诉求的渠道。

（二）信息沟通制度

职工董事、职工监事如果缺少必要的信息渠道，对企业生产经营发展的重大问题和事项不了解，不能全面掌握有关情况，将很难真正有效地参与董事会、监事会的决策。因此，必须建立相关的信息获取和沟通制度，切实保障职工董事、职工监事的知情权。企业应协助职工董事、职工监事全面了解公司情况，及时向职工董事、职工监事提供公司生产经营管理等方面的资料和信息。职工代表大会下设工作机构要及时向职工董事、职工监事提供职工代表大会的议题议案和决议决定等材料，协助其开展专题调研和巡视检查，及时反映职工的有关意见和建议。

（三）咨询服务制度

企业管理涉及多方面内容，有些专业性很强，需要为职工董事、职工监事更好地履职提供相应的支持。可以通过职工代表大会及其专门委员会为职工董事、职工监事提供专业意见和相关咨询，也可请专业的咨询服务机构或有关专家、学者来为职工董事、职工监事提供帮助，要通过各种有效途径、集中各方的智慧力量来弥补职工董事、职工监事个人在专业上的不足和欠缺，为职工董事、职工监事更好地参与企业决策、监督打好基础。

（四）工作报告制度

职工董事、职工监事每年至少应当向职工代表大会进行一次述职报告，就参与董事会、监事会决策过程中的观点主张等情况，接受职工代表的质询、评议和监督，以此强化职工董事、职工监事对职工代表大会负责的责任意识。

（五）评议监督制度

职工代表大会每年应当在职工董事、职工监事向职工代表大会述职的基础上，组织职工代表对职工董事、职工监事履行工作职责情况进行评议，根据评议结果对履职情况好的职工董事、职工监事提出奖励意见建议或直接予以肯定褒奖，对没有尽到责任的职工董事、职工监事，职工代表大会也有权按照相关程序进行罢免和更换。

职工代表大会对职工董事、职工监事履职情况的定期评议监督，有助于加强对职工董事、职工监事的激励监督，鞭策职工董事、职工监事增强责任意识，促进职工董事、职工监事努力提高能力素质、认真履行职责，积极主动做好工作。

（六）学习培训制度

上级工会、企业应当创造条件，定期为职工董事、职工监事提供必要的学习培训和进修机会，从理论上提高他们参与公司治理、协调劳动关系的能力。企业要组织安排职工董事、职工监事到公司业务部门进行学习，使其较全面地了解公司的资产和生产经营情况，掌握公司管理的基本业务知识，保证职工董事、职工监事以专业的水准更加充分有效地发挥作用。应当建立规范的职工董事、职工监事学习制度，不断提高职工董事、职工监事个人的理论水平和业务能力。

思考题：

1. 建立职工董事制度、职工监事制度的意义是什么？
2. 职工董事、职工监事与企业职工代表大会是什么关系？

第十章　民主管理的其他形式

党的二十大报告提出，协商民主是实践全过程人民民主的重要形式。协商民主是实现党的领导的重要方式，是我国社会主义民主政治的特有形式和独特优势。要通过加强协商民主制度建设，形成完整的制度程序和参与实践，保证人民在日常政治生活中有广泛持续深入参与的权利。

完善基层民主制度，首先要求企事业单位要健全以职工代表大会为基本形式的民主管理制度，同时要积极推进开展多种形式的基层协商民主，不断丰富协商民主形式，进一步完善政府、工会、企业共同参与的协商协调机制，既保障职工参与管理和监督的民主权利，又促进企业发展，实现劳资两利、共谋发展。

第一节　班组民主管理

一、班组民主管理的概念

班组民主管理，是班组全体职工依照法律规定，通过一定的组织形式，对班组权限范围内的事务进行自主管理、自我监督的活动。班组民主管理同企业和车间民主管理比较，有四个明显特征：

（一）基础性

在企业、车间和班组三级民主管理体系中，班组民主管理是基础。班组是企业最小的利益细胞，也是广大职工最直接、最广泛、最经常的生产经营活动所在。没有班组民主管理，企业民主管理就会缺少活力和特色。

（二）全员性

与企业、车间一般建立由职工选举的职工代表大会不同，班组民主管理不是选举少数职工代表参加，而是由班组职工全员参加。这是因为班组职工人数较少，便于组织；班组职工有着相同、相近的工作岗位能力和职责，有责任也有能力管理本班组事务。

（三）直接性

班组民主管理的全员性决定了班组民主管理的直接性，班组的每个职工既是生产者，又是管理者。同班组内的各项生产管理工作需要职工之间密切合作，同时也涉及班组每一个职工的切身利益，班组职工全员直接进行民主管理，可以有效地加强协调沟通，化解分歧矛盾，调动每一个职工的积极性和创造性。

（四）融合性

班组民主管理与班组管理不像企业和车间的民主管理、专业管理那样职责清楚，分工明确。班组民主管理和班组管理你中有我，我中有你。

二、班组民主管理的意义

班组民主管理在企业民主管理工作中起着基础性作用，搞好班组民主管理具有重要的意义。一是有利于激发广大职工的积极性，激励职工以主人翁态度做好班组工作，进而促进企业健康稳定发展。二是有利于强化企业各项经营管理目标的实现。班组作为企业各项工作的落脚点，其效率水平决定了企业经营管理的效率和水平，也直接决定着企业的产品质量和服务水平，民主管理有助于提高职工专业管理的效率和水平，能够促进企业整体管理能力和水平的提高。三是有助于提高职工的各项素质。通过班组民主管理，职工在实践中学习、提高管理能力和水平，既可以培养锻炼专业能力和水平，也可以提高参政议政的民主管理能力，同时有助于提高职工代表的素质水平，使企业民主管理发挥更大的作用。

三、班组民主管理的形式和职责

（一）班组民主管理的基本形式

班组民主管理的基本形式是班组民主管理会。班组民主管理会由班组全体职工直接参加，其主要职责有：

（1）贯彻落实企业、车间职工代表大会决议中涉及本班组的有关事宜。班组职工代表应当及时向班组职工传达企业、车间职工代表大会精神，特别是与本班组有关的事宜，使每个职工了解本班组的具体任务；民主协商制定切合本班组实际的落实职工代表大会决议的实施方案。职工代表大会还应当注意收集班组职工的意见和建议，及时向车间和企业工会反映。

（2）讨论班组生产作业计划，通过班组的经济责任制方案，提出并组织落实完成生产（工作）任务的具体措施。班组长要把班组的生产任务、各项经济技术指标，如产量、质量、工艺、成本、安全要求等向班组成员讲清楚，同时组织班组职工认真分析研究完成各项任务的有利因素和不利因素；围绕完成班组的生产作业任务，开展合理化建议活动，在此基础上，集中大家的意见和建议，制定和完善作业方案措施。班组职工要明确自己的生产、工作任务，认真执行班组制定的方案和措施，保质保量完成各自负责的工作，确保按时完成班组生产计划和任务。

（3）讨论制定和修改、落实班组各项规章制度。

（4）讨论决定班组奖金分配办法和有关职工生活福利事项，包括按照按劳分配原则合理确定的奖金分配办法；建立严格的考核制度和科学的考核标准；公开奖金来源、奖金数额、奖励对象，提高分配透明度。民主协商并确定涉及生产条件和劳动环境的改善、职工之间的互助互济、困难补助、文化娱乐活动等职工生活福利事项。

（5）听取班组长的工作报告，民主讲评班组工作。结合讲评班组工作，评议班组长、职工代表的工作。

（6）根据企业、车间行政和职工代表大会的部署，民主选举班组长、职工代表，民主评选、推荐先进生产（工作）者，对职工的晋级和奖惩提出建议。候选人的产生，要充分发扬民主，尊重班组职工的意愿；在表决形式上，应尽量采用无记名投票方式。

（二）班组民主管理的其他形式

1. 班组民主管理员。

班组民主管理员是工人直接参加班组管理的一种形式。班组民主管理员可设宣传员、技术质量员、经济核算员、安全设备员、材料工具员、考勤员和生活福利员等。班组职工少的，可以“一员多职”。班组民主管理员要在班组长的领导下，承担专业管理任务；同时又要在工会小组长的组织下从事班组民主管理工作，把专业管理、民主管理两种职能集于一身，是专业管理的群众化。班组民主管理员可由班组长、工会小组长与职工协商，民主推选产生，也可由班组职工民主选举产生。

2. 班组民主评议会。

它是班组职工对班组某项工作进行评论的一种形式，一般每季度召开一至两次，由工会组长或职工代表主持。职工可以围绕生产流程、质量效率、规章制度、分配奖惩乃至企业各项工作进行评论，畅所欲言。

3. 班组民主生活会。

这是职工自我教育、自我管理的一种形式，一般每季度召开一至两次，由工会组长主持，每个职工可以围绕班组的各项工作及自己的表现，开展批评与自我批评。

四、班组民主管理的组织制度和活动方式

为了保证班组民主管理工作的正常开展，必须建立健全民主管理制度，并采取与之相适应的活动方式。

（一）班组民主管理会的组织制度和活动方式

（1）班组民主管理会由工会组长主持，工会组长必须由工会小组成员民主选举产生。

（2）班组民主管理会一般每月召开一次，可根据需要，由班组长、工会组长或三分之一以上职工提议，随时召开。

（3）班组民主管理会要有本班组三分之二以上的职工出席方能召开，讨论决定的事项，要有班组全体职工过半数同意才能生效。

（4）班组民主管理会作出的决定，如与班组长的意见不一致，要协商解决，协商无效的，可以报告车间行政和车间工会进行调解。

（5）班组民主管理会在其职权范围内讨论决定的有关事项，未经班组民主管理会讨论同意，任何人不能改变。

（6）建立班组民主管理会议及活动记录本，指定专人负责记录。

（二）班组民主管理小组的组织制度和活动方式

为了有组织有领导地实行班组民主管理，可以在一些人数比较多的班组建立班组民主管理小组，主持班组民主管理的日

常工作，对班组民主管理会负责。

（1）班组民主管理小组，由工会组长、班组长、职工代表和民主管理员组成，在工会组长主持下开展活动，一般每周碰头一次，讨论研究班组民主管理工作。

（2）班组民主管理小组的主要职责：①负责完成班组民主管理会交办的任务，定期向班组民主管理会汇报本班组民主管理工作情况，检查、督促班组民主管理会通过的有关制度、方案的落实和实施。②负责班组民主管理会的筹备工作和组织工作，包括提出议题的建议，起草必要的文字材料，负责班组民主管理会议活动的记录工作，保管记录本。③协助班组长做好班组成员的思想工作，协调各种矛盾；经常听取班组职工的建议、意见和申诉，并向有关领导人反映。

（三）搞好班组民主管理需要注意的几个问题

（1）建立健全班组民主管理制度。要依据法规条例，建立健全符合班组工作实际的各种民主管理制度，使班组各项民主管理有章可循。制定班组民主管理制度须经班组民主管理会表决通过。

（2）选好组织者。要选能力强、善于团结人、乐于帮助人、办事公道、会做群众工作的同志承担此项工作。

（3）正确处理全局与局部利益的关系。班组民主管理会应树立全局观念，正确处理企业、车间、班组和职工之间的利益关系。要接受企业、车间工会的指导，贯彻执行企业、车间职工代表大会的决议，落实企业、车间下达的各项生产和工作任务。

（4）处理好班组民主管理会与班组长的关系。班组民主管理会既代表班组职工的意愿，维护他们的正当权益，又要引导职工听从班组长的行政指挥，支持班组长的工作。同时，要注意不能用由班组长主持召开的班组会来代替民主管理会。

(5) 班组民主管理小组不能代替班组民主管理会行使职权。如遇重要问题，在召开班组民主管理会有困难的情况下，可召开班组民主管理小组会议协商解决，但作出的决议要在下次班组民主管理会上得到确认，班组民主管理会有权改变班组民主管理小组的决定。

第二节 民主恳谈会、值班厂长等形式

一、民主恳谈会的概念

民主恳谈会，指企业经营者与职工通过对话、协商的方式，对一些焦点、难点问题，在平等、互信的诚恳交谈中形成双方都能接受与认可的意见的一种民主协商形式。这种着眼于维护职工的合法权益，促进企业健康发展的民主恳谈会的形式，能够较好地沟通企业经营者与职工双方的关系，适用于规模小、人员少、流动性大的企业，也是在实践中积极探索产生的职工参与民主管理的一种有效形式。

(一) 民主恳谈会的主要内容和形式

(1) 民主恳谈会的议题。民主恳谈会通常围绕企业发展和维护职工权益两大主要议题，就工资报酬、劳动保护、生活福利、企业效益、综合利用、节能降耗等问题，企业经营者与职工面对面、心平气和地协商解决，不仅可以维护职工的合法权益，也可以减少双方的对立情绪，营造平等合作的良好氛围。

企业可根据实际情况，就企业的重大决策、长远规划、年度计划、企业生产经营管理情况、企业重要规章制度、集体合同履行情况等较为固定的项目定期召开恳谈会议，对于职工关心的热点、难点问题以及临时出现的问题，也可根据情况不定期召开恳谈会议。

（2）参加民主恳谈会的人员。民主恳谈会的参加人员一般由企业经营管理方和职工方两方面的人员组成，具体参加人员因恳谈会议题而定。企业工会组织职工或职工代表推荐出参加恳谈会的代表，职工通过恳谈会直接参与讨论和决策企业重大事项。

（3）恳谈会的议题、时间、地点、主持人等，由双方商定，工会要指定专人做好会议记录。恳谈会应形成会议纪要，并向全体职工公开恳谈内容和落实情况。

（二）民主恳谈会的原则

（1）坚持依法办事的原则。民主恳谈会必须严格依照国家有关法律法规和政策办事。

（2）坚持平等的原则。民主恳谈会的参与双方是平等的主体，均有发言权、提问权、建议权，在相互理解、相互尊重、相互信任的基础上，以合作的态度商量、讨论问题。

（3）坚持“双赢”的原则。民主恳谈会要本着“维护职工合法权益，促进企业健康发展”的目的，做到既要发挥职工参与企业管理，为企业发展献计献策的积极性，也要注重职工维护自身合法权益表现出的主动性和合理性，在企业利益与职工利益相统一的基础上，达成共识，形成合力，为促进企业的生存和发展而共同努力。

（4）坚持注重实效的原则。民主恳谈会要坚持从企业的实际出发，因企制宜，切忌搞形式主义，要在保障职工民主权益、调动职工群众的积极性、促进企业健康发展方面取得实实在在的效果。

（三）民主恳谈会的程序和方法

（1）公示议题。民主恳谈会召开之前，企业和工会要认真地进行调查研究，听取经营管理人员和职工的意见和要求，确定民主恳谈会的议题。民主恳谈会主要议题确定后，应在民主恳谈会召开前7至10天将恳谈会的议题通过适当形式通知全体职工，广泛听取职工的意见和要求。

（2）自愿报名。对于公示的议题，职工可以自愿报名参加，也可以由工会组织职工或职工代表推荐出参加恳谈会议的人员。

（3）参会人员。根据民主恳谈会的议题，由工会与行政方协商确定双方参加会议的人员。

（4）召开会议。恳谈会的主持人可根据议题确定，也可以采取经营管理者与工会负责人轮流主持的方式进行。

参加民主恳谈会的双方围绕恳谈议题心平气和、开诚布公、畅所欲言地平等对话。能当场答复的，当场予以答复；不能当场答复或解决的，要说明情况，会后抓紧落实。

（5）公开结果。民主恳谈会结束后，要及时公开会议的内容与结果。工会要整理出会议纪要，并注意保存和建立健全民主恳谈会档案。

民主恳谈会不能替代职工代表大会。民主恳谈会的主题应根据职工代表大会上提出的职工关心的热点、难点问题来确定，民主恳谈会的情况要向职工代表大会进行汇报。

上级工会要帮助、指导企业开好民主恳谈会，加强对企业建立民主恳谈会制度情况的监督检查，注意做好保护、调动和发挥职工积极性的工作，在使恳谈会成为职工参与企业管理有效机制的同时，也成为提升职工主人翁地位的好形式。

二、值班厂长制度

值班厂长制度指普通生产一线职工通过自荐、推荐等民主程序，经过有关知识的培训，进入企业领导机构担任值班厂长，上岗任职三个月或半年时间（也有的任职一周，称为值周厂长），被赋予知情权、管理权、监督权和工作处置权等权限的民主管理形式。

（一）实行值班厂长制度的意义

值班厂长制度强化了企业管理者尊重和依靠职工的民主意识，是提高职工素质、维护职工群众合法权益的有效途径；是组织职工群众参与企业民主决策、民主管理、民主监督的有效措施；有利于调动领导干部和职工群众两个方面的积极性，有利于及时解决生产经营管理中的问题，有利于企业管理者与职工相互理解、相互信任、相互支持，对提升企业管理水平，促进企业全面和谐发展起到了很好的作用。

（二）值班厂长的任职条件及产生程序

值班厂长是在本单位职工代表中经自荐、工会和职工代表大会推荐的基础上产生的，具有较高的思想政治觉悟，知厂情、会管理、有维护职工合法权益的意识，能办实事的优秀科技人员和生产一线的职工。值班厂长的人选要经过征求职工意见、职工代表大会专门委员会讨论、本单位党组织审核同意、向全体职工公示，还要经过有关知识的培训并取得培训合格证方可上岗。

（三）值班厂长履行的职权

根据各地基层单位的实践，值班厂长通常履行以下职权：

（1）监督行政贯彻落实党的方针、政策和国家的法律法规及本单位的各项规定，参与企业的各项管理和决策活动，特别是对涉及职工切身利益的问题发表意见，提出意见和建议。

（2）宣传、推动企业的发展规划和生产计划的实施与落实。值班厂长通过源头参与，了解经营决策的全过程，对企业作出的决定及时向广大职工进行宣传，让职工知晓、理解企业目前的状况，并把职工的愿望和要求带到管理决策层，作为管理者作出决策的依据。

（3）监督检查企业经营管理者对企业规定和本单位各项决议的贯彻落实。值班厂长作为优秀的职工代表，在参与企业管理中，要从生产的需要出发，主动监督、检查企业和本单位的各项规章制度的执行情况，使推动企业发展成为职工的自觉行动。

（4）咨询和处理执行有关决定不力和违反规定的行为。在生产现场，值班厂长及时解答职工咨询的问题，检查和处理在岗的违规行为，在行使工作处置权的同时承担指挥企业正常生产的责任。

（5）主持攻关活动，解决生产质量、销售等环节中的难题。值班厂长是现场经验丰富的生产、维护和技术骨干，对生产中出现的问题能够及时、有效地进行处理，主动组织职工对自己熟悉的岗位、工种的技术难点进行攻关，解决生产经营中的难题。

（6）参与及处理日常事宜。值班厂长作为厂长的助手，有参与企业管理的实权，这种权利包括在厂办公会上的投票权，在生产经营中的咨询权、审议权、监督权，在工作上的协调权和指挥权。总之，值班厂长在日常管理中享有与厂长相近的权利和义务，工作的着眼点是生产经营领域和职工群众共同关注的所有热点、难点、疑点问题。

值班厂长制度是联系企业管理者和职工群众的纽带，是职工群众与决策层上下互动、有效交流的便捷渠道，是职工群众参与民主决策、民主管理、民主监督的新平台。

三、经理（厂长）联络员、信箱、接待日

经理（厂长）通过聘请联络员、设立接待日、信箱等方式与职工建立联系，了解职工群众对企业管理等各个方面的意见、建议和要求，以增进互相交流、互相理解、互相支持，为企业

科学决策提供依据。这是对企业民主管理基本形式的一种有益补充。

（一）经理（厂长）联络员

经理（厂长）联络员是指经理（厂长）聘请一些具有较高群众威信、较强敬业精神和工作责任感并具有一定政策理论水平和工作能力的职工，主要承担向职工宣传企业不同时期的经营思想、发展策略及中心工作，向经理（厂长）反映职工对企业工作的意见、建议和要求等任务。

经理（厂长）联络员由企业组织推荐，经工会与行政研究、考评后聘任，经理（厂长）联络员的职责、权利和义务由企业制定相应的工作制度来作出规范。经理（厂长）联络员可以列席企业职工代表大会、职工代表团（组）长和专门委员会（小组）长联席会议。

（二）经理（厂长）信箱

经理（厂长）信箱是企业设立的专门用于征集职工对企业经营管理意见建议的信箱，经理（厂长）信箱定时定人负责开箱取信，由经理（厂长）对职工提出的问题以书面形式进行答复并张贴在公布栏。这种民主管理的形式拉近了职工与高层管理人员的距离，有利于高层管理人员了解职工的想法，促进企业经营管理的改进和提高。

（三）经理（厂长）接待日

经理（厂长）接待日是由经理（厂长）、副经理（副厂长）在固定时间、地点接待来访职工，听取职工的意见和建议、接待处理来访反映事宜和进行相关咨询等。对来访者反映的各类问题、意见、建议均作记录，现场进行解答，一时不能答复的问题，在与有关部门研究商定后给予回答。对职工提出的有关生产经营中的合理化建议，企业应尽快落实，并给予职工一定的物质和精神奖励。

目前，一些企业创造了“人人成为‘经营者’”的民主管理模式，有些煤炭、钢铁企业实行“坑口超市”、民主评议采购价格等制度，在保障职工知情权、参与权、表达权、监督权等方面发挥了积极作用，达到了企业与职工共建共享的目的，收到了促进企业发展、维护职工权益的成效。

思考题：

1. 企业民主管理的基本形式与其他形式是什么关系？
2. 班组民主管理有什么作用？

第十一章　政府与同级工会联席会议制度

第一节　政府与同级工会联席会议制度概述

一、政府与同级工会联席会议制度的概念

政府与同级工会联席会议，是指各级政府与同级工会定期或不定期，按照一定程序组织召开，相互通报相关重要工作情况，研究解决职工群众和工会工作中重要问题的专门会议，是各级政府与同级工会加强联系和沟通的重要渠道，是工会组织从宏观和源头上参政议政、协调劳动关系的重要形式。政府与同级工会联席会议在实践中已经发展为一种工作机制，形成了一些工作规则，成为一种特定的会议制度。目前，联席会议的形式主要有省（区、市）政府与同级工会、地（市）政府与同级工会、县（区）政府与同级工会的联席会议。此外，还有国务院有关部委、相关产业局、有部分政府职能的行业协会（联合会）与对应产业工会的联席会议等。

从全国范围来说，政府与工会之间的工作沟通联系制度，形式有多种，其中包括联席会议、座谈会、沟通会、通报会等，但最重要的形式还是政府与同级工会联席会议。

政府与同级工会联席会议制度是工会与政府联系的重要机制之一。要按照《中华全国总工会关于进一步推动完善政府和

工会联席会议制度的意见》的要求，积极推动政府与同级工会建立健全联席会议制度，并充分发挥作用。政府与同级工会联席会议的主体是各级政府与同级总工会。工会与党组织、人大、政府及职能部门的日常性、专题性工作会议等联系工作机制，均不是这里所说的政府与同级工会联席会议制度，不能以政府职能部门与工会召开工作会议、三方协商会议或政府职能部门与产业工会召开联席会议等其他会议形式来代替，这既有参与层次上的区别，也有解决问题性质和范围上的差异。

二、政府与同级工会联席会议制度的由来与发展

（一）政府与同级工会联席会议制度的由来与现状

党的十三大以后，陕西省总工会在陕西省委领导下，把加强县以上地方工会参政议政作为工会自身改革的一个重要课题来研究。该研究认为，工会要在政府行使国家行政管理权力过程中发挥参政议政作用，需要解决好两个问题：一是理顺工会与政府的关系，这是基本前提；二是在明确工会参政议政权利的基础上，建立工会参政议政的基本渠道并逐步制度化。经过陕西省政府与省总工会充分的讨论与协商，提出了保障工会发挥参政议政作用的具体措施，其中最重要的就是决定建立陕西省政府与省总工会的联席会议制度。1988 年 12 月，陕西省政府与省总工会成功地举行了第一次联席会议。

1989 年 7 月，江泽民同志在同出席全国总工会十一届执行委员会第三次主席团扩大会议的全体同志进行座谈时，对陕西省政府与省总工会联席会议制度给予了充分的肯定，江泽民同志指出："联席会议是工会参政议政的好形式，是有组织有纪律有领导的民主渠道。" 5 个月以后，联席会议被写入了《中共中央关于加强和改善党对工会、共青团、妇联工作领导的通知》中。其后，政府与同级工会联席会议制度在福建等十几个省

（区、市）相继建立。1999 年 12 月，时任中共中央政治局常委、中华全国总工会主席尉健行在陕西视察工作时，对联席会议制度给予了高度评价，指出："这是从宏观和源头上通过协商维护职工合法权益的一个很重要的制度，一个很重要的措施。"2000 年，全国总工会下发了《关于转发〈陕西省总工会关于与省政府建立联席会议制度情况的报告〉的通知》，此后，政府与同级工会联席会议制度建设每年都被列入全国总工会的重点工作之一。2001 年修订的《工会法》第三十四条，对地方各级政府可召开会议向工会通报重要工作和研究解决工会反映的职工群众意见作出了规定，使联席会议制度建设逐渐步入法治化轨道。

党中央、国务院非常重视政府与工会的联系和沟通工作。1995 年 4 月 3 日，时任国务院副总理吴邦国和国务院有关部委负责同志到全国总工会听取工会工作情况的介绍，并作了讲话。1997 年 2 月 14 日，时任国务委员兼国务院秘书长罗干主持召开座谈会，听取全国总工会关于工会工作情况的介绍，国务院副秘书长通报国务院和国务院办公厅的有关工作，罗干同志作了讲话，并议定今后国务院和全国总工会领导同志每年举行一次座谈会。2000 年 12 月 28 日，时任国务院副总理吴邦国主持召开国务院与全国总工会的第一次沟通工作情况会议，全国总工会领导介绍了工会工作情况，会议就工会反映的有关职工切身利益方面问题进行了研究，吴邦国同志作了讲话，并要求这种沟通工作情况会议今后要每年召开一次。这次会议对于推动各级政府与同级工会联席会议制度建设工作起到了重要的促进作用。为深入贯彻实施《工会法》，进一步支持各级工会组织发挥在党和政府与广大职工群众之间重要的桥梁纽带作用，2004 年 12 月 15 日，国务院办公厅印发了《国务院办公厅关于深入贯彻工会法支持工会工作的通知》，对各级政府支持工会工作、加强与工会的沟通，完善民主参与机制，充分发挥工会组织的作用提出了要求。

2014 年 5 月，全国总工会印发了《中华全国总工会关于进一步推动完善政府和工会联席会议制度的意见》，就指导各省（区、市）工会联席会议制度建设提出了意见，重点是加强与政府的协调沟通，争取出台相应的政策文件，积极配合政府着力推动健全联席会议的配套制度，促进联席会议制度建设规范化、制度化。

近年来，各级工会组织借助联席会议这一平台，与政府就经济社会发展重大问题和涉及职工群众切身利益的实际问题，开展广泛深入协商，推动联席会议制度取得了长足进步。一是社会共识不断扩大。很多省（区、市）联席会议由政府主要领导主持召开，并始终保持高规格。通过联席会议制度畅通政府与工会民主沟通渠道、切实保障职工群众合法权益，越来越被各级地方党政领导、工会干部、广大职工所接受和认可。二是工作层级不断延伸。目前，省级联席会议制度已经在全国普遍建立，并逐渐向市、县延伸。三是制度建设不断加强。各级工会组织积极推动制定本地区联席会议配套制度。截至 2018 年底，全国有 28 个省（区、市）政府下发关于联席会议制度建设的专门文件 32 个，3 个全国产业工会下发关于联席会议制度建设的文件 6 个。

在各级党委、政府的重视支持下，经过各级工会组织的不懈努力，联席会议制度在实践中初步形成了政府牵头协调、工会组织运作、各相关部门积极参与、共同协商解决问题的有效机制，在服务党政工作大局、服务职工群众方面发挥着越来越重要的作用。

（二）政府与同级工会联席会议制度建设的成效与问题

政府与同级工会联席会议解决了大量职工生产生活以及工

会工作等多方面问题，为工会协助政府解决职工群众最关心的热点、难点问题，促进改革发展稳定起到了重要作用。近年来，一些涉及企业改制、社会保障、收入分配、劳动安全卫生、进一步支持工会发挥作用的相关政策就是经联席会议提出后形成的，有些问题也是经联席会议促成解决的。

1. 凝聚职工团结奋进合力，在促进改革发展稳定中发挥了重要作用。

各地区、各产业从贯彻落实新发展理念、深化供给侧结构性改革、实施制造强国战略和实现产业工人全面发展的高度，通过联席会议议定出台了一系列政策措施。比如，一些地方通过联席会议的安排部署，不断扩大企业劳动竞赛覆盖面，吸引更多的职工参与竞赛，努力推动劳动竞赛取得新突破；一些省份在联席会议上明确，支持工会牵头开展弘扬工匠精神、选树“大国工匠”、服务实体经济等主题活动；一些地方和产业落实联席会议决议，实施职工素质建设工程，由工会会同有关部门成立职工素质提升工程领导小组，大力开展“创建学习型组织、争做知识型职工”活动，等等。这些政策举措为职工群众搭建了发挥主人翁作用、提升素质能力的广阔平台，极大地激发了广大职工投身改革发展的劳动热情和创造活力，更加有力、有效地团结引领广大职工为实现“两个一百年”奋斗目标、实现中华民族伟大复兴的中国梦贡献智慧和力量。

2. 解决涉及职工切身利益的重要问题，在构建和谐劳动关系中发挥了重要作用。

各地区、各产业联席会议紧紧围绕维护广大职工最关心、最直接、最现实的切身利益和合法权益，推动地方和部门出台政策措施，解决影响构建和谐劳动关系的突出问题。一些地方通过联席会议推动政府在财政预算中统筹安排资金，支持工会开展产能过剩企业困难职工转岗培训、再就业和帮扶救助工作，确保职工安置分流有序，切实维护了化解过剩产能中的职工合法权益。一些地方的联席会议专门就处理农民工养老保险参保缴费问题形成纪要，要求政府有关部门完善就业资金补助办法，支持农民工养老保险参保缴费，促进了职工队伍的稳定。一些地方和产业通过联席会议平台，推动完善了劳动安全卫生政府监察和群众监督机制，督促企业改善劳动安全卫生条件，保障职工群众生命安全和身体健康权益。在工会组织源头参与、政府部门合力推进下，许多民生保障政策得到有力落实，一批职工群众关注的突出问题得到有效解决，让职工群众有了实实在在的获得感。

3. 优化工会履行职责的环境条件，在加强工会自身建设中发挥了重要作用。

各地区、各产业通过联席会议，推动政府将部分可以由工会办理的社会管理事务交给工会办理，支持工会承接政府转移的公共服务职能和向社会购买的服务项目，赋予了工会组织更多资源和手段，为工会依法履行社会职能创造了有利条件，切实加强了基层工会建设，增强了基层工会活力，推动工会改革成果向基层延伸。一些地方通过联席会议争取到政府相关部门向工会系统的职工服务平台按需开放业务数据接口，打通数据壁垒，无偿提供共享服务，为推动“互联网+”工会普惠性服务提供了更多有利条件。通过召开联席会议，工会组织和工会干部深入职工群众当中，认真倾听职工群众的呼声，积极反映职工群众的意见，服务意识明显增强，工作作风明显改进。

当前，联席会议制度建设中也存在着一些问题。部分地方对召开联席会议的重要性和必要性的认识有待进一步提高，部分地方联席会议的组织体制、工作机制有待进一步健全，产业工会联席会议制度建设有待进一步加强，等等，影响了联席会议制度的推进和成效。

三、政府与同级工会联席会议制度的法律政策依据

政府与同级工会联席会议制度的有关法律和政策规定是在工作实践中不断总结提炼形成的，主要有以下方面的法律政策依据。

（一）国家法律法规和政策规定

《工会法》第三十五条规定："县级以上地方各级人民政府可以召开会议或者采取适当方式，向同级工会通报政府的重要的工作部署和与工会工作有关的行政措施，研究解决工会反映的职工群众的意见和要求。"

《中共中央关于加强和改善党对工会、共青团、妇联工作领导的通知》规定："省、自治区、直辖市以及大中城市的人民政府，可以定期、不定期地通过与同级工会召开座谈会或联席会议等形式，通报政府的一些政策、法规及重要工作部署，研究解决工会反映职工群众的一些问题。"

《国务院办公厅关于深入贯彻工会法支持工会工作的通知》中指出："县级以上地方政府应当通过召开会议或者其他适当方式，向同级工会通报政府的重要工作部署和与工会工作有关的政策措施，研究解决工会反映的职工群众的意见和要求。"

《中共中央关于全面推进依法治国若干重大问题的决定》提出："加强社会主义协商民主制度建设，推进协商民主广泛多层制度化发展，构建程序合理、环节完整的协商民主体系。完善和发展基层民主制度，依法推进基层民主和行业自律，实行自我管理、自我服务、自我教育、自我监督。"

《中共中央 国务院关于构建和谐劳动关系的意见》强调："建立健全县级以上政府与同级总工会联席会议制度，支持工会参与协调劳动关系。"

中共中央、国务院印发的《新时期产业工人队伍建设改

革方案》要求，健全保证产业工人主人翁地位的制度安排，健全协调劳动关系三方机制及政府和工会联席（联系）会议制度。

上述法律政策精神，为积极推动同级政府与工会建立健全联席会议制度指明了努力的方向。

（二）地方性法规

全国31个省、自治区、直辖市都制定了《工会法》实施办法，对政府与工会建立联席会议制度均作了相应规定。例如，《四川省〈中华人民共和国工会法〉实施办法》第十六条第一款规定："县级以上地方人民政府与同级工会，政府部门与相应产业工会应当建立联席会议制度，就关系职工群众切身利益的重大问题及其他共同关心的问题进行通报和协商解决。联席会议每年至少召开一次。"

（三）地方政府规章

一些地方政府颁发了指导联席会议制度建设的相关规定。比如，1989年陕西省就下发了《陕西省人民政府与陕西省总工会联席会议制度试行办法》，1991年福建省下发了《福建省人民政府办公厅、省总工会关于建立政府与工会联席会议制度的通知》，2001年重庆市下发了《重庆市人民政府与重庆市总工会联席会议制度》，2004年内蒙古自治区下发了《内蒙古自治区人民政府与内蒙古自治区总工会联席会议制度若干规定》，2008年河南省下发了《关于印发河南省人民政府 河南省总工会联席会议制度的通知》。

四、政府与同级工会联席会议制度和相关组织机构的关系

（一）与同级党组织的关系

建立政府与同级工会联席会议制度的主要目的是加强政府

与职工群众的联系，疏通工会组织向政府反映职工意愿的渠道。党政军民学，东西南北中，党是领导一切的。政府和工会是党领导下的工作执行机关和社会团体，二者只是工作角度的不同和方式上的差异，政府和工会都要在党的领导下开展工作，都要贯彻落实党的路线方针政策。因此，工会在推进联席会议制度建设过程中，一定要正确处理好联席会议与同级党组织的关系，按照中国特色社会主义工会发展道路的要求，把坚持自觉接受党的领导作为中国工会的根本政治原则，使联席会议制度建设始终在同级党委的坚强领导下，沿着正确的方向发展。

（二）与劳动关系三方协商机制的关系

劳动关系三方协商机制，是由政府、职工和企业三方各自的代表共同研究解决劳动关系方面重大问题的制度安排，其主体由三方构成，包括各级人民政府劳动行政部门、同级工会组织以及企业方面的代表组织。联席会议制度，是各级政府与同级工会互通重大信息，研究解决工会反映的职工群众的意见和要求，加强工会源头参与的协商民主制度和工作机制。联席会议制度与劳动关系三方协商机制既有明显区别，也有重要联系。二者的区别表现在：一是主体不同，联席会议由政府与同级工会为主体，三方机制由劳、资、政三方组成。二是内容有别，联席会议主要是沟通研究经济社会发展、劳动关系、职工队伍状况和工会工作中的有关问题，三方机制则主要是研究解决劳动关系方面的具体问题。三是层级差异，联席会议属于政府与同级工会举办的工作会议，三方机制则是由政府劳动行政部门与工会及企业代表组织共同召开，前者比后者的参与层次更高。联席会议与劳动关系三方协商机制的共同点在于，两者同是工会源头参与的重要形式，而且有着密切的联系。由于联席会议研究的问题更宽泛，也包括劳动关系问题，在实践中有些三方会议难以解决的问题往往会提交联席会议再行研究决定。因此，政府与同级工会联席会议与劳动关系三方协商机制在工作上既有联系，又不尽相同，是相互结合、相互促进的关系。

（三）与政府职能部门工作联系制度的关系

各地在建立政府与同级工会联席会议的同时，也建立了政府职能部门与工会的工作联系制度，一方面，政府职能部门加强与工会组织的信息沟通、交流，在研究制定涉及职工切身利益的法律法规，国民经济和社会发展战略、发展规划，研究与职工利益直接相关的政策措施时，主动邀请工会代表参加并认真听取意见。另一方面，工会为全面履行社会职责，积极主动加强与政府职能部门的沟通交流，形成长效工作联系制度，这种工会与政府职能部门的工作联系制度，是工会加强源头参与的重要渠道和平台，为工会及时了解政府工作大局和源头参与政府各项涉及职工利益的重大决策提供了重要制度保障，也为工会选择联席会议议题、更好地发挥联席会议的作用、推进联席会议的发展提供了必要的信息支持。因此，联席会议与政府职能部门的工作联系制度，都是工会代表职工参与管理国家事务、管理经济和文化事业、管理社会事务，协助政府开展工作的重要民主参与制度，两者相辅相成、互相促进、互为补充，体现了工会主动代表职工源头参与和政府尊重工会地位、积极支持和吸收工会参政议政的要求。

第二节　政府与同级工会联席会议制度的基本原则、意义

一、政府与同级工会联席会议制度的基本原则

建立和完善政府与同级工会联席会议制度，应遵循以下原则：

（一）自觉接受党的领导

这是中国特色社会主义工会发展道路首要要求在联席会议工作中的体现。工会要及时向党委汇报，遵循党的方针政策，在党委的领导下开展工作。对于难以解决的重要问题，可以请党组织帮助解决。

（二）服从服务于大局

要围绕全面建成小康社会的宏伟目标和经济建设这个中心，从推进改革发展稳定、构建和谐社会的大局出发，确定议题、研究办法、提出意见或建议。

（三）相互尊重、相互支持

政府和工会在协商讨论问题时，要相互尊重、相互支持、相互体谅，做到工会切实维护政府的权威，支持政府依法行政；政府尊重工会的意见建议，积极创造条件，支持工会的工作。

（四）突出重点、讲求实效

要以深化供给侧结构性改革为主线，把深化改革、促进发展中涉及广大职工群众利益的热点、难点问题作为政府与同级工会联席会议的重点，议题不宜过多，力争每次会议都能解决一到两个重点问题。

（五）建立制度、规范运作

在召开政府与同级工会联席会议的基础上，应当尽快建立政府与同级工会联席会议制度，在实际工作中逐步完善相关配套制度，并严格遵守执行。

二、建立政府与同级工会联席会议制度的意义

政府与同级工会联席会议制度是以人民为中心发展思想的具体体现，是社会主义民主政治的组成部分，是工会充分发挥党和政府联系职工群众的桥梁纽带作用、国家政权的重要社会

支柱作用和职工利益的代表者维护者作用的重要制度安排，是工会实现源头参与、在宏观层次上协调劳动关系、维护和发展职工权益的重要途径，充分体现了中国特色社会主义制度的先进性和优越性。

（一）建立健全政府与同级工会联席会议制度是落实全心全意依靠工人阶级方针的必然要求

工人阶级是我国的领导阶级，是我国先进生产力和生产关系的代表，是改革开放和社会主义现代化建设的主力军，是我们党执政的阶级基础和群众基础。始终坚持全心全意依靠工人阶级，是我们党的一贯方针，也是中国特色社会主义的一个鲜明特点。建立健全联席会议制度，正是深入贯彻落实党的全心全意依靠工人阶级方针的生动实践。通过建立完善联席会议制度，有利于工会组织及时向政府反映职工意见呼声，政府及时了解和回应职工意愿和重要关切，切实保障职工群众的知情权、参与权、表达权和监督权，增进党和政府与职工群众的血肉联系，进一步巩固夯实党执政的阶级基础和群众基础。

（二）建立健全政府与同级工会联席会议制度是实践全过程人民民主的内在需要

党的二十大报告明确提出："完善协商民主体系，统筹推进政党协商、人大协商、政府协商、政协协商、人民团体协商、基层协商以及社会组织协商，健全各种制度化协商平台，推进协商民主广泛多层制度化发展。"通过建立健全联席会议制度，有利于进一步搭建起政府与工会民主沟通的平台，提高政府的治理水平和管理效率，也有利于工会积极参与相关事务，及时反映职工群众的利益诉求，充分发挥工会组织优势，推进政府与同级工会协商民主制度化发展。

（三）建立健全政府与同级工会联席会议制度是推进新时期产业工人队伍建设改革的重要举措

2017年4月，党中央、国务院印发的《新时期产业工人队伍建设改革方案》明确了“政治上保证、制度上落实、素质上提高、权益上维护”的总体思路。建立健全政府与同级工会联席会议制度不仅是改革方案的重要内容，也是健全保证产业工人主人翁地位，畅通产业工人源头参与的有效途径。通过建立完善联席会议制度，有利于广大产业工人依法、有序、广泛参与管理国家事务和社会事务，管理经济和文化事业，有效解决影响和制约产业工人队伍建设的突出问题，造就一支有理想守信念、懂技术会创新、敢担当讲奉献的宏大的产业工人队伍。

（四）建立健全政府与同级工会联席会议制度是从源头构建和谐劳动关系的具体措施

劳动关系和谐与否，事关广大职工和企业的切身利益，事关改革深化、经济发展与社会和谐。通过建立完善联席会议制度，有利于进一步健全构建和谐劳动关系的领导协调机制，把政府力量、群团力量、企业力量统一起来，形成在党委统一领导下，政府和工会组织协同参与的工作合力，及时研究和解决劳动关系中的重大问题，推动出台相关政策措施，维护好、落实好职工合法权益，引导职工群众正确看待改革发展进程中的利益关系调整，理解和推动改革，共促经济发展、社会和谐。

（五）建立健全政府与同级工会联席会议制度是推进工会改革成果向基层延伸的有力抓手

召开联席会议、落实会议成果的过程，既是各级工会组织加强源头参与、自觉服务党和政府工作大局的过程，也是工会组织落实以职工群众为中心的工作导向，切实改进作风，增强服务职工群众意识、密切与职工群众联系、提高服务职工群众水平和能力、夯实工会工作基层基础的过程，有利于各级工会组织增“三性”、去“四化”，让“职工之家”和“娘家人”的称号更名副其实。

第三节　政府与同级工会联席会议的工作运行规则

一、政府与同级工会联席会议的运作程序

召开政府与同级工会联席会议是一项政策性强、综合性强的工作，需要明确相应的会议筹备召开程序，建立起一整套工作运行制度，促进政府与同级工会联席会议规范化运作。

（一）出席人员

出席政府与同级工会联席会议的人员必须是政府和同级工会的主要负责人或其委托的负有相当职责的负责人，政府和同级工会的综合部门负责人，与议题相关的职能部门负责人，其他需要出席会议的人员由双方协商确定。

（二）召开时间

政府与同级工会联席会议应当每年至少召开一次，如遇特殊情况和重大问题，经工会与同级政府协商，可随时召开。具体时间由政府办公厅与同级工会办公室根据工作情况协商确定，一般应当在年初或者年末召开，也可以根据工作需要临时商定而随时召开。

（三）议题确定

政府与同级工会召开联席会议前应当进行充分的协商沟通，争取达成基本共识，为成功召开会议奠定基础。对意见不一致或一时无法解决的问题，可暂不提交会议研究。

（四）会议流程

政府与同级工会联席会议召开时，一般由政府主要领导人

或相关领导人主持，也可以由同级工会负责人主持或者轮流主持。由联席会议主持人介绍参加会议的人员，说明本次联席会议的议程，就会议议题组织讨论，对会议讨论的情况进行总结。会后形成会议纪要或者正式文件。

（五）工作机构

根据召开政府与同级工会联席会议的需要，政府与同级工会可协商设立若干专门小组，负责协调筹备召开联席会议，研究提出会议的议题建议，办理联席会议交办的事项。专门小组应当由政府和同级工会的相关人员共同组成。

（六）决议执行

联席会议后要形成会议纪要或文件。政府和工会要认真落实会议确定的有关决议和事项，政府和工会的有关职能部门要负责对会议确定事项的落实情况进行督促检查，并在下一次会议上通报落实情况。

二、政府与同级工会联席会议的议题内容

政府与同级工会联席会议的议题内容应由双方协商确定。一般来说，可以包括以下几方面内容：

（1）政府负责人通报国民经济和社会发展计划、政府的重要工作部署和涉及职工利益的有关行政措施。工会负责人介绍工会重点工作。

（2）通报上次联席会议议题的落实情况。

（3）研究工会关于动员和组织广大职工为实现政府提出的经济社会发展目标任务、推进企业健康稳定发展建功立业的有关问题。

（4）研究解决劳动就业、收入分配、劳动安全卫生、社会保障等职工劳动经济权益方面的重要问题，有关职工群众参与

民主决策、民主管理、民主监督等职工民主政治权益方面的重要问题，有关保障职工文化权益方面的重要问题。

（5）研究解决产业结构调整、企业改制过程中涉及职工切身利益的有关问题。

（6）研究需要工会与政府共同协商解决的其他重要问题，如农民工权益问题、困难职工群体问题等。

（7）研究工会工作中需要政府帮助解决的问题。

三、工会组织推进政府与同级工会联席会议制度建设的职责任务

（一）调查研究

为使政府与同级工会联席会议真正达到反映问题、争取政策、推进工作的目的，工会要通过开展深入细致的调查研究，从涉及职工权益的诸多问题中，进一步选择党政领导密切关注、职工群众反映强烈、具有一定社会影响力的焦点问题，由工会主要领导亲自牵头，组织相关部门的精干力量，深入企业和职工，并邀请有关方面专家、相关专业部门，对议题进行广泛论证，全面了解和掌握情况，深入研究有关政策，力求使调查报告做到数据翔实、分析透彻、观点准确、建议可行，从而使议题更具科学性和合理性，使建议具有较强的科学性、前瞻性和可操作性。

（二）提出议题

工会组织要自觉围绕中心、服务大局，积极反映广大职工最关心、最直接、最现实的利益问题，按照“职工群众的祈盼点、党和政府的关注点、工会工作的着力点”的原则，选择并提出具有前瞻性、全局性和紧迫性的议题，经与政府进行协商，共同确定后，以书面形式发至工会和政府有关部门。

（三）主动沟通

工会应在会前主动与政府方面做沟通协调工作，使政府方面真切理解工会所提主张的必要性和紧迫性，这在一定程度上是决定联席会议能否取得实效的重要环节和条件。工会领导应亲自出面与政府有关领导进行协调，商定联席会议有关事宜，工会分管领导要带领具体业务部门的同志，主动与政府相关职能部门就联席会议议题涉及的相关内容进行沟通，就工会将要提出的主张主动征求政府相关部门的意见，最大限度地使工会的意见、主张得到政府及其相关职能部门的认可，及时对所提建议进行修正、补充和完善，为政府与同级工会联席会议达成一致形成决议创造条件。

（四）合力推进

召开政府与同级工会联席会议涉及工会工作的各个领域、各个部门，既有对外与政府方面的联系交涉问题，也有对内与工会各职能部门、产业工会的沟通协调问题；既需要深入实际调查研究，又需要理论分析专业论证；既需要会上有效解决问题，又需要会后切实执行，不是工会某一个部门所能独立完成的。工会应把联席会议作为一项重要工作，统筹协调、全面规划。工会应成立联席会议协调领导小组，由工会主要负责人牵头、有关领导参加，同时下设联席会议办公室，有关部门参与，工会办公室负责对外协调联系，形成办公室牵头协调、职能部门分工负责、相关部门和产业工会参与配合的工作格局。

（五）强化监督

工会要积极主动配合、督促政府相关部门认真贯彻落实好政府与同级工会联席会议取得的成果，主要任务有：

（1）工会应配合和协助政府办公厅（室）从速起草会议纪要，经政府领导审定后，以政府发文或两家联合发文的形式下发贯彻意见，加强落实工作的指导。

（2）为强化监督检查，工会应积极和政府联合组成落实会议决议的监督小组，共同监督会议决议的落实。小组应由政府牵头，工会全力配合，跟踪落实联席会议决定的各项事宜，对不落实或落实中出现问题的，应主动与政府有关职能部门沟通协商，形成一致意见加以落实。工会要积极主动地配合、督促政府相关部门认真贯彻落实好会议决议。工会负责人要亲自检查督导会议决议的落实工作，工会办公室要负责与政府相关部门协调会议决议落实的进展情况，工会各相关职能部门也要参与会议决议的具体落实和监督工作。

（3）工会应督促政府制定有效的监督检查制度，为确保决议事项的落实创造良好条件。

思考题：

1. 建立政府与同级工会联席会议制度的意义是什么？
2. 政府与同级工会联席会议制度有哪些特点？

参 考 文 献

1. 习近平．习近平谈治国理政[M]．北京：外文出版社，2014.

2. 习近平．习近平谈治国理政（第二卷）[M]．北京：外文出版社，2017.

3. 习近平．习近平谈治国理政（第三卷）[M]．北京：外文出版社，2020.

4. 习近平．习近平谈治国理政（第四卷）[M]．北京：外文出版社，2022.

5. 本书编写组．党的二十大报告学习辅导百问[M]．北京：学习出版社，党建读物出版社，2022.

6. 尉健行．工会的基本职责[M]．北京：中国工人出版社，2009.

7. 尉健行．尉健行谈工会工作（上、下）[M]．北京：中国工人出版社，2015.

8. 中华全国总工会．中国特色社会主义工会发展道路学习读本[M]．北京：中国工人出版社，2012.

9. 中华全国总工会政策研究室．企业民主管理的理论、历史和实践[M]．北京：经济管理出版社，1986.

10. 赵旭东．公司法学[M]．北京：高等教育出版社，2003.

11. 全国厂务公开协调小组办公室．改革、制度建设与反腐倡廉知识读本：厂务公开[M]．北京：中国方正出版社，2004.

12. 田裕琨，王持栋．新编基层工会工作实用手册［M］．北京：经济管理出版社，2005.

13. 杨冬梅．职工董事监事制度研究［M］．北京：中国工人出版社，2005.

14. 中央电视台《公司的力量》节目组．公司的力量［M］．太原：山西教育出版社，2010.

15. 刘俊海．中国资本市场法治评论［M］．北京：法律出版社，2011.

16. 郭稳才．实践与思考［M］．北京：中国工人出版社，2012.

17. 张智君．工会会员知识手册［M］．北京：中国工人出版社，2015.

后　记

《基层工会组织建设与企业民主管理工作概论》是全国工会干部培训基础教材之一。

本次出版的《基层工会组织建设与企业民主管理工作概论》是在2018年版的基础上，由全国总工会基层工作部负责修订。参加修订工作的人员有：钱鑫、李安福、窦学伟、高爽（第一章、第三章、第四章），孙向南、白羽（第二章、第五章），张雯、杜星、高惠琳（第六章、第七章、第九章、第十章、第十一章），尚薇、赵冉（第八章）。黄龙、汤洪伟、薛涛同志负责审阅书稿，刘伟同志终审定稿。

由于编者水平有限，本书难免存在不足和疏漏之处，诚恳地欢迎广大读者批评指正。

编　者

2023年3月